皆为戏言

新媒体时代的说话指南

[英] 马克·汤普森（Mark Thompson）◎著

李文远　魏瑞莉◎译

ENOUGH SAID

What's Gone Wrong with the
Language of Politics?

ZHEJIANG UNIVERSITY PRESS

浙江大学出版社

谨以此书献给简（Jane）

Enough
Said

01

无以言表

"不要撤退,乘胜追击!"
——引用自 2010 年 3 月 23 日莎拉·L. 佩林(Sarah L. Palin)
在推特上发表的推文[1]。

公共言论事关紧要。任何人都有言论自由，而无论政治家、记者还是普通市民，都可以发表公共言论。但有时候，我们必须找到合适的言辞来表达自己的想法，只有这样，才能左右下一步发生的事情。随着时间的推移，具有同理心和口才的领导人、电视台评论员和社会活动家不仅能用言论来影响公众情绪，而且还可以塑造公众情绪。这会产生什么样的结果呢？和平、繁荣、进步、不公、偏见、迫害和战争。公共言论能够产生深远的影响。

这可不是什么新发现。数千年来，人们一直在研究、教授和讨论公共场合下的说话之道和演讲艺术，原因就在这里。但是，在当今社会，公共言论的传播速度和范围是前所未有的，人们的言论在虚拟空间飞速散播，几乎没有任何延迟。政治家只要站上演讲台，就可以把自己的理念灌输给上千万人；一张带有作者名字和特定含义的图片（比如说：飞机撞上了摩天大楼）可以在瞬间被全世界的观众看到，不再受距离或机器限制。几十年前，我们都是在事情发生几天后甚至几周之后才听到关于这件事的传闻或看到相关报道，而如今，我们成为事件目击者，可以实时观看或收听事件的整个发生过程。

现在，只要有公共事件发生，人们便通过各种渠道口耳相传。有人在网上

发帖,有人回帖。现在,请看着我,听我给您一一道来。

我们都觉得自己身处数字化信息时代,事实的确如此,但是,我们有时候忘记了一点:在千百年来的人类社会中,人类语言一直发挥着提醒、恐吓、解释、欺骗、激怒、鼓励和说服的作用,尤其是后者;而在信息时代,又有多少信息是以人类语言传递的呢?

这也是公共言论的时代。不仅如此,公共言论还经历着前所未有的巨大转变,这当中充满了不确定因素。然而,每当我们思考和讨论当代政治与媒体的现状(即政策与价值观的探讨和决策方式)时,我们往往只是顺带提及公共言论,仿佛它只是一种有趣的因素,能够帮助我们理解其他更基本的东西似的。本书认为,公共言论值得我们密切关注。这里所说的“公共言论”是指我们在讨论政治和政策,在法庭上提出论据或在公共环境下尝试说服其他人所使用的语言。修辞学是对公共语言进行理论研究和实践的学科,它曾被视为“人文科学之母”。如今,修辞学已经摘下了它晦涩难懂的面纱,我要让它重新坐上人文科学的王座。

我们比以前学习修辞学的学生多了一项优势。现代媒体具有可搜索性和不可消除性的特点,这意味着我们很容易就能追溯到构成某种特定演讲术的具体单词和语句的演变过程。就像流行病学家追踪某种新型病毒一样,我们可以让时间反转,追溯某段具有影响力的公共言论的起源。首先,我们要找到它的“流行期”,也就是该公共言论是何时开始流行、何时变得朗朗上口、何时出现在家家户户电视屏幕上的;然后,我们继续往回追溯它的晚期和早期发展过程,并最终找到它诞生的准确时间和地点。

2009 年 7 月 16 日,纽约州前副州长贝齐·麦考伊(Betsy McCaughey)博士受邀来到弗雷德·汤普森(Fred Thompson)的电台节目,就巴拉克·奥巴马总统的美国医疗系统改革计划发表观点。该医疗改革是为此前没有医疗保险的数千万美国公民提供医疗保障,它也成为当夏最热门且备受争议的政治话题。

2015 年秋去世的保守派人士弗雷德·汤普森一生过得多姿多彩。生前的汤普森满脸皱纹、下颚宽厚，有一种不怒自威的气质。他曾是一位有名的律师，后来进入美国参议院当议员，并利用业余时间在好莱坞成功参演过几部电影，堪称性格演员。从参议院退休后，他开始主持电台脱口秀节目。2009 年，他的节目成为保守派人士剖析和指责奥巴马医改计划的无数渠道之一。

没有谁比贝齐·麦考伊更适合抨击奥巴马医改计划。麦考伊在哥伦比亚大学获得历史学博士学位，而在英语中，"博士"和"医生"的缩写同为 Dr.，这让听众感觉麦考伊是一名医学专家。麦考伊出生在匹兹堡，幼年时家境贫困。她靠自身的聪明才智，成为美国右翼一位举足轻重的公众人物。她被公认为美国医疗政策领域的专家。20 世纪 90 年代，以民主党人为首的克林顿政府曾尝试过改革美国医保体制，史称"克林顿医改计划"，但该计划却以失败告终，而麦考伊当时正是克林顿医改计划的强烈抨击者。当然了，与克林顿医改计划相比，奥巴马医改计划的主张有所不同，因为后者的一些基本原则是由共和党人提出甚至实施的。尤其值得一提的是，奥巴马医改计划与米特·罗姆尼（Mitt Romney）担任马萨诸塞州州长时所进行的医保改革政策有着惊人的相似之处，这是他的不利之处。在麦考伊接受电台访问的时候，罗姆尼已经被吹捧为 2012 年接替巴拉克·奥巴马总统职务的潜在候选人之一。

但是，贝齐·麦考伊为人太过直率且非常执着。她知道，奥巴马医改计划与克林顿医改计划实属一脉相承，这让她极为不爽。电台主持人汤普森是不太可能在节目中用刁钻的问题为难麦考伊的。在巴拉克·奥巴马入主白宫之前，美国政治早就已经两极化，而媒体对于政治的讨论也呈现出两极化的趋势。这种荒谬局面所造成的结果就是：两党之间的分歧越来越大，支持任何一个党派的演播室或政治主体网站都会抱团发声，任何与其意见相左的人都不会出现在该演播室或网站中——实际上，那些持反对意见者很可能躲在另一间演播室里，同样把自己裹在由另一种意识形态打造的温暖舒适的"茧"里，这样，他们所提出的观点就不会受到别人的反驳。

从表面上看，汤普森所主持的 7 月 16 日这期节目并没有什么特别之处，包括政治背景、出场人物、可能出现的争论氛围和过程等。但在直播这天，贝齐·麦考伊却语出惊人。在对当时正在美国国会接受审核的奥巴马医改计划立法草案进行深入剖析之后，麦考伊声称她偶然发现了一份此前不为人所知但却非常令人担忧的提案：

　　在这份法案中，我发现了许多令人震惊的观点，其中一点出现在第
425页，即国会将强制要求……每隔5年，参与医疗保险的民众，必须参加
辅导会议。该辅导会将告诉他们如何更快地结束自己的生命，如何减少
营养补给，如何拒绝摄入水分，如何参与临终关怀……这些问题事关生
死，神圣无比，政府不应该牵扯进来。[2]

　　这段话有两个地方值得注意：首先，麦考伊的说法是错误的。她所引用的
法案内容出现在第1233节，这段内容其实并没有强制民众参加"终结生命"辅
导会议。是否参加这种会议，将完全取决于患者自身的意愿。建立联邦老年
保健医疗制度的初衷是让为数众多的美国老年人有能力支付医疗费用，而这
份草案的目的是赋予这些老年人自愿参与辅导会议的资格。

　　虽然这个错误的说法立即被法案的支持者驳得体无完肤，但它还是被迅
速传播开来，而这正是第二个值得注意的地方，也是更有趣的一点。此前，
"终结生命"辅导会议条款曾暂时获得民主党和共和党的支持，但在麦考伊
发表言论之后的几天里，美国许多颇具影响力的保守派电视和电台评论员
以及共和党很多政界要员开始接受这个说法，而时任众议院少数党领袖的
约翰·博纳(John Boehner)也赞成此观点。人们开始热议这件事情。电台
主持人兼保守派人士劳拉·英格拉哈姆(Laura Ingraham)引用她83岁老父
亲的话说："我可不想让官僚告诉他：你必须要接受这样那样的治疗，否则的
话，你就不是好市民。这简直太可怕了。"[3]一些带有右翼倾向的电台评论员调
侃说，第1233节内容是"纯属虚构"或"恶作剧"；而电视主持人乔·斯卡伯勒
(Joe Scarborough)则直接在微软全国有线广播电视公司(MSNBC)的《早安
乔》(Morning Joe)节目中取笑这节内容，称其简直就是"'死神'条款"。[4]保守
派认为，麦考伊关于该法案的说法并非虚构，而是在陈述事实，他们内部对这
一政治分歧的绝大多数讨论都是以此为前提的。

　　随后，莎拉·佩林(Sarah Palin)8月7日在脸书(Facebook)上发布的一段
话让她卷入了这场纷争。其内容如下：

　　我的父母或患有唐氏综合征(Down's Syndrome)的孩子将来要站在
奥巴马的"死亡委员会"面前，让他的官僚根据我亲人的"社会生产力水
平"对他们进行主观评判，然后决定他们是否够资格享受医疗服务。这种

制度是极其邪恶的。我所熟知和热爱的美国不应该变成这样。[5]

接下来发生的事情众所周知。几天后，新鲜出炉的词语"死亡委员会"传遍了大街小巷，并出现在广播电台、电视、报纸、网络（包括推特）上。传播它的不仅是佩林和她的支持者，还有那些拼命想驳斥这个说法的人，这个结果虽然出乎人们意料，但却是不可避免的。到了8月中旬，由皮尤（Pew）研究中心发起的一项民意调查显示，至少86％的美国人听说过这个词；而在这部分人当中，有30％的人相信奥巴马真的提议组建"死亡委员会"（其中，47％的共和党人持这一观点），还有20％的人不确定是否确有其事。[6]

尽管"死亡委员会"这个说法不断被否认，但还是有很多人固执地认为奥巴马医改计划意味着人们必须要面对"死亡委员会"的审核。几个月后，民主党人终止了这份潜在提案。2012年，奥巴马政府再次提议将"终结生命"辅导服务纳入老年保健医疗制度，"死亡委员会"这一说法又有死灰复燃的苗头，该提案再次被迅速终止。2015年夏，在进行深入研究和广泛咨询之后，奥巴马政府宣布：老年保健医疗制度将为参加"终结生命"辅导会议的人士支付相关费用。不出所料，贝齐·麦考伊马上在《纽约邮报》（*New York Post*）上刊文称："'死亡委员会'又回来了。"[7]

就是这样一个本身带有谬误的词语，夸大和扭曲了一项主张，并改变了美国的政治进程；而无论从哪个角度看，它都没有真正戳中奥巴马医改计划的重点。事实上，很多美国人在回想起医改计划的整个纷争过程时，可能只记住了"死亡委员会"这个词语。谈起莎拉·佩林，善于挑动政治争端的资深保守派政治家帕特·布坎南（Pat Buchanan）是这样说的："这位女士知道如何制造话题。"[8][9]

无论我们对这场政治闹剧的主角或奥巴马医改计划持何种看法，或者怎样看待美国的医疗改革和政治，且让我们暂时把自己的观点搁置一边，从纯粹的修辞角度思考"死亡委员会"一词。它的成功秘诀是什么？为什么它会引发如此大的争论？我们从中可以了解到美国的公共言论到底经历了什么？

显然，浓缩性是"死亡委员会"这个词语的部分优势所在。它虽然只有简短的五个字，但却表达出了强有力的政治观点，非常适合在推特和其他媒体上使用。假设现在是 2009 年夏季的某一天，你正在美国的一个机场里走着，突然看到"死亡委员会"一词工工整整地出现在机场电视屏幕正下方（所有有线电视新闻网都这样干）。你甚至都不知道电视上正在侃侃而谈的那个人到底是支持还是反对奥巴马医改计划，你所看到的和记住的就是"死亡委员会"这五个字。

我们可以进一步分析这种浓缩性。这个词能够产生提喻法的效果，即以部分代喻整体。当我们听到"死亡委员会"这个词时，我们就知道它不仅代表着奥巴马医改法案的第 1233 节内容，还代表着整个奥巴马医改计划。其实，它还代表着与巴拉克·奥巴马本人、奥巴马政府以及奥巴马对美国未来的展望。

该词还运用了预期叙述法，它把一个想象中的未来场景以现实的方式呈现出来。与贝齐·麦考伊只是歪曲奥巴马医改草案的做法相比，莎拉·佩林大胆做出了这样一个政治预测：民主党人提出的这项法案将会使你和家人的健康完全操控在联邦政府手里；由此推断，政府迟早会建立一个能够掌握民众生杀大权的官僚机构。从表面上看，这是一种典型的"滑坡理论"，即如果让联邦政府通过这项法案，那么，政府将对国民的生死问题拥有最终决定权。但是，这当然不是一个完整的论点，而是一种带夸张色彩的修辞手法，它直接得出一种反乌托邦式的结束状态，并以生动的画面使这种结束状态变得栩栩如生。预期叙述法威力巨大，它甚至能让你注意不到辩论的中间步骤。

在推特发表的帖子里，莎拉·佩林做了两次手脚，从而强化了"死亡委员会"一词的影响力。首先，佩林用双引号把"死亡委员会"括起来，让读者觉得该词引用自医改草案；其次，她还给"社会生产力水平"打上了双引号，仿佛这也是巴拉克·奥巴马亲口说过的话，而不是她捏造出来的。这种偷梁换柱的做法给人这样一种错觉：奥巴马政府要把美国变成一个去人性化的官僚国家。一直以来，莎拉·佩林的同事，同为保守派的众议院女议员米歇尔·巴克曼（Michele Bachmann）也对全民医保制度的狂热拥护者、生物伦理学家伊齐基尔·伊曼纽尔（Ezekiel Emanuel）的观点进行带有倾向性的解读，这似乎是促使佩林发表这番言论的原因。然而，保守派对于美国政府医改尝试的攻击早已有之。在半个多世纪前的 20 世纪 40 年代中期，美国医学会

(American Medical Association)把杜鲁门总统提出的全民医保计划形容为苏联式的"社会主义医疗制度"。但是,"死亡委员会"一词让人联想起更阴暗的寓意:发生在20世纪的人种改良和安乐死计划以及死亡集中营里的生死抉择;只不过,巴拉克·奥巴马和他的老年医保官员取代了纳粹军医的位置。

不过,如果我们仔细倾听的话,还是能听出一些弦外之音。佩林刚开始的话还相对温和,她只是说政府要督促老年人拒绝接受进一步治疗;后来,她又在帖子里提到了她的孩子——患有唐氏综合征的崔格·佩林(Trig Palin),声称政府正在谋杀年轻人,这表明佩林已经在很大程度上把这个问题扩大化和严重化了。

佩林的话还有更深层含义。美国选民一般认为公共政策问题分为两类,第一类问题涉及宗教、文化和伦理的核心差异,最明显的例子就是关于流产和同性婚姻的争议;第二类问题基本上与国家管理有关。我们如何才能避免再次发生类似于莱曼兄弟公司(Lehmann Brothers)这样令人震惊的事件?我们如何才能在最大程度上防止寨卡病毒袭击美国?也许你还可以进一步得出结论:医保改革这种问题恰好属于第二类。

莎拉·佩林却并不这样认为。在此之前,佩林就曾在公开场合提到过崔格,当时她是为了反对流产。而为了反对奥巴马医改计划,她再次提出类似论点,宣称这是一场善恶势力之间的斗争。在提到患唐氏综合征的崔格时,她试图将发自内心的、带有摩尼教色彩的反堕胎观点转变为围绕着医保改革的战斗。在堕胎问题上,正反双方都认为没有妥协的余地。莎拉·佩林认为医保改革问题也同样如此。她说,对那些想屠杀她孩子的人,她是不会妥协的。

而这正是我要阐述的最后一个观点。"死亡委员会"是一种极限化用语,它处处在用最强烈的语气来表述状况。按莎拉·佩林的说法,她所揭露的事情不亚于一场有预谋的谋杀。对敌手进行善意推定这种做法早已过时了,政治斗争不是你死就是我亡。在这样的斗争中,使用任何语言武器都是公平的。这种含沙射影的修辞手法并不是为了消除民众对政治家的不信任感,而是为了挑起事端。莎拉·佩林的做法非常有效。

也许你认为"死亡委员会"一词有点冷酷无情,也许你觉得这种别出心裁的修辞手法荒诞可笑,而且你会为有些人被如此粗俗和过分的词语所欺骗而

感到惊讶,但你要知道,所有的修辞手法都是为一个特定时间和地点,尤其是为特定受众设计的,它是一种极其讲究策略的、与上下文语境相关的艺术。"死亡委员会"可能不是为你而设置的,可对于那些适用人群来说,该词具有毁灭性的效果,它就像一枚精确制导的炮弹,在击穿所有障碍物之后准确命中目标。

然而,从某方面来说,佩林使用"死亡委员会"一词纯属败笔。要知道,在医保问题争端面前,各方都要做出很多现实而困难的抉择和取舍。而这种说法过于片面,过于脱离现实,而且带有明显的党派色彩和意图。因此,它不但没有让奥巴马医改计划的真实政策取向变得更容易理解,反而加深了理解难度。佩林是否有意为之,我们无从得知;但为了达到修辞效果,她已经顾不上解释奥巴马医改计划的内涵了。

民怨载道

美国、英国和其他西方国家的各政治派别都承认:无论是我们的政治,还是我们讨论和决定政治问题的方式,都已经背离了正道。柏拉图(Plato)和托马斯·霍布斯(Thomas Hobbs)曾说过,民主是一项艰巨的事业,人们对民主现状的不安古已有之。但有大量证据表明,这种不安已经到了无以复加的地步。

2016 年 3 月 15 日,美国著名房地产商唐纳德·特朗普(Donald Trump)在共和党又拿下四个州的初选胜利果实时对他的追随者说道:"我们国家现在已经民怨载道了,相信我,真的是民怨载道。"无论你怎么看待特朗普,他所说的这番话还是很有道理的。爱德曼信任度调查(Edelman Trust Barometer)是一家专门评估民众对世界 28 个国家政府、企业、媒体和非政府组织信任度的机构。其 2016 年的调查报告表明,在经历金融危机的低谷之后,美国民众对政府的信任度有所提升;但报告还指出,对政治机构和其他机构,精英阶层(或称"知情民众"①)所表现出的信任度与普通民众所表现出的信任度差距每年都

---

① 根据爱德曼的标准,"知情民众"是指年龄在 25 岁到 64 岁之间、接受过大学教育、家庭收入排在同年龄段前 25%、能够接触到相当数量常规消息和行业消息的人群。——作者注

在扩大,而这种差距在 2016 年达到了顶峰。在过去 4 年里,阶级信任度差距最大的三个国家分别是法国、英国和美国。

近年来,美国和欧洲民众对本国主流政治家已经不再抱有幻想,因为这些政治家既不能解决收入不均问题,又无法在金融危机发生后惩治始作俑者,还使民众对全球化和移民问题的焦虑感与日俱增,并留下了伊拉克战争这个烂摊子。民众希望的幻灭有增无减,并对我们的政治体制形成一股不利趋势,引发了很多人的担忧。在美国和其他西方国家,政治已经变成谩骂,左派和右派之间越来越大的分歧不仅出现在政治家中间,也出现在民众中间;而主流政党愿意或能够与其对手达成和解的政策领域数量已经大幅缩减,美国更是接近于零。结果,许多全国性和由若干国家组成的政治机构的决策过程变得无比僵化。

由于对著名政治家缺乏信任,大部分民众只能对他们敬而远之,寻找他们的替代者。此类政治家既有像英国的杰里米·科尔宾(Jeremy Corbyn)和美国的伯尼·桑德斯(Bernie Sanders)这样的老牌左翼激进分子;也有像法国国民阵线(French Front National)这种反移民极右翼政党,该党在近年的大选中获得相当多的票数,其党魁玛丽娜·勒庞(Marine Le Pen)在 2017 年的总统选举中似乎是一位不可轻视的竞争者;还有奥地利自由党(Freedom Party of Austria,FPO),其总统候选人诺伯特·霍弗尔(Norbert Hofer)在 2016 年 5 月份的总统选举中差一点获胜;此外,还有类似希腊激进左翼联盟(Syriza)和西班牙社会民主力量党(Podemos)这样的民粹激进集团、类似英国独立党(UKIP)和苏格兰民族党(SNP)这种关注单一问题的政党以及诸如意大利的喜剧演员贝佩·格里洛(Beppe Grillo)或唐纳德·特朗普这种纯粹的反传统政治家。这些非主流政党和个人在政坛上都取得了成功,一些主流政治家受此诱惑,开始模仿他们的风格和策略。最近的例子便是泰德·克鲁兹(Ted Cruz)和鲍里斯·约翰逊(Boris Johnson),虽然他们各自行事方式不同,但都在模仿上述非主流政治家的手法。结果,那些名声显赫的政党和已有的政治制度从内到外都受到了破坏。

党派分歧和民粹主义者已经是一个很严重的问题,但还有一个问题更加严重,那就是民众对政治漠不关心且很少参与政治事务。很多民主国家选民的投票率正呈下降趋势,年轻选民尤其如此。在 2014 年美国中期选举

中,只有 20% 的 18～29 岁选民投了选票。民众同样对主流媒体缺乏信任度,导致严肃新闻的报道量和阅读量不断下降。主流媒体除了要面对数字时代的生存危机之外,还要面对民众的背离,它日子并不比主流政治好过到哪里去。

当然,一个显而易见的问题就是:为什么会出现这种情况?或者换个更尖锐的问题:既然我们已经认识到(因为我们也会进行调研)阴谋论已经变成一种必然,那么,这种现象应归咎于谁?令人欣慰的是,有一支庞大的"侦探"队伍正在研究这件"案子",而且他们已经发现了不少"嫌疑人";但同时,"嫌疑人"数量巨大,而"侦探"们的理论又自相矛盾,难以得到验证,所以迄今为止,根本不可能"起诉"任何人。

有一群"侦探"想把责任推到政治家身上。这听起来简单直接,但即便如此,还是有人持不同观点。有些人想将责任归咎于个人,言必称托尼·布莱尔(Tony Blair)和乔治·布什(George Bush),而有些资历更深的"侦探"则喜欢用玛格丽特·撒切尔(Magaret Thatcher)、罗纳德·里根(Ronald Reagan)和比尔·克林顿(Bill Clinton)作为反面例子。欧洲大陆的"侦探"们经常提起的是西尔维奥·贝卢斯科尼(Silvio Berlusconi)、尼古拉斯·萨科齐(Nicolas Sarkozy)以及中欧和东欧的领导人。每一名"侦探"都满怀激情地论证自己的观点,但我们不难发现,他们所提到的政治家都是他们个人不喜欢的,而且他们都不赞同这些政治家的政治主张。左倾"侦探"们只指责右倾政治家,反之亦然。当然了,一个国家的民主弊病有可能源自某个个体、党派或意识形态,我们不能排除这种可能性;但是,我们也不难断定这些"侦探"太过于感情用事,因而无法保持客观立场。

还有些"侦探"则觉察到某种态度和行为变化,而这种变化并不局限于个别政治家。著名政治学学者托马斯·E.曼恩(Thomas E. Mann)和诺曼·J.奥恩斯坦(Norman J. Ornstein)在 2012 年合作推出了一部标题很"欢快"的著作。在这本《比表面上看起来更糟糕:美国宪政体制与新型极端主义政治的冲突》(*It's Even Worse Than It Looks: How the American Constitutional System Collided wtih the New Politics of Extremism*)的书中,他们研究了最近一系列的政策冲突,以表明与欧洲的议会民主政体相比,美国的政治体制特别难以应对其主要政党之间在意识形态上的强烈敌对情绪。但是,该书的观点极其片面,它认为

"新型极端主义政治"完全是共和党的过错,并提出了许多纠正错误的方法,以下就是方法之一:

> 要让带有极端主义意识形态的政党尝到苦头,就得给它(也就是大佬党①)投反对票。这是让它回归主流政治圈的最好办法。[10]

换句话说,该书作者号召大家给民主党投票。但是,把政治文化的逆流完全归咎在一个政党身上,然后号召读者投票支持另一个政党,这种做法既不能减少政治分歧,也不能真正解决政党内部的极端化和分裂问题。对共和党而言,党内分裂意味着基本无人掌控大局,也没有办法对共和党的未来发展方向(即"分"还是"合")达成共识。

也许我们能在艾米·古特曼(Amy Gutmann)和丹尼斯·汤普森(Dennis Thompson)合著的《妥协精神:毁于竞选的治国利器》(*The Spirit of Compromise: Why Governing Demands It and Campaigning Undermines It*)当中找到答案。该书也提出了同样的问题,即意识形态上的分歧导致立法和国家治理出现僵局。它并不是将此归咎于任何一个政党,而是从制度上寻找成因,以一种更公平的方式解决该问题。在古特曼和汤普森看来,这个问题的根源在于竞选已经成为不间断的活动,而不是在大选前特定规定时间内进行的;而竞选当中的很多行为,尤其是竞选者要将自己与政敌严格区分开来的做法是不利于建立一个成功政府的,而且特别不利于培育该书所倡导的"妥协精神"。这两位作者认为,妥协精神正是实用化政治进程的基础。

虽然我们并不清楚这样的论断是否正确,但它可能更令人信服。在该书结尾,作者为美国政治制度改革提出了一些切实可行的建议,但它的中心思想是一种更抽象的东西,即在尽职尽责、通情达理的杰基尔博士(Dr. Jekyll)希望社会实现良治的心态与狂暴的海德先生(Mr. Hyde)竞选之路中间达到新的平衡:

> 即便可以消除这种不妥协的心态,我们也不应该这样做,因为竞选需要永不妥协的精神。竞选和不妥协精神是民主进程的基因,所以,我们要在这两种心态间找到一个较好的平衡点,这才是合乎情理的民主目标。

---

① "大佬党"是指共和党。——作者注

目前，美国民主还没找到这个平衡点，其他民主国家更是有过之而无不及。[1]

尽管古特曼和汤普森建议提高公民教育水平并进行竞选经费制度改革，但我们发现，这个解决方案听上去只是在重述问题。对可怜的杰基尔博士而言，最关键的问题是他注定永远无法在他的两种性格之间找到一种折中的办法，甚至是权宜之计。

况且，对于政治敌对问题，古特曼和汤普森也没有给出一个完全令人满意的答案。政府的职责是对国家进行统治和管理，而反对党的职责就是对政府提出反对意见（在美国的政治体制中，政党通常在不同的政府部门或国会两院中同时扮演管理者和反对者的角色）。对抗就难免成为持久竞选的一种形式，因此，竞选活动的常规准则就适用了：反对党领导人要尽可能体面地攻击其对手的政治纲领；即便是象征性的胜利，他们也要努力争取。假如他们不这样做，不厌恶那些他们在竞选时极力反对的措施，而是帮助对手取得更多管理成就，这会显得他们很虚伪，并且背叛了他们的支持者。

于是，古特曼和汤普森号召人们重拾妥协精神的做法便遭遇了一种最基本的不对称现象，即对政府而言，妥协往往比反对更具吸引力和必要性。2500年前，雅典人解决这个问题的办法是对落败的政敌实施政治放逐，以防止这些想成为领导者的政敌扰乱政府的有序运行。但对我们来说，这个办法很难行得通。

虽然两位作家并没有明说，但他们的结论已经暗示了折中往往才是解决意识形态分歧的最佳做法。但是，有许多成功的政策理念却是源自激进的左派或右派，而不是这两者之间的温和的务实派。还有，我们不应该随意假设众人一心或气氛融洽就是最佳解决办法；相反，要让别人接受大胆而新颖的政策理念，固执己见往往是唯一的办法。激情昂扬和大声争吵既是民主国家健康的标志，也是其病态的体现。

刚才我谈到了两本关于美国政治的著作。如果我选择的是关于欧洲政治现状的类似书籍，它们也有可能侧重谈论欧洲政坛的瘫痪局面。不过，这种截然不同的停滞状态有可能来自于某种议会制度下的联盟政治，或者来自某种未经改革的政治文化当中的既得利益僵局。但是，无论哪种情况，它们的基本主题都是一样的。

这些表面判断后面是以很多学术理论作为支撑的，它们解释了我们的民主政体为何会有如此悲惨的遭遇。举个例子：2014年，政治学学者弗朗西斯·福山（Francis Fukuyama）出版了一本名为《政治秩序与政治衰败》（*Political Order and Political Decay*）的著作，该书记录了数百年来西方社会和其他文明社会政治制度的兴衰。2012年，历史学家尼尔·弗格森（Niall Furguson）也在他为英国广播公司（BBC）录制"瑞斯系列讲座"（Reith Lectures）之《法治与其敌人》（*The Rule of Law and Its Enemies*）中关注制度的作用。所谓"制度"，是指国家的宪制和政治实践、法律制度和秩序，以及我们社会一切经济活动、社会活动和文化活动赖以遵守的体系和惯例。可是，当一名政治学学者借助历史解释我们目前所遇到的困难时，制度只是一个开头。在这个问题上，我们甚至没想过公平对待不同的思想流派，而只是认为这些学术上的"侦探"可能属于不同的政治派别。例如：我们把那些提醒人们注意资本主义自由民主制矛盾（基本上意味着权力和财富的不平等）迟早会得到报应的人归为左派，而那些右派却目睹曾经强大的政治和社会文化被平衡进步主义和政治正确性的力量所破坏。

但是，我们的某些"侦探"在跟踪另一群完全不同的坏人，而这群坏人就是媒体。这些"侦探"也分成两派，其中一派抨击特定的邪恶力量，比如：福克斯新闻频道（Fox News）、鲁珀特·默多（Rupert Murdo）、《纽约时报》（*The New York Times*）、英国广播公司和《每日邮报》（*Daily Mail*）等美英民众耳熟能详的大名；而另一个派则言必称媒体的结构性变化，即科技因素和商业因素分裂了受众，扰乱了媒体，并引入了24小时新闻循环轰炸模式。对该派的某些人而言，这些因素至少在很大程度上让公共舆论变得傻瓜化和有害化。

其实，早在电视新闻循环轰炸之前，就有人断言媒体会拆民主的台，特别是媒体没有正确地向全体公民解释我们的政治选择，更别提"高客"（Gawker）和"闲聊"（Buzzfeed）这种八卦媒体发挥的负面作用。大约40年前，后来成为英国广播公司总裁的约翰·伯特（John Birt）当时还是一名电视时事制片人，以做事严谨认真而著称。他在伦敦《泰晤士报》（*The Times*）发表过一篇与同事彼得·杰伊（Peter Jay）合著的文章，里面有一段话是这样的："电视新闻行业存在一种偏见，这种偏见并不针对任何一个政党或观点，而是针对民众的认

知能力。"[12]

约翰·伯特这篇文章的中心思想就是:电视新闻业对故事、情感和吸引眼球的事情抱有强烈兴趣,但这些最终都变成过眼云烟。也就是说,新闻媒体要么根本不播出政府制定政策时所面临的严峻选择,要么内容简短得可怜,仿佛只需让公众了解情况即可,而不必达到娱乐公众的目的。

类似于这样的主张不绝于耳,且有愈发强烈之势,因为科技已经改变了新闻报道的文法以及人们接收新闻的方式。2007 年,托尼·布莱尔(Tony Blair)把媒体描述为"凶猛的野兽"(Feral Beast)。他说,媒体之间的竞争导致了他所谓的"有影响力的新闻业"(该说法源自伯特)被野蛮猎杀;在这场猎杀中,负责任的新闻报道被哗众取宠和人身攻击所取代[13],其结果就是政治领袖与公众之间的坦诚对话变得越来越困难。2004 年,新闻记者约翰·劳埃德(John Lloyd)推出了一本名为《媒体对我国政治的影响》(*What the Media are Doing to Our Politics*)的著作,他在书中描绘了一幅现代英国媒体的众生相(当然包括英国广播公司在内)。这些媒体如此傲慢,如此醉心于从竞争中获胜,如此自欺欺人,它们甚至敢于抛弃一切公民责任感。

我刚才又选择了一个来自西方国家的案例。假如我选择的是其他国家针对美国或欧洲大陆媒体的评论文章,那么案例分析和制度将有所不同,但"罪名"都是一样的。

最后,我们要谈谈民众。有些政治家和精英人士私下里在琢磨这样一个问题:选民与政治家之间信任缺失,缺乏互动和理解,其根源是否真的不在于民众本身?也许老百姓已经变了,也许生活的富足和享受以及能够从早玩到晚的科技产品让他们变得越来越肤浅、自私,公民意识下降,越来越不关注政治。

我们也有一些不带偏见的专家,尤其是在近年来发展壮大的社会心理学领域的专家。该领域有一门发展趋势明显的"行为经济学",它借助心理学、社会经济学数据和观点来理解人们在购物或购买服务的过程中是如何决策的,由此可推论出人们会支持什么样的公共政策,甚至是投票给谁。其实,像卡斯·R.桑斯坦(Cass R. Sunstein)[他在 2009 年与理查德·H.塞勒(Richard H. Thaler)合作出版了畅销书《助推》(*Nudge*)]这样的行为经济学思想领袖所得出的结论往往符合人类传统智慧,即我们很多人倾向于回避与自己相左的观点,并有可能变得更加固执己见,而不是灵活变通;假如类似于"死亡委员会"这样的谣言或阴谋符合我们的世界观,我们就更容易相信它。

政治人物、媒体、公众众说纷纭,而你也会对这些说法有自己的看法。我对于以某个政党或媒体机构的缺点或荒唐行为为基础的理论一直持怀疑态度。我认为,在理解人类个体和集体行为方面,社会心理学家和其他人取得了有趣甚至可能非常重要的实质性进步,但他们的工作成果并未表明公众应为我们政治文化的明显变质而受到指责。没错,这是一种本能,它会让人仓促跳出来指责别人,让人把个人、政党、特定群体或机构当作反面角色或疯子,让人认为每一次与个人喜好背道而驰的政治或文化发展背后都存在阴谋。这种本能似乎本身就需要进一步探讨和解释。

这些理论也无法解释一个疑问:在不同政治生态和媒体生态的国家里,为何会存在同样或类似的明显趋势?我认为,我们在媒体上看到的结构性变化和行为变化是有关联的,但与托尼·布莱尔不一样的是,我认为这只是部分原因,可能不是最重要的原因。对于可能存在过失的政界人士和政党,这个道理也同样适用。

忘记了事物的本原

看到英国广播公司和《纽约时报》先后从各自角度报道了全球金融和经济危机之后,我惊讶地发现,无论是政治家、专栏作家、新闻记者、专题记者,还是学术界人士,都觉得很难向那些受经济危机影响最大的群体解释世界经济危机的现状和成因。补救措施提出后,有些政治家推动这些建议,而有些政治家则采取轻视态度。媒体每个月都发布经济数据,对经济形势进行大量的新闻报道、分析、评论和争论。但是,公众与这些报道和分析明显有一层隔膜。不仅仅是普通老百姓觉得难以理解经济危机,绝大多数政治和媒体精英也同样如此。很多人甚至都不想去了解经济危机。精英阶层内部关于经济危机的争论废话连篇且雁过无痕,即便不是如此,越来越多的人开始怀疑政治家、商界领袖和那些所谓专家所说的每一句话。

许多民主国家都发出了遇险信号,比如:有些国家现任领导和政党下台,无论他们奉行什么样的政策或政治倾向;左右翼极端主义、排外情绪和种族主

义在某些国家有所抬头；某些欧洲国家发生全国性大罢工和严重的民众骚乱；几乎所有国家都被日益严重的犬儒主义所笼罩，这种普遍现象已经成为我们探讨政治现状的背景音乐。

公众对政府的不理解和不信任极为明显。最近，英国广播公司对英国国民进行了一次民调，发现只有16％的受访者有信心定义"通货膨胀"[14]一词；而对于"国内生产总值"的定义，只有10％的受访者有信心；对于"流通量"定义的信心，这一数据只有7％。问卷并没有对受访者提问"信贷违约互换"、"债务抵押证券"（CDO）、"量化宽松"（QE）、"问题资产救助计划"（TRAP）和"欧洲金融稳定基金"（EFSF）等术语，因为想必没有多少人能答得上来。对绝大多数非专业人士来说，关于经济危机的许多理论上的"公开"论述就像梵语般难懂。民调机构伊普索思莫里（Ipsos Mori）已经在大部分民众当中发现了他们所谓"复杂程度推定"的事物，这是一种先入为主的观念，即民众认为某些公共政策问题太难以理解，根本没有必要去尝试。[15]

甚至对于那些认为值得尝试的非专业人士来说，他们仍深深地怀疑自己听到的关于这类问题的传言是否真的可以相信。即使在金融危机发生前，莫里公司于2005年发布的一份报告指出，68％的英国公众认为官方数据已被更改过，它们被用来支持当时政府提出的观点；59％的英国公众则认为政府借助不诚实的手段使用官方数据。在英国和其他许多西方国家，对于传递和解读这种官方信息的媒体机构，民众的信任度也同样很低。

民众这种强烈的不信任感是否合理？如果你是爱德曼所谓的"知情民众"一员，你的答案很可能是否定的。也许你会指责我们的教育体制、时代精神或者那些恭喜自己的听众缺乏信任感的民粹主义者，当然了，正是因为当前信任缺失，每一个人都认为其他人要为此负责。

本书要提出的观点就是：这个问题的核心是语言本身，而不是任何一群参与者的缺点。我并不是说政治和文化发生改变的推动力就是修辞手法。我们将会看到，修辞手法本身是经常受到其他外力作用的，其中很多外力已经被那些尽心尽力的"侦探"们发现了。但是，我不想把修辞手法当作其他深层次因素的意外结果，而是把它放在因果关系的中心位置。我们的共享市政结构、我们的制度与组织都是公共言论的有机体，当修辞手法变化时，这些有机体也随之变化。我们的政治危机其实就是政治语言的危机。

我之所以用莎拉·佩林所说的"死亡委员会"开启本章内容，是因为我认为这个词概括了当代政治言论当中一些最不好的趋势。它否认事物的复杂性、条件性或不确定性，从而实现其影响力；为了表明立场，它过于夸大其词；它对政治目标有着深深的恶意，假设政治对手会做出无可救药的事情；它不向任何人解释任何事情，而是把事实当作一个有争论余地的问题；它甚至不给各党派进行理性辩论的机会。在这种政治用语面前，也难怪如此多民众对政治嗤之以鼻。

"死亡委员会"或许是个极端的例子，但我们不应假装这种错误用法很少见；相反地，它们不仅是莎拉·佩林这样的政治圈边缘人物的常用语，还经常出自温和派与激进派主流领导人甚至是严谨的科研机构领导者口中。我们在后面几章内容中就能看到这一点。

举个简单的例子：2016年，英国政府打算以全民公投的方式决定英国是否留在欧盟。5月份，英国下议院（House of Common）财政部特别委员会谴责脱欧派和留欧派用不负责任和夸张的言论误导民众，它们都称自己的主张是"事实"，但这些主张在很多情况下都依赖于隐含和高度成疑的前提。"我们真正需要的是双方结束这种唇枪舌剑"，委员会主席安德鲁·泰利（Andrew Tyrie）接受英国广播公司采访时说道："我觉得这是一种无谓的政治辩论，民众早已被弄得晕头转向。"[16][17] 在这个案例中，"双方"包括自首相以下的整个英国政界。

几周后，公投结果是英国决定离开欧盟。无论是对大卫·卡梅伦（David Cameron）（公投结果出来后第二天，卡梅伦就辞去了首相职务）还是英国传统精英阶层来说，这都是一种惊人的退步。早有人警告过英国退出欧盟所带来的经济影响，但与外来移民相关的情绪化语言和"夺回控制权"的不可靠承诺让民众无视这种警告。贫民阶级、愤青和老年人的票数胜过了富人阶级、知识分子和年轻人；英格兰和威尔士的票数则超过了苏格兰、北爱尔兰和伦敦。

这些趋势也并不仅仅局限于语言。与书面语言和口头语言一样，新闻和政治的视觉修辞已经压缩为优雅精确的图像，这些精妙而有倾向性的图像能引发人们的联想。我们可以把"9·11"事件看作是恐怖分子为了制造言论而实施的一场大屠杀。在几秒钟的新闻视频中,两架飞机撞进摩天大楼,大楼也随之坍塌。世贸双子塔代表着西方世界的力量和价值观,它们的倒塌意味着这种力量和价值观是有可能被打倒的。燃烧的火焰、被拦腰截断的大楼、倒下的围墙、滚滚的浓烟和灰尘把恐怖分子期待的毁灭一幕变成了现实。这里既有转喻,又有预期叙述和极限化手法。

但是,除了压缩和夸大以外,还有些问题更加严重。曾几何时,科学在公共言论中有着特殊的地位,人们把科学发现视为事实真相;而如今,人们往往只把它当成了另一种观点。在争论过程中,愤怒和不理解已经蚕食了最基本的礼貌和相互尊重标准,互联网世界尤为严重。对那些价值观与我们格格不入的人和文化,我们甚至都不愿意去寻找能融入他们的共同语言。人们对言论自由的容忍度越来越低,抑制言论自由的欲望倒是越来越强烈,这种现象不仅仅出现在言论受管制的社会,也出现在标榜言论自由的西方国家。在接下来的章节里,我们将追踪这方面的进展。

本书的论点就是:这些负面趋势源自一系列连环相扣的政治、文化和技术力量,它们超越了任何一种意识形态、利益团体或国家政治局势。健康的公共言论可以把公众领袖和政治领袖捏合起来;而且,正因为它能够将普通老百姓吸引到争论中来,所以政府的决策将得到更好更广泛的支持。但是,如果公共言论失去它阐述的力量并无法吸引群众参与其中的话,就会危及民众与政治家之间更广泛的联系。我认为,在当今民主政体中,民众与政治家的结合越来越紧密。

这就是公共言论危机如此引人注目的原因。对某些人来说,冷嘲热讽、主旨缺失、表达粗糙化,这些都是令人失望的文化现象,表明我们的语言正在变得傻瓜化,并且失去了严肃性。在我看来,最大的风险不是在文化领域,而是在政治领域,尤其是民主体制,包括它的正统性、它对于历史上其他政体的优势以及它的可持续性。

有些批评家说我是老调重弹,对这个说法我不置可否。在我看来,某些修辞手法的特点是自古有之的,包括高度扼要的语言或叙述手法、令人难忘的口号和标语等,比如"没面包吃那就吃蛋糕嘛""绝不妥协""我们唯一应该恐惧的就是恐惧本身"。

这也不是头一回有人宣称口号、修辞技巧、野蛮的人身攻击和彻头彻尾的谎言正在取代理性的讨论；也不是他们第一次说极端的党派化使政府无法有序运转。从柏拉图到乔治·奥威尔（George Orwell），西方社会总是充斥着因政治语言崩塌而导致政治堕落的故事。我真的认为，我们可以从这些前辈批评家和他们所经历的危机中学到很多知识，解决我们的公共言论所面临的挑战。

公共言论从来没出现过黄金时代，领导者与民众之间的关系从未和谐一致过，而政治家之间也从不会表现得通情达理和彬彬有礼。尽管如此，在某些特定因素的催化下，总会产生特殊情况的，尤其是媒体和通信方式的变革与政治文化相互作用时。我会在后面的内容中证明这一点。

假如我们感觉到政治家或媒体的沟通方式出现了问题，第一反应就是去寻找问题产生的根源。我们会认为，这些问题背后必定存在着最基本的经济利益、政治利益或意识形态驱动力。作为 18 世纪启蒙运动的产物，我们从小受到的教育就是透过表面深挖真相，而没有什么比政治家用于掩盖真相的修辞手法更具有表面迷惑性。因此，对于我们来说，从潜在政治观点变成语言的过程中，人们往往会受到伤害。但有些观察家意识到，无论在现代还是古代，这种伤害都可能会以另一种方式实现，比如：公共言论失效，人们无法进行集体思辨，文化环境每况愈下，甚至政体和国体崩坏。

例如，在《伯罗奔尼撒战争史》（*History of the Peloponnesian War*）第三卷中，作者修昔底德（Thucydides）提出，语言的变化是雅典一步步从民主机能障碍沦落到谣言四起，最后变成暴政和独裁统治的主要因素。他说，人们开始随心所欲地定义事物，而"词语的常规含义"却分崩离析。[18] 塞勒斯特讲述了公元前 63 年发生在罗马共和国的"喀提林事件"（Catiline crisis）。他借小加图（Cato the Younger）之口道出了此次危机事件的潜在原因就是语言的滥用，尤其是断章取义。小加图说，这个社会"忘记了事物的本原"[19]。在 17 世纪的英格兰，托马斯·霍布斯（Thomas Hobbes）经历了一场内战。他认为，这场战争在很大程度上是因一次关于宗教的口舌之争引起的。由于印刷术已经成熟，与宗教相关的争论通过宣传小册子四处传播，这对一个有序国家赖以生存的语言共同点造成了致命打击。

即使我们很多国家在外来移民、种族和国家主权等问题上存在不和谐氛围,即使我们近年来从新闻画面上看到乌克兰、希腊和其他地方所发生的事情提醒着我们现代民主国家的社会秩序、体系和习俗会变得多么不安全,但我们从未想过本国的民主制度会崩塌。北欧、西欧和英语国家仍然远离这种动荡局面,然而,几乎没有人会否认我们自身的分歧在加深,也很少有人会否认近年来发生的诸多事件揭示了政府决策者与广大公众之间的误解和不信任感在加大,尤其是当前的全球金融危机及其凸显的不平等现象、英国脱欧以及美国在中东遭遇的挫折等。

在发生严重的全国性危机时,也许我们能够像第二次世界大战那样,再次找到一种可以激发国民积极性和团结国民的语言。但是,请考虑一种正在缓慢发生的危机:无法抑制的移民潮、日益扩大的收入差距而导致的社会凝聚力危机或者让气象学家为之警惕的全球气候变暖问题。如果这种情况不幸变成现实,我们是否有一种能够支持该辩论和决策流程的修辞技巧?

还有另一种危机。从柏拉图那时起,修辞评论家一直担心修辞手法变成被坏人利用的工具,即某些有雄辩之才但居心叵测的演说家不是通过辩论,而是想通过利用听众心理的方式说服听众。换言之,他们用一些理念、词组以及长时间学习和检验过的娴熟技巧来诱使听众做出他们想要的反应。在我们所生活的世界里,这些手段正在迅速地机械化。表达营销诉求或政治思想有两种方法,哪种方法更有说服力?只要进行一次 A/B 测试,让两名演讲者同时接受两组听众的测试,你就能得到一个确切的答案。这种测试很普遍,而且是高度自动化的,无论你是否意识到它的存在,你所接触到的许多公共言论都会被持续评估和优化。如果人类的话缺乏说服力,它就会被机器的说服力所取代。早在 2500 年前,雅典人就知道权力是如何被最有说服力的演说家吸引的。未来的危机在于,这种权力将被逐渐掌握在那些拥有最大机器的人手里。

在本书末尾,我将探讨解决当前危机的方法。如果我的观点是正确的,且问题的深层次根源在于我们的文化和历史,那么,问题的答案就不会来得太快或太容易。但我们最好现在就开始做点事情。在政治和公共政策领域,我们要言出必行,两者会产生必然的后果。我们的公共言论有失效的风险,而历史告诉我们,一旦出现这种情况,不好的事情就会接踵而来,国家将会陷入失序状态。

本章参考文献

1　http://twitter. com/sarahpalinusa/status/10935548053.

2　Fredthompsonshow. com,interview archives,16 July 2009.

3　Fox News,*The O'Reilly Factor*,17 July 2009.

4　MSNBC,*Morning Joe*,31 July 2009.

5　http://www. facebook. com/note. php? note_id＝113851103434.

6　http://pewresearch. org/pubs/1319/death-panels-republicans-fox-viewers.

7　http://nypost. com/2015/07/12/end-of-life-counselling-death-panelsare-back/.

8　http://www. creators. com/opinion/pat-buchanan/sarah-and-the-deathpanels. html.

9　Edelman Trust Barometer,2016 Annual Global Study. See www. edelman. com.

10　Thomas E. Mann and Norman J. Ornstein,*It's Even Worse Than It Looks：How the American Constitutional System Collided With the New Politics of Extremism* （Basic Books,2012）,196.

11　Amy Gutmann and Dennis Thompson,*The Spirit of Compromise：Why Governing Demands It and Campaigning Undermines It* （Princeton University Press,2012）,214.

12　*The Times*,28 February 1975.

13　Tony Blair,Speech to Reuters,12 June 2007.

14　BBC Pulse,National Representative Sample 2011.

15　Ipsos MORI,BBC News Economy Research for BBC Audiences 2012.

16　House of Commons Treasury Committee,*The economic and financial costs and benefits of the UK's EU membership*,May 2016.

17　BBC News,27 May 2016. See http://www. bbc. co. uk/news/uk-politicseu-referendum-36397732.

18　Thucydides,*History of the Peloponnesian War*,III,lxxx,4.

19　Sallust,*The War with Catiline*,LII,xi.

Enough
Said

02

油腔滑调

花言巧语是我唯一不能容忍的东西，我只想做好分内的事情。
——西尔维奥·贝卢斯科尼（Silvio Berlusconi）[1]

在英语当中,rhetoric 一词有好几种含义。其中,它更广为人知的用法都是负面的,比如"陈词滥调",该含义指的是花言巧语、不诚实的口头把戏,让不择手段的卑鄙小人强词夺理。在《李尔王》(King Lear)开头,李尔王的两个女儿对他阿谀奉承,唯独小女儿考狄利亚(Cordelia)从她们的话中听出了"油腔滑调"的味道。她说,这种油腔滑调明显是言不由衷的。像这种对华而不实语言的猜疑深藏于英语国家的文化和历史之中,似乎与著名的严肃经验主义和我们引以为傲的厌恶空话很相配。然而,正如我们将看到的那样,这种现象比较常见,而且早有先例。但是,这个词也可以表达中性意义,代指对公共语言的学术研究以及把它当作一种实际技能进行教学的艺术;它通常还被用作公共语言的同义词。在本书中,如果没有上下文语境表明我想表达其他含义,那这个词就是表示公共语言。

在所有社会中,修辞学是一件不可回避的事物,社会越开放,修辞学就会变得越重要。如果一个社会没有公开辩论,人们都不想掌握说服公众的技能,那将是难以想象的。就算我们能够接受这一点,并且坚信修辞不重要,真正重要的是论题的主旨(包括论据、论点、政治理念、道德观和文化价值观等),可现

实就是：政策的主旨和阐述总是含糊不清的，这在民主国家尤其如此，而避重就轻本身就是一种修辞手法。

这正是莎士比亚戏剧《裘力斯·凯撒》(*Julius Caesar*)当中马克·安东尼(Mark Antony)对罗马民众发表演讲时采用的手法："我不是布鲁图(Brutus)那样的演说家，但你们都知道，我是一个直率之人。"这不仅是莎士比亚的著作中，也是英语中最巧妙的修辞手法之一。在本章开头，西尔维奥·贝卢斯科尼也以同样的方式表达了对修辞手法的看法。

作为总统候选人，唐纳德·特朗普的魅力很大程度上在于民众坚信他是一个说真话的人，他与传统的政治语言不沾边。2015 年 9 月，福克斯新闻频道所做的民意调查显示，44％的抽样选民和 62％的共和党人认同这样的表述："他喜欢实话实说，而我们现在就需要这样一位总统。"

当然了，我们不应当把带有反修辞色彩的"讲真话"与真正的实话实说相混淆。这种立场的优势之一就是：一旦听众确信你不会像普通政治人物那样欺骗他们，他们也许会一改平时对政治言论吹毛求疵的做法，原谅你言语中夸张、矛盾或无礼的成分；而如果当权派竞争对手或媒体批评你的话，你的支持者也许会强烈地反驳他们。2015 年 11 月，英国广播公司引述了佛罗里达选民尤兰达·埃斯基维尔(Yolanda Esquival)反驳外界对于唐纳德·特朗普直言不讳的批评："我看重的是总统候选人能做些什么，而不是那些小题大做、借题发挥的事情。"[1]

在整个西方世界，来自非主流政治圈的反政治家和那些想利用某些反政治家民粹主义魅力提升自己在传统政治架构地位的主流政治家都尝试着摆出一副"让我们停止发表华而不实的公共言论"的姿态。但是，不知道他们或他们的支持者是否意识到，反对公共言论本身也是一种公共言论。实际上，在合适的情况下，它会变成一种最有说服力的公共言论。

尽管声名狼藉，但在开放社会中，公共言论发挥着重要作用。它在专业人士、政治领袖、公务员及普罗大众之间搭起一座桥梁。正是通过有效的公共言论，平民百姓才能理解国家的一些重大问题和事项，并为解决这些问题而贡献出自身的力量；也正因为如此，希腊和罗马文化十分注重公共言论。确实，对罗马人而言，公共言论是一种最重要的艺术形式，其重要性甚至高于诗歌和文学。用现在的眼光来看，这多少有点难以理解。

那就让我们从头开始分析，仔细听一听历史学家修昔底德是如何想象雅典政治家伯里克利（Pericles）描述雅典民主文化的独特优点的：

> 我们的人民对私人事务和公共事务怀有同样的兴趣，即使是在普通劳动人民当中，你也不难发现那些对公共政策事务有独到见解之人……与其他城邦不同，我们雅典人一起做出公共决策，或至少彻底弄清楚与公共决策相关的问题。我们认为，辩论不会妨碍行动；相反，如果没有经过适当的辩论就采取行动，倒是会遇到很多麻烦。[2]

对古人而言，"自由"理念唤起的不是我们后启蒙时代关于个人自由和言论自由的观念，而是受偏爱人群（公民而非奴隶、男人而非女人）参与商议国家事务的能力。公共言论是一种解释和游说的能力，也是集体决策的催化剂。如果有人不愿意或不能参与集体决策，那他就被视为"不完整的人"；伯里克利则用"毫无用处"一词形容这种人。修昔底德说，无论在语言还是行为上，同时代无人能与之齐肩。掌握了公共语言，就拥有了强大的力量。

亚里士多德与公共言论

那么，如果换作古希腊人，他们会怎样理解"死亡委员会"呢？亚里士多德的《修辞学》（*Art of Rhetoric*）是世界上最早的系统记录公共言论的著作，也是我们分析古希腊人看待公共言论的最佳着手点。与许多传统哲学家一样，亚里士多德对"民主政治"（demokratia）或"民权"（顾名思义，即由普通公民实行统治）的好处深表怀疑，其中部分原因是他意识到修辞学容易被误用，变成蛊惑人心的手段。但他的《修辞学》主要谈的是理解公共言论的工作原理以及如何对其进行分类和学习。

古人把那些能够得出可靠结论的陈述和论点（比如数学运算或科学观测）跟那些阐述概率、观点的陈述和论点区分开来。他们用"辩证法"来描述缜密的推理过程，让像苏格拉底这样的哲学家探索有可能会解决的难题。有时候，这个过程能让人找到明确的、令人信服的答案；但就苏格拉底而言，它通常是为了实现另一个目的，即通过系统性地质疑对手的论点而暴露其前后矛盾之处。质疑的结果便是对方论点陷入了一种"迷失状态"（aporia），即对方陷入一种困惑状态，自满情绪受到打击，不得不承认自己并没有想象中那么博学多才。苏格拉底常常也会承认他感到困惑不解，尽管他对自己的见识水平有所了解；而通过不断地提问题，他让对手意识到自己的无知和迟疑不决。也许辩证法缺乏算术般的知识权威性，但它确实是一种重要的工具，可以用来探索人类一直孜孜以求却又无法完全解决的许多难题。

那么，修辞学是如何融入辩证法的呢？在著作的开头，亚里士多德将修辞学定义为辩证法的"对应"（antistrophos），它探讨的是概率性，而非确定性；并且是以一种可以让普罗大众理解的方式进行探讨的，而不仅仅局限于科学家和其他专家。然而，尽管修辞和辩证法都要使用证据和推论，但修辞缺乏辩证法的知识严谨性，这一点是显而易见的。那么，它如何弥补说服力的不足呢？亚里士多德进一步介绍了两个概念，即"道德可信度"（ethos）和"精神感染力"（pathos）。

道德可信度是指演讲者给听众留下的更广泛印象，它是演讲者呈现自我的方式，也是我们了解他们的性格和过往的渠道。精神感染力则指听众的情感，演讲者希望引导听众产生这种情绪，并对此做出反应。但这些只言片语并不能真正道出亚里士多德想要表达的含义。20 世纪 20 年代，德国哲学家马丁·海德格尔（Martin Heidegger）发表过关于亚里士多德和修辞学的演讲，他把精神感染力翻译为"情绪"（stimmung）。这是一个带有和谐色彩和泛指语气的词语，指的是演讲者能够让听众产生共鸣。

当我向你解释"毕达哥拉斯定理"（Pythagoras Theory）时，无论你对我的性格有何看法或者你的心情如何，都不太可能影响你对我观点说服力的看法。假如我们倾听两位哲学家争论一个与道德相关的观点，性格和心情也许有更大的影响力，但我们仍可能更加重视他们观点中的客观优势和劣势。亚里士多德的立场似乎是：在修辞学当中，说服力更均匀地分布在纯粹的论点（即完全用逻辑说服来说服听众）、演讲者的性格和名声（即道德可信度）以及听众与演讲者和话题之间的协调度（即精神感染力）。

2500 年后的今天，此番关于修辞学原理的论述依旧引人入胜。如果我们在 YouTube 网站上观看 75 年前富兰克林·D. 罗斯福、温斯顿·丘吉尔或贝尼托·墨索里尼等演说家所做的演讲，我们和他们之间只隔着一层历史的轻纱。他们的观点似乎虚弱无力，语言过度紧张，很难相信他们居然能够说服别人。我们现在知道，他们的演讲中缺少一样东西，这样东西几乎不可能起死回生，那就是当时人们的心境，特别是那种笙磬同音的感觉。那是演讲者与听众之间的一种动态和谐状态，它解释了这些高不可攀的人物是如何使成千上万人伤心落泪或愤怒，或者在民众感到恐惧时给他们的内心注入冷静和信心的。

亚里士多德还发表过一番关于公众演说家的经典言论。他说演说家常常言过其实。没错，演说家不得不夸大其词。当我们去参加一位朋友的葬礼时，想听到的绝不是这位朋友生前的缺点；而如果葬礼主持人夸大逝者的优点，对他的缺点避而不谈，肯定没人会为此发牢骚。政治家和检察官也不会自乱阵脚，或者为对手做出善意推断。亚里士多德把这种言过其实的修辞方式称为"夸张"或"夸大"。

我们偶尔会遇到一些不喜欢言辞夸张的人。上文提到的考狄利亚不仅看不惯她两个姐姐对父亲李尔王的虚情假意，甚至还拒绝向父亲表达自己的真实感受，因为她担心别人认为她在作秀或牟取私利。

所谓"圣洁"，可能就是如此。当然了，我们很少有人能保持圣洁的品质，更别提那些政治人物了。亚里士多德是一个现实主义者，而对于雄辩家来说，他的《修辞学》不仅仅是一本关于修辞的专著，还是一本实用手册。他没有把"夸张"视为错误，而是视为无法改变的事实；如果使用得当，它就是演讲者手里一件厉害的武器。在亚里士多德那个崇尚公共言论的年代，"夸张"是十分普遍的修辞手法。不用我说你也知道，这种用法如今同样普遍。

亚里士多德还注意到，格言和寓言故事对演讲者而言非常有用。他所说的格言是指以简单的语言道出大家普遍认同的某些观点，也就是我们常说的谚语。至于寓言故事，则是指能够揭示智慧的民间故事或崭新的原型故事。亚里士多德说，伊索（Aesop）曾在萨摩斯岛（Samos）上救过一名腐败政治人物的命。伊索告诉陪审团，如果他们判这名政治人物死刑，就会有更多贪婪的坏蛋取代他。他给陪审团讲了一个故事：一只狐狸不想甩掉它背上吸血的虱子，因为这些虱子已经被血喂饱了，如果把它们抖掉，又会有饥饿的虱子飞到它身上吸血。亚里士多德说，寓言故事"相对易于编造"，而历史上真实发生的事情是几乎不会在寓言故事中出现的。这种历史先例与当下情形十分相近，能够引导人们做出正确的定论或制定正确的政策。所以，雄辩家经常使用虚构故事、格言或古老谚语而非真实世界的例子来支持自身观点，也就不足为奇了。

当代许多政治家喜欢用某种传统或新兴的格言唤起朴素的常识,玛格丽特·撒切尔就是其中之一。她说过很多名言,比如:"公鸡会打鸣,可生蛋的是母鸡""站在路中间是很危险的,因为你会被对向来车撞倒""人要有百战不殆的精神""权力就像女人,总是口是心非"。

这些文字虽然平淡,内涵却很丰富。不过,政治家都是出于某种原因而使用格言的。只要在合适的场合和演讲的正确节点使用格言,它们就不仅能让某个特定论点容易理解,而且在某种程度上还能不证自明。这是事物发展的自然规律。它们超越了政策制定者和政治党派的专有语言,听起来像是普通听众的日常生活经验。

只有在某些具有修辞传统的国家(比如中国或南美国家),政治人物仍能借助亚里士多德所说的"狐狸与虱子"寓言故事逃脱惩罚。但是,如果我们再拓宽点思路,把一些众所周知的故事、刻板化人物和场景包含在内,那么寓言故事在现代公共言论中也是很有说服力的。

亚里士多德把短小精悍的谚语与他在修辞学研究中所取得的另一项突破性成果结合起来。出于严谨和周全,世界各地的哲学家也许有足够的时间从方方面面验证他们的论点;相比之下,绝大多数雄辩家显得有点儿着急。他们要么想尽快结束审判,要么想在议会投票。总之,他们不想让自己的听众感到厌烦,从而失去听众的关注和认可:

> 举个例子:如果你想证明多里欧斯(Dorieus)是一场奥运比赛的冠军且奖品是一项桂冠,那你只要说他在奥运会取得胜利就行了,没必要补充说奖品是一项桂冠,因为这是尽人皆知的事情。[3]

如果你像我那样,不仅把它们定义为不完整的三段论,还把它们定义为任意一种为了起到修辞效果而让听众不知所云的论点,那么,省略式三段论从亚里士多德时代和桂冠问题起就已经取得长足进步了。我们马上认识到"死亡委员会"就是一种省略式三段论。对于持中立立场的人来说,"死亡委员会"一词也许意义不大,但它正是莎拉·佩林的支持者批评奥巴马医改计划所需要的核心论点。不过,现在让我们研究一个更典型的局部论点案例,该例子以一整套修辞手法概括了我们刚才探讨过的内容,即夸张、间接使用众所周知的故事以及浓缩化的辩证短语。

2013 年 4 月，一位名叫米克·菲尔珀特（Mick Philpott）的英国人企图以拙劣的手法报复昔日情人，在他家的一场大火中烧死了自己的 6 个孩子，被法庭判处过失杀人罪。在犯下这起可悲的罪行之前，菲尔珀特早就是一位众所周知的人物。他有多个性伴侣，有不少于 17 个孩子，他们的生活主要依赖英国的福利体系。菲尔珀特判刑之后，保守党财政大臣乔治·奥斯本（George Osborne）是这样说的：

> 菲尔珀特所犯下的这些可怕罪行震惊全国，他要为此负责。法庭只负责宣判他有罪，但我认为，无论我们的政府、社会或是纳税人，都应该反思一下我们的福利制度，因为正是这样的福利制度催生了那种生活方式。我觉得我们需要进行一场大讨论。[4]

像往常一样，省略式三段论并没有以明确的方式出现，但它依旧存在，并隐藏在"催生了那种生活方式"当中。"那种"生活方式是指哪种呢？这样的对比要向我们表达什么样的论点？

显然，财政大臣奥斯本想让我们相信菲尔珀特这桩案子有重大意义，他希望民众就英国的福利制度进行大辩论。但这句话到底要表达什么含义呢？它可能表达了两种含义。第一种含义是说给民众支付津贴很有可能导致他们杀死自己的孩子，如果减少或取消津贴，就不会有那么多孩子被杀死；这也许是"那种生活方式"一词所暗示的最极端论点，但该论点显然很荒谬，因为每年都有数百万英国人领取政府津贴，但他们并没有伤害自己的孩子。它犯了典型的"从特殊性导向普遍性"谬误，所以，我们可以做另一种没那么极端的假设：米克犯下的可怕罪行当然是不常见的，但是，他经历了这么多段失败的恋情，福利制度却允许甚至可能激励他成为这么多孩子的父亲，这事是值得争论的，而且可能会促使民众和政界考虑对这样的制度进行改革。第二种含义指向了一个通常被主流政党认为是合理可靠的论点，甚至那些反对者也认为该论点是合理的。

但是，财政大臣明显脱口而出的一句话却有可能引发人们对这两种含义的广泛争论。我们可以提出一种折中的含义：福利制度和唾手可得的收入鼓励民众做出轻率的行为，这在米克·菲尔珀特的身上体现得极其明显；当然，只有在最极端的情形下，这种轻率的行为才会导致过失杀人，没有人会否认这一点,但这并不意味着其他形式的反社会行为和负面行为不经常出现,比如:弃婴、滥用药物和其他情节较轻微的犯罪行为。这种折中的含义没有第一种含义那么荒谬和错误,但它仍然暗示了两点:(1)若福利制度被坏人利用,那就很容易导致反社会行为和犯罪行为;(2)米克·菲尔珀特跟他的可怕罪行与其他福利受益者之间存在某种关联,这种招数被称为"牵连犯罪"(guilt by association)。

乔治·奥斯本想用"那种生活方式"表达哪种论点呢?他的政敌很快就给出了答案:至少是折中的含义,而第一种含义的可能性更大一些。其实,我们不清楚他真正想要表达什么,而且他完全有可能不知道自己要表达哪种含义。量子力学有一个"叠加原理",该原理认为,粒子同时存在于它们在理论上能够占领的所有位置,直至被实际观察到。开放式的省略三段论有着类似特质:它的结尾可以在某种程度上同时保持有效,直到演讲者把他们心里的想法告诉我们。如果他们不告诉我们,或者他们从一开始就没有决定好,那么这种奇怪的修辞叠加状态就会无限期地持续下去。①

但是,当乔治·奥斯本当时的工党头号政敌埃德·鲍尔斯(Ed Balls)回应奥斯本的话时,这种形态没有出现在他脑海中:

> 乔治·奥斯本处心积虑地想借助米克·菲尔珀特令人震惊的可耻罪行炮制某种政治辩论焦点,这是孤注一掷的财政大臣所做出的愤世嫉俗的行为。[5]

然而,他也补充说,他同样赞成"对福利制度改革进行适当争论"。

这番话也值得玩味。从表面上看,这是一名政治人物批评另一名政治人物炮制"政治辩论焦点",这就好比一位木匠指责另一位木匠制订了一份可笑的木工计划。但是,埃德·鲍尔斯在此处巧妙地使用了"政治"这个词。他想表达的观点就是:任何人都不应该把人道主义悲剧当作党派资本,这是负责任

---

①　当代另一种修辞转义其实是以量子力学创始人之一的姓名命名的。按照《城市词典》(Urban Dictionary)的定义,"薛定谔混蛋"(Schrodinger's douchebag)是指某个人发表带有性别歧视、种族主义歧视或其他偏执的言论,看到其他人作何反应之后,才决定这些言论是否严肃或"只是开玩笑而已"。——作者注

的政治家之间约定俗成的惯例；乔治·奥斯本说自己如何如何，其实他已经打破了这个惯例。我们很快就意识到，这番话也是省略式三段论，只不过它在这里缩短成一个形容词罢了。

埃德·鲍尔斯这番话最令人震惊之处就是它与乔治·奥斯本的原话非常接近。这两位政治人物都小心翼翼地强调他们多么为米克·菲尔珀特的罪行感到震惊不已，奥斯本用了"可怕"来形容该罪行，鲍尔斯则使用了"令人震惊"和"可耻"这两个形容词；两人都号召民众对英国的福利制度进行争论。埃德·鲍尔斯利用米克·菲尔珀特的案子借题发挥，勉强同意了乔治·奥斯本的基本意图，两者之间因此而建立了某种联系。

这到底是怎么回事？首先，我们应该认识到这两段政治言论的无形背景。虽然两位政治人物的话里都没有提到以下内容，但我们还是能感受到它们的潜在影响力：

> A. 工党在福利制度问题上态度懦弱，对待米克·菲尔珀特这样的骗子过于心慈手软。现在到了改革福利制度的时候了，我们要逼"米尔·菲尔珀特"们找份工作并让他们对自己的人生做好合理的规划。我们只能相信保守党，因为只有它才能完成这个目标。

> B. 保守党对穷人冷酷无情（乔治·奥斯本是其中最冷酷之人），他们已经无法扭转经济败局，所以想转移公众注意力，把领取救济金的人群妖魔化，并试图旁敲侧击地指出所有领取救济金者都是像米克菲尔·珀特那样的人。没错，福利制度需要改革，但我们唯一能够信任的政党只有工党，因为只有它能够在坚定态度和怜悯心之间进行平衡。

上述两种描述是保守党和工党刻画对方的核心内容，尽管双方都会矢口否认自己不是这么想的，但我们有理由认为，乔治·奥斯本和埃德·鲍尔斯之所以发表言论的政治目的，就是促使（或激起）对方做出这些描述。但是，鉴于该事件涉及多名儿童惨死，这些描述只能作为间接参考。

乔治·奥斯本最接近 A 段描述的话就是"我们需要进行一场大讨论"。不过，这足以让奥斯本的支持者（或者他的游离选民）想象出，如果英国民众真的就此展开大讨论的话，两党会摆出什么样的阵势。乔治·奥斯本和他的保守党人提出整治坐吃山空现象的理由，而工党则站在派系立场维护福利制度和

领取救济金者的权益。

在简短的回应中，埃德·鲍尔斯想转移 A 段描述，推动 B 段描述。首先，他让所有人都知道，他和奥斯本一样为菲尔珀特的罪行感到震惊，表明他并不同情或支持这种杀害儿童的凶手或骗子（即反对 A 段描述），从而避免公众的指责；接着，他抨击乔治·奥斯本的动机，称奥斯本的言论是"处心积虑"的（这是有预谋的语言犯罪）、"愤世嫉俗的"（即支持 B 段描述）。鲍尔斯之所以直言奥斯本愤世嫉俗，是因为后者在经济形势每况愈下的时候利用菲尔珀特案转移公众视线，但这样的指责只是鲍尔斯长期对奥斯本的性格进行抨击的缩影而已。在鲍尔斯看来，奥斯本是一位"玩弄政治"的财政大臣，再次暗示奥斯本将党派利益置于国家利益之上。请注意他话里的隐含假设，即党派利益与国家利益之间难免存在矛盾，仿佛我们的政党一点儿都不关心国家、只关注自身利益似的。这种现象在当代英国政坛似乎十分普遍，在大西洋对岸的美国也越来越明显。

在担任影子财政大臣期间，鲍尔斯每提到乔治·奥斯本时常使用"处心积虑""愤世嫉俗""玩弄政治"等攻击性词语。他几乎是以一种诗歌般的韵律说出"炮制某种<u>政治</u>辩论焦点，这是<u>孤注一掷</u>的财政大臣所做出的<u>愤世嫉俗</u>的行为"这句话的，而且重音都落在带下划线的三个轻蔑语上。也就是说，当鲍尔斯赞成奥斯本的看法，认为英国民众应该就福利制度改革进行大讨论的时候，他就已经把这变成了一场斗嘴，而斗嘴的对象正是动机不纯的财政大臣。

在这里，我们看到现代政治言论发生了小小的变化。两位表达能力强、经验丰富的政治人物匆匆地抛出两段省略式三段论，并且在需要使用专门政治语言的情况下使用了明显带有一般性含义的词语。这种中性语言能够唤起多种解读方式，具有特殊的政治价值。乔治·奥斯本是否在借菲尔珀特的案子来抨击其他诸多福利制度获益者？他所在的政党以及英国的保守派也许会这样想，并且会为他鼓掌喝彩；但正如我们所看到的那样，也有人对此做出较温和的解读，所以他保留了否认条件。埃德·鲍尔斯指责乔治·奥斯本利用菲尔珀特的家庭悲剧达到自己的政治目的（例如：用"孤注一掷"这个词来攻击奥斯本，说他是英国经济低迷的罪魁祸首），但他有没有犯同样的错误呢？另一方面，鲍尔斯的支持者也许跟他的想法一样，并暗地里为他打气，但你很难从他话语的表面意思上证明这一点。

　　一个脱口而出的成语引发了其他一系列争论,而每种观点在政治影响力上有着细微的差别。这些话的表面意义很明显,但它们还有进一步的潜在含义,只有政界人士才能完全听懂。此外,工党和保守党都宣称它们想看到"适当的辩论",但它们的话都没有起到说明或深入阐述的作用。

　　听到这些话的民众当然会觉察到双方在暗自较劲,就像是两位摔跤高手在相互寻找对方的破绽,伺机把对方摔倒在地,同时又努力避免自己犯错。当旁观者清楚地意识到双方都占不到便宜时,他们的注意力就会转移,这事便不了了之。非专业人士可能也很清楚当下的政治背景,保守党和工党都认为有必要进行福利制度改革,但却在改革的方式上产生了分歧。这桩耸人听闻的案子是否告诉了我们如何改革福利制度? 在这个重大问题上,我们甚至看不到任何合适的答案。

两种困境

　　亚里士多德和古代其他修辞学者给我们提供了很多有价值的想法和重要工具,让我们能够拆解当下的公共言论。在这个过程中,他们还提醒我们:修辞的基本原理多年来几乎没有发生任何变化。亚里士多德对公共言论的描绘引人入胜,因为它很接地气,是建立在洞察人性的基础上的;它描绘了我们如何尝试着说服别人,或者我们在别人试图说服我们时会作何反应。

　　但是,即使像亚里士多德这样慎重的思想家也知道公共言论可能会出错。正如我们在上一章看到的那样,其他希腊人[包括更尊崇正统主义、更多疑的哲学家柏拉图以及历史学家修昔底德和才华横溢的喜剧作家亚利斯多芬尼斯(Aristophanes)]开始担心公共言论真的错得离谱,这种错误不仅出自一小撮搬弄是非者之口,而且在公共生活中也很常见。对他们来说,社会和国家的良治和稳定所要依赖的语言已经完全被打乱了,普通老百姓觉得越来越搞不清楚诚实的公共言论与极端主义者和阴谋家的过分言论之间到底有何区别。

　　在《尼可马亥伦理学》[6]中,亚里士多德提醒我们,有两种形成鲜明对比的恶习能够让语言和行动偏离真相和美德。第一种恶习就是"浮夸"(alazoneia)或"自吹自擂",第二种则是"自贬"(eironeia),虽然自贬带有谦虚的意味,但在此背景下,它似乎表示的是假的自谦或过分低调。这两个词与公元前 5 世纪雅典喜剧界的两种人物类型有关。第一种人物类型叫"大话家"（alazon），这类自以为是的骗子整天趾高气扬，信口开河；在各种喜剧中，蛊惑民心的政治人物、预言家、教士和使节都被打上了"大话家"的标签。第二种人物类型则是"伪君子"（eiron），这种人平时沉默寡言，而且老奸巨猾，他们所说的话根本不可信。他们往往能推动事情顺利发展，但你一定要随时提防着点儿。古希腊的哲学教师四处巡回讲授修辞学和哲学，在雅典人的生活中，哲学教师是备受争议的角色，他们通常被同时描述为"大话家"和"伪君子"。

亚里士多德还把"自贬"一词与苏格拉底联系起来。他说，苏格拉底为了让对手出丑，故意引诱对手说出一些无知的话，显得他们缺乏知识。亚里士多德在探讨诚实问题的过程中加入了对苏格拉底的负面描述，其是否是为了批判这种苏格拉底式的习性？这一点我们尚不清楚，但亚里士多德强调说，用"自贬"的方式玩弄真相，总比自欺欺人或明知故犯要好。他还承认，适度的"自贬"甚至是相当优雅的。

现实生活中的大话家和伪君子是否是雅典公共言论每况愈下的元凶和最终导致雅典民主体制崩塌的罪魁祸首，确切答案不得而知。我们所能确定的是，如今一些伟大的思想家认为事实就是如此。我们还知道，那些整天讲荒诞不经故事和狡猾谎话的"大话家"和"伪君子"们如今依旧出现在我们身边。在这本书里，我们将会遇到很多这样的人。

曾在 2005 年至 2013 年间担任伊朗总统的马哈茂德·艾哈迈迪内贾德（Mahmoud Ahmadinejad）是许多夸夸其谈的犹太人大屠杀否认者之一，他为了个人私利而将仇恨式政治蔓延至整个中东。以色列总理本杰明·内塔尼亚胡对此作何反应？他捏造了一个愚蠢的谣言，称屠杀欧洲犹太人的主意是一名巴勒斯坦人，即耶路撒冷的大穆夫提告诉阿道夫·希特勒（Adolf Hitler）的。

有些荒诞的故事并非源自不同群体间的仇恨，而是源自冷静状态下的思考；不是源自"大话家"的自吹自擂，而是源自"伪君子"的狡猾。有人问美国情报局（National Intelligence）局长詹姆斯·克拉珀（James Clapper），国家安全局（National Security Agency）是否收集过"数百万或数千万美国人的个人资料"。克拉珀说没有。后来，爱德华·斯诺登（Edward Snowden）所披露的机密文件证明克拉珀所说的话是人类历史上最大的谎言之一，至少他在人数上撒了个弥天大谎。出于爱国精神,克拉珀将军起初坚定地捍卫自己说过的话;后来,他向一名记者透露,这是他说过的"尽可能诚实"的话。也许是这样吧,但是,在回答一个答案为"是"或"否"的问题时,你本应该回答"是",但实际答案变成了"否",那这个答案就不是"尽可能诚实",而是"非常不诚实"。最后,克拉珀将军极不情愿地承认他的回答是"不正确的",完全是个"错误"。

1992 年,保守党大臣艾伦·克拉克(Alan Clark)在丘吉尔矩阵案(Matrix Churchill)的庭审过程中厚颜无耻地说:在国防、外交、真实或臆想的国家安全事务上,现代西方政府往往"讲求经济实用"。然而,一般来说,议会调查、检举揭发、新闻调查等公众监督形式往往倾向于在某种范围内公开说假话;而在那些历史不长,或者对于公共言论的开放度和诚实度期望不高的社会,情形就不一样了。

2015 年 2 月,俄罗斯外交部部长谢尔盖·拉夫罗夫(Sergei Lavrov)在慕尼黑举行的一场会议上称,俄罗斯此前入侵格鲁吉亚(Georgia)及吞并克里米亚(Crimea)的行为都是国际惯例运作的好例子。"克里米亚所发生的事情表明当地民众运用了自决权,"他说,"你们要看一下《联合国宪章》(UN Charter),领土完整与领土主权必须得到尊重。"当这番话引来哄堂大笑时,拉夫罗夫先生不服气地说:"可能你们觉得我这话很好笑,"他对持怀疑态度者说道,"你们所说的很多事情我也觉得很好笑。"

全世界都应该嘲笑拉夫罗夫,但随着美国、英国和其他西方国家在真理面前做出妥协之后,很多人(尤其是发展中国家的民众)开始相信西方国家领导人也好不到哪里去。但是,当这个社会在修辞上缺乏节制和自我克制,而夸张和谎言不再是孤例时,美国国内和国际听众就应该努力分清偶尔为之和惯犯之间的区别,这可能是无法避免的。

在本章开头,我们接触到了"迷失状态"一词。在那种时刻,你承认心中一直怀有的简单假设根本经不起仔细审视;表面上简单的问题实际上比你想象中更难回答,而且你根本找不到答案。苏格拉底认为,所有这些都可以通过带有积极色彩的"自贬"来解决,这也是睿智的表现。

如今,公众面临一种更深的困惑,它源自公共言论的扭曲。千百年来,我们都能够理解这种公共言论;但到了今天,它借助数码技术传遍了我们整个社会。在一个你不知道该信任谁的世界中,大话王和骗子也许是最有说服力的

人,除非你摇摇头,根本不想讨论这件事。

这种局面是如何产生的? 过去这 30 年,我目睹了当前危机的发展过程。在接下来几章里,我将根据自己的亲身经历和所见所闻来分析这种现状的成因。

本章参考文献

1　Quoted in Arturo Tosi,*Language and Society in a Changing Italy*(Multilingual Matters,2001),129.

2　Anthony Zurcher. The strange Trump and Carson phenomenon explained. BBC News website,15 November 2015.

2　Thucydides. *History of the Peloponnesian War*,II,xl,2.

3　Aristotle,*Art of Rhetoric*,I,ii,12.

4　Reported in http://www.bbc.co.uk/news/uk-politics-22025035.

5　Ibid.

6　Aristotle,*The Nicomachean Ethics*,IV,vii.

Enough
Said

03

又来这一套

世界上最可怕的一句话就是：我是政府派来帮你的。

——罗纳德·里根[1]

1979 年 3 月 28 日,周三,詹姆斯·卡拉汉(James Callaghan)在英国下议院的信任投票中败北。在接下来的大选中,卡拉汉所领导的工党政府落败,而当时初出茅庐、相对不知名的玛格丽特·撒切尔领导的保守党赢得了选举。后来,保守党连续执政 18 年,甚至当托尼·布莱尔(Tony Blair)在 1997 年带领工党重掌权力时,他所推行的政策依旧受到撒切尔夫人的影响,而布莱尔的前任约翰·梅杰(John Major)和继任者戈登·布朗(Gordon Brown)以及大卫·卡梅伦(David Cameron)所制定的政策同样如此。撒切尔夫人身上有一股不可逆转的气质,她的思想也同样如此。我们记者喜欢用"分水岭"(watersheds)和"转折点"(tipping points)等字眼将一些突发事件添油加醋地描绘成故事。这件事无疑是我那个年代英国政坛具有影响力可能也是唯一有重大影响力的事件,其重要性也只有 2016 年英国脱欧公投可以媲美。

　　但是,对我而言,1979 年春也是一个转折点。当时我只有 21 岁,在牛津大学读大四。我对政治很感兴趣,不过当时我只能算是政治旁观者,而不是参与者。在最终落败前的几个月时间里,卡拉汉政府在国会如临深渊。它既要发出紧急命令,要求工党的国会议员必须参加投票,还要与少数党派达成临时协定,甚至要安排急救车将临终的议员拉到威斯敏斯特宫(Palace of Westminster)投票。最终投票结果出来时,我正在坎布里亚郡(Cumbria)的家里;但在几周前,我就去过伦敦,希望能够进入议会旁听席,目睹这千钧一发的时刻。到达圣史蒂芬入口(St. Stephen's Entrance)那一刻,我隐约觉得时机刚刚好,但其实现场早就人满为患了。于是我四处晃荡,跟其他无所事事的人聊了几分钟,然后径直穿过国会大厦广场(Parliament Square)去坐地铁。

我那天之所以去伦敦,还有另外一个原因。坐地铁到达牛津广场站(Oxford Circus)之后,我沿着摄政街(Regent Street)溜达到英国广播公司,投了一份求职信,申请参加该公司的一个培训计划。从事广播或新闻工作并不是我的长远目标,它也不能被称之为"计划"。其实,当时的我并不知道自己要从事什么职业,但我所认识的人都想在英国广播公司谋得一份工作。当时距离截止日期已经很近了,由于时间紧迫,我无法通过邮局投递申请表,只能填好申请表,塞进广播大楼(Broadcasting House)对面一间阴森森办公室的信箱里。从孩提时起,我就很喜欢看电视节目;十几岁的时候,震惊世界的水门事件给了我很大启示,以至于到了后来,我不知不觉地成为一名新闻专业的学生。事后想起来,在申请英国广播公司职位的那一刻,那张精心打印的申请表、那个被擦得锃亮的黄铜信箱、那封下一秒不知道会落到谁手里的申请信都成了一种必然。而在当时,我的职业选择有很多种可能性,这份工作只是其中之一,而且还是可能性最小的一种选择。

然后在突然之间,我就被英国广播公司录取了。1979年9月3日,那天是周一,我成为英国广播公司的助理研究实习生,简称RAT(在英语中,RAT有"卑鄙小人"的含义——译者注),而8月底被爱尔兰共和军(IRA)用炸弹袭击的路易斯·蒙巴顿勋爵(Lord Louis Mountbatten)恰好在那周下葬,我上班的第一天就要进行摄像机排演。我和同事在控制室里四处巡视,通过其中一个控制室的显示器,我们看到了威斯敏斯特大教堂的俯拍景象。

助理研究实习生是最低级别的职务,是任何一个团队中资历最浅的成员,但大家都知道,实习生也是万里挑一的精英,他们年轻,有才华,将来有可能当老板,这一点似乎有点矛盾。我们公司的接待处就体现出了这些特质,接待人员时而友好,时而多疑,时而好奇和不屑,在个别令人不安的情况下甚至很有礼貌。当然了,RAT这个简称只是巧合而已。当时是英国广播公司使用英文首字母缩写词的黄金时期，RAT 一词本身并不难听，但在"工程感应与工程信息办公室"（Engineering Induction and Engineering Information Office）的英文首字母缩写 EIEIO 面前，它就黯然失色了，因为这个缩写让人想起一首民谣"老麦克唐纳有块地，咿呀咿呀哟"（Old MacDonald, EIEIO），据说这是某个不知名的天才传开来的。

实习生要与英国广播公司电视台签订为期 12 个月的试用合同，在接受两周基本培训之后，还要经历 4 个不同阶段的实习项目，每个阶段持续 3 个月时间。从理论上讲，实习生要到一系列不同风格的电视制作部门轮岗，比如体育频道、儿童频道和戏剧频道；假如一切顺利的话，就会选定一个专业领域。从理论上讲，我们对自己要去哪个频道有发言权。但我对公司领导说，我特别想去时事频道实习，却立刻被派到了宗教频道。不过，我很快就被转到了每日晚间杂志节目《全国时事》（*Nationwide*）。

在《全国时事》节目组，我们每天都要开一场弱肉强食式的早会，每个人都要在会议上提出一系列建议，与团队的其他研究员进行公开辩论。编辑们不一定想听到新故事（因为绝大多数话题都是源自当天早上的报纸），而是富有想象力的、简洁有力的观点和睿智的节目制作理念。如果你的建议被编辑采纳了，那你就得到了转正的机会，从研究员变成簿记员、编剧和制作人，在控制室里焦急地站在直播导演背后，等着宝贵的 5 分钟过去后数百万观众观看你的节目。如果你没被选中，那就注定要整天为其他研究员跑腿打杂，比如整理幻灯片或画板，把它们放到摄像机前面；有些实习生更不走运，他们无所事事，只能看着团队其他创造力更强、精力更充沛、技能更娴熟的成员拼命工作。

如今在人们的印象里，《全国时事》只是一个搞笑节目，但实际上，它当时给观众提供了饕餮新闻大餐，既有时事新闻的跟踪报道，又有关于重大新闻事件的辩论。我尽职尽责，报道了一些奇闻轶事，譬如世界最快的火鸡拔毛器——唉，当我们给那只刚被勒死的火鸡拔毛时，它的脚还在动。但很快，我就开始报道一些严肃新闻，比如：罢工、刺杀（包括列侬和萨达特遇刺事件、罗纳德·里根和教皇遇袭事件）、大国外交以及北爱尔兰独立问题，但主要还是以英国国内的政治事件为主。

1979 年大选落败后，工党便陷入了分裂状态。它突然表现出激进倾向，一群在党内占主导地位的中间派另立门户，创立了新的社会民主党（SDP）。我

们一直追踪报道工党的变化以及新成立的保守党政府。当时,保守党政府内部不仅存在"懦夫派"(the wets)①与撒切尔夫人身边的"强硬派"(the drys)之争,还有政府与岛内其他强大势力之间的冲突,这些势力包括英国矿工团体、英格兰圣公会(the Church of England)、教育机构以及英国广播公司。

1981年,工党内部为了副主席之位争得不可开交。后来成为工党领袖、当时是一名极具影响力的左翼议员的尼尔·金诺克(Neil Kinnock)含泪来到我们的演播室,而我当时就在现场。1982年,保守党在布莱克普尔(Blackpool)召开大会,我就站在摄像机旁边。英国广播公司主持人罗宾·戴伊(Robin Day)当着英国国防部部长约翰·诺特(John Nott)的面称他为"朝不保夕的政治人物",诺特把麦克风猛地从衣领上拽下来,起身大步走出演播室。几年之后,我在演播厅休息室里聆听撒切尔夫人发表将近一个小时的激情演讲,她想说服我和我的几名同事支持她的国民医疗服务(NHS)改革计划,该计划引发了英国上下对医疗保健制度的大讨论。我们在后面将会看到,这样的讨论一直持续到今天,思路却没有发生太大变化。

从研究员、导演、制片人到编辑,我多次参与报道过大选、财政预算、政策辩论和政治危机事件,并且采访过英国当时所有主流政治家和知名人士。我的日日夜夜都奉献给了任何政治新闻记者都关心的东西。我的职责就是弄清楚当下正在发生的事情、这件事的意义以及下一步将要发生的事情。

那时候,我在公共言论的海洋中畅游,除了倾听以外,还要对它们进行删减、引述、解构和重建。假如我当时仔细思考的话,我会把它们视为未经消化的原始新闻素材,而不是某些本身值得考虑的问题。然而,尽管我当时并没有意识到这一点,但政治语言以及我和其他记者剖析这些语言并呈现给公众的方式已经开始发生变化了。

共识时代

德国和日本于1945年战败后,西方国家面临着重建的巨大挑战和苏联共

---

① 即担心政府经济政策所造成影响的单一民族党(One Nation Tories)。

产主义的威胁,它们普遍认为此时应该把过度的对抗式政治放在一边,在公共政策方面达成共识,借助科学、技术和实证决策手段进行改造。

这并不是说西方社会内部的意识形态冲突会消失。阶级差异和各国对美好社会的不同憧憬将会持续存在,而无论怎样,民主制度这一西方社会战后重建的基石要求左翼和右翼党派至少进行形式上的竞争。更准确地说,西方社会希望将 20 世纪上半叶使欧洲分崩离析的意识形态力量聚集起来,共同对抗苏联及其代理人和支持者。每个国家的领导人都忙着应对巨大的经济和社会挑战,其他差异都可以淡化处理。

战后,西方国家不仅要在对立的世界观和生活方式上进行竞争,还要看谁拥有更优秀的科学家、工程师、设计师、厂长和工人。这要求各国奉行一种新的、精明的、讲求实际的政治体制,从而赢得意识形态斗争和物质斗争的双重胜利。为了达到这个目的,西方国家需要采取新的修辞手法。

在当时的联邦德国,康拉德・阿登纳(Konrad Adenauer)和他的继任者一门心思地实行他本人在 1949 年制订的经济重建计划。该计划是以专家治国论者的理论为基础的,它不仅要解决百废待兴的德国所面临的"重大社会问题",尤其要应对一个巨大的挑战:为数百万因战争而流离失所的德国人提供住处和工作。德国统一仍然是这个国家的长远目标,但在当下,联邦德国的外交政策将与北约(NATO)保持一致,与其他欧洲国家共同实现"建设一个积极的、能够独立发展的欧洲联盟"梦想。[2] 阿登纳领导下的基督教民主党(Christian Democrat Party)及其主要对手社会民主党(Social Democrats)都把选举人的魅力和现实政治考量置于党派利益之上。

国家重建也是法国和英国的当务之急,它们内部也要达成政策共识。在法国,第四和第五共和国的新兴政党还是会被明确定义为左翼或右翼党派,但它们在政府中所奉行的政策通常是没有区别的。在英国,一位自由党(Liberal)成员设计了新的国民医疗服务体系,该体系由工党政府确定为法律,而继任的保守党政府也支持该法律。"巴茨凯尔主义"(Butskellism)这一新词语便应运而生,它以保守党资深领袖拉布・巴特勒(Rab Butler)和工党领导人之一休・盖茨克尔(Hugh Gaitskell)的姓氏组合而成,用来描述一种将重大国家利益置于意识形态差异之上的施政之道(至少从表面上做到这一点)。与传统的保守主义相比,巴茨凯尔主义完全致力于社会进步;但是,这种社会进步是通过民主手段和开发科学潜力的共同承诺取得的。英国党派政治常常遭到诟病,比如在 1945 年 6 月,温斯顿·丘吉尔曾告诫民众,如果克莱门特·艾德礼(Clement Attlee)领导下的工党在选举中获胜的话,它必然会"变成某种盖世太保(Gestapo)式的组织"。[3]但在战后重建过程中,这种指责减少了许多。

美国的情况有所不同。虽然战争免不了流血牺牲,但美国本土并没有遭受轰炸或入侵,因此,美国比它的盟友强大得多。尽管如此,在参众两院仅有勉强多数选票局势下(这个局面很快就被推翻了),共和党人德怀特·艾森豪威尔(Dwight Eisenhower)总统也在考虑采取一种不同以往的领导方式和政治语言。他明确地把这种领导方式与战前富兰克林·D. 罗斯福的党派之争做对比:

> 人们喜欢将罗斯福先生视为一名领袖。在那个年代和局势下,他的政党希望听到他每天痛斥反对党,他的手段是适用的。而今天,我们认为美国获得进步和幸福安康所要采取的每一项措施往往要得到民主党不同程度的支持。可以说,在这种情况下,政府领导层必须保持诚恳和冷静的态度,以无穷的耐心与各党派进行协商和劝导,并且不偏离基本原则。从长远来看,这样的政府才能赢得民心。[4]

在鼎盛时期,战后共识型政治有其自身的修辞方式。它是一种具有超前色彩的修辞方式,尽管它多少残留了几分英王爱德华式的优雅措辞,肯定会让听众联想起过去人们共有的价值观和稳定的社会关系。

不过,总的来说,这是一种值得回味的修辞方式,那时候的绝大多数名言警句很难让人判断出演讲者的政治派系立场,比如肯尼迪有句名言:"不要问国家能为你做些什么,而要问你能为国家做些什么。"哈罗德·麦克米伦(Harold McMillan)则说过:"变革之风正在吹过这片大陆。""科技白热化"一词则出自哈罗德·威尔逊(Harold Wilson)之口。

1969 年 7 月,尼尔·阿姆斯特朗(Neil Armstrong)在月球表面说出了那句早就设计好的台词:"这是我个人的一小步,却是人类迈出的一大步。"这句话虽然充满乐观主义精神,但却缺乏感情。人文主义、傲慢、民族自豪感和国际主义犹如汉堡包里的配料,被"大厨"小心翼翼地一层层堆起来,做成一个令人垂涎的三明治面包,再满怀信心地推销给阿姆斯特朗头顶上旋转着的蓝色星球的所有居民。

有些欧洲人认为，带有阶级和意识形态分歧的修辞方式是过去导致他们国家四分五裂的罪魁祸首，他们希望这种由专家治国论者制定公共政策和管理政府的新方法能让他们与那种修辞方式彻底决裂。例如，在 20 世纪 60 年代的意大利，信奉马克思主义的电影导演皮埃尔·保罗·帕索里尼（Pier Paolo Pasolini）呼吁发展一种新的语言，这种语言不仅适用于意大利统治阶级，也是给所有意大利人使用的；它是当代意大利现实主义对喜欢使用修辞手法的意大利传统精英阶层的胜利。对于包括作家伊塔洛·卡尔维诺（Italo Calvino）在内的其他人而言，帕索里尼所说的"技术型"新意大利人并非一种全新的民族语言，而是一种邪恶的"非语言"，即"反语言"（antilingua）。[5]

当然了，也有表示对立的修辞手法，比如 20 世纪 60 年代的反传统文化标语（交替出现的怀旧宣传标语和反传统观念标语）；比如在 1964 年，谨慎庄重的纳尔逊·曼德拉（Nelson Mandela）站在比勒陀利亚（Pretoria）的一处码头上，回忆了 17—18 世纪南非对英国人的不满和改革进程：

> 我毕生致力于非洲人民的抗争事业，不仅与白人统治阶级做过斗争，也与黑人统治阶级做过斗争。我坚守自己的理想，希望所有人在一个民主和自由的社会里和谐共处，拥有同等的机会。我想为这样的理想而活着并为之而奋斗，但如果有必要，我愿意为这个理想而牺牲自己。[6]

就在曼德拉说这番话的前一年，马丁·路德·金（Martin Luther King）在华盛顿发表了题为"我有一个梦想"的演说。该演讲借鉴了传统的浸礼会说教术，但明显更有激情。这些演讲接受了矛盾的现实，面对压迫敢于反抗，决心不惜代价地坚持自己的立场。这些演说为无法享受战后西方富强梦好处的人们呐喊，虽然如今已被奉为经典，但在当时，它们被认为是不合时宜和执迷不悟的，犹如维多利亚时代教堂这种不符合当代人品位的华美建筑矗立在现代城市规划者及其推土机面前。

在 1964 年共和党代表大会上，一位持不同政见者似乎更深入过去，对共识型政治提出了抗议。接受了共和党的总统候选人提名后，奉行"小政府主义"的极端保守派政治家巴里·戈德华特（Barry Goldwater）回应了"喋喋不休地谈论自由"的"伪先知"。他说，这些人的不断妥协已经破坏了自由的根基。

在传记作家看来,戈德华特捍卫传统观念时所使用的语言似乎都是在引述西塞罗的话。它们听起来确实有西塞罗式的雄辩色彩,但又完全带有新古典主义的创新意味:

> 我要提醒你们一点:为了捍卫自由而奉行极端主义的做法并非坏事。我还要提醒的另一点就是:为了追求公正而保持中庸的做法也并非美德。[7]

对戈德华特抨击政府干预主义和罗斯福新政(New Deal),自由派反对者嗤之以鼻,称这是愚蠢的倒行逆施。他的竞选标语"你心里知道他是对的"立刻被对手改为"你心里知道他是个疯子"。在接下来的大选中,戈德华特被林登·约翰逊(Lyndon Johnson)一举击败,这句话竟一语成谶。

但是,戈德华特并不是为过去说话,而是为未来代言。共识精神不能无限期地占据主动。自20世纪60年代以来,共识精神逐渐被各种因素削弱,包括新兴知识分子和左右翼政治势力、冷战的终结(冷战是共识精神的基础)特别是其自身越来越明显的缺点。很多国家的选民尤其是年轻选民逐渐意识到:妥协时代的政治家并不是情操高尚和爱国的实用主义者,而是一群不负责任的腐败精英。之所以说他们不负责任,是因为每当各政党看似就绝大多数事项达成一致时,选举并没有带来真正的改变;而尽管民主制度下的宪法机制运作良好,选民实际上还是被剥夺了选举权,有些人只能上街游行示威,或者求助于那些承诺打破这种一团和气氛围的领导人。

政治实用主义和对技术官僚做决策的信任不会消失,但从20世纪80年代起,它们就面临着持续的挑战。实际上,它们常常转入地下,继续让民众知道政治领袖们做过什么,而不再是他们说过什么。最后,这种言行间越来越大的差距将放大民众心中对政治家和政治语言原有的猜疑。然而,玛格丽特·撒切尔从未面临这种指责。

不和谐之处

让我们回到撒切尔夫人掌权那一刻,深入思考当时的政治语言。当时,政治语言的修辞手法正经历转变。演讲、访谈、新闻报道和竞选宣传在很大程度上还在向不久的过去看齐:专家治国论者的能力依旧是最重要的考量标准,各派别政治家在进行政策论辩的时候依旧诉诸理性和事实。

但玛格丽特·撒切尔的激进主义超出了政治理念领域,延伸到表达这些理念的修辞手法上,并赋予它一种不容置疑的特质:强硬、固执、绝对自信。人们把撒切尔夫人和她的支持者形容为"有着执着信念的政治家"。"执着"一词表明她的进取心源自性格甚至是信念,而非冷酷无情的理性主义。

撒切尔夫人的政敌和重要公共部门都表达了发自内心的反应,各方所使用的言辞迅速变得激烈和尖酸。多年来,尽管话题和目标已经发生了改变,但从那时起,我们的公共语言在很大程度上变得更加尖锐。与此同时,在 20 世纪 70 年代末,激进的新思想开始活跃在政治营销学领域和媒体管理领域,直接指向我们的世界和本书要点。

以当时最著名的海报为例:在白色的背景下,许多人排着长龙,等着领取失业救济金,它的主标题写着"工党怠工"(LABOUR ISN'T WORKING)。副标题位于海报右下角,字体较小,写着:"英国最好远离保守党。"这幅海报其实也是英国近代政治史上的经典。

1978 年,这幅海报被张贴在少数场所,由于宣传期很短,它并没有造成太大影响,但其引发的政治纷争却持续了很长时间。工党政府决定驳斥这种说法,理由有二:首先,这张照片是假的,那些被拍到"排长龙领取失业救济金"的人其实并没有失业,他们都是保守党活动家,专门为了制作海报而摆拍的,而且这张照片采用了剪接手法,以便让队伍显得长一些;其次,政治宣传与商业营销之间是有界线的,这张海报却越界了。就在海报面世前几周,时任英国财政大臣的工党政治家丹尼斯·希利(Danis Healey)指责保守党人不再相信他们吸引英国民众注意力的政策,而是靠盛世长城广告公司(Saatchi and Saatchi)使用那些推销"企鹅"饼干(Penguin)、"花街"巧克力(Quality Street)和"雪仙"(Fairy Snow)[8]的"相同手法"推销他们。海报出来后,他再次批评保守党人,而且在接下来的几年,其他工党领导人一次又一次地指责保守党人企图像卖洗衣粉那样推销政治。

这种批评与后来左派所持有的悲观情绪如出一辙,他们认为英国政坛甚至不可能在政治选择方面形成有价值的公共言论。按照这种观点,一些大企业和鲜为人知的富翁提供资金,请一个专业广告机构为撒切尔夫人和她所领导的政党打造形象,并让查尔斯·萨奇(Charles Saatchi)、莫里斯·萨奇(Maurice Saatchi)、蒂姆·贝尔(Tim Bell)和其他广告与公关大师为保守党出谋划策,其目的就是削弱和简化两党之间以理念为基础的争论。右翼报纸杂志已经是这场阴谋的一部分了,而其他媒体太容易妥协或苟且偷安,根本不敢与之对抗。在一个理想世界里,英国广播公司或许能起到平衡的作用,可一旦问题涉及强大的既得利益集团,这家公司就显得很懦弱,并且总是想着不惜一切代价维护其公正的名声。

数十年来,"问题"与"政策"之间的本质对立、"人格"与其他表面现象之间的本质对立以及英国媒体倾向于关注后者而非前者的可悲做法一直都是令人烦恼的难题,但玛格丽特·撒切尔的出现似乎验证了某种马克思主义理论,即:公众之所以无法理解撒切尔主义(Thatcherism)的真谛,是因为反动势力利用他们直接与间接的影响力和对媒体的控制使公众产生了他们一种错误的意识;玛格丽特·撒切尔所说的话毫无事实依据(这个词听起来有点轻蔑的感觉),但她的靠山能够确保她明显带有破坏性的政策基本上不会受到挑战。

理论就说到这里。工党对海报的抨击达到了立竿见影的效果,这份海报登上了晚间新闻,并引起了数百万选民的注意。如果没有看到这条新闻,选民们也许会完全与它擦肩而过。凡是商人都有一个梦想:给收费媒体支付一小笔钱,通过新闻报道、现场解说和宣传等方式实现成百或成千倍的收益。这种小资金撬动大收益的方法在如今的社交媒体时代很常见,但在当时,人们只能依赖口耳相传的方式进行营销。这幅海报引起民众强烈的共鸣,一年后,又有人在竞选中推出了后续版本"工党依旧在怠工"。同时走红的还有另一句话:"危机?什么危机?"当时正处于"不满之冬"(Winter of Discontent)大罢工时期,据说詹姆斯·卡拉汉从国外访问回国的路上脱口而出说了这话。这张海报不仅成为撒切尔夫人赢得 1979 年大选的理由,更成为"老"工党(换言之,工党是一个大众型社会主义民主党派)失去英国选民信任并从此一蹶不振的代名词。

其实,卡拉汉并没有说过这句话。保守党的报刊杜撰了这句话,搞得好像他说过似的,然后以引述的方式把它作为文章的标题。后来,这种技巧又成为某些新闻记者的标准手法。

在公共言论中,双关语往往是达不到效果的,但如果用在海报上,双关语却很管用,因为它兼具严肃性和精确讽刺性的特点。人们不禁会想:这个政党口口声声说它代表的是工人阶级,但在它执政期间,失业率却这么高,这难道不是件很奇怪的事吗?他们甚至连自己的支持者都没照顾好。跟"死亡委员会"一样,这句话使用了提喻法,即失业代表着经济崩溃,而经济崩溃又代表着一个政府一事无成。

显然,这句话用途广泛,但它的最巧妙之处在于它同时还以一部分关键选民作为说服目标。为了赢得大多数选票,保守党曾劝说某些此前支持工党的选民改变立场,这部分选民涵盖了 C1 和 C2 社会经济团体成员,包括初级主管、职员、熟练手工艺人及其家人。该群体大多数是工党的支持者,但失业和对失业的恐惧感是目前他们最关心的问题。1979 年,一群具有举足轻重作用的选民真的改变了立场,尤其是在英格兰南部选区;而正如美国的"里根民主党人"(Reagan Democrats)在此后 12 年一直支持共和党一样,英国的这些选民确保了保守党连续执政 18 年,直至托尼·布莱尔在 1997 年夺回首相宝座。对几乎任何一个人而言,这张海报都意味着某些东西,但它也直接道出了这些领头选民内心的焦虑感。

在当时以及后来很长一段时间里,保守党在宣传和形象塑造方面做了很多努力,使玛格丽特·撒切尔的政治生涯大获成功。撒切尔选择能力出众的媒体顾问和优秀的广告公司,而正如英国政坛的许多政治掮客一样,它们的员工立马飞往美国取经,了解和窃取美国政坛的最新创意。坊间流传着很多著名的故事,说撒切尔夫人的衣着、发型都是经过精心策划的,甚至有传言称戈登·里斯(Gordon Reece)要撒切尔夫人降低自己的声调,这样说起话来就更有威严。

其实对任何与之共事的形象塑造师而言,撒切尔夫人可不是个好对付的人物。她从来没有改变过,而从她执政那一刻起,她的优点和缺点就立刻为世人所知。此外,与当代其他很多政治家不一样的是,在她竞选和执政期间担任 11 年首相期间,她的观点和公共形象并没有改变太多。

如今,英国和美国的媒体经常分析女性政治家的外表、言行举止和情绪,对当年的撒切尔夫人也同样如此。媒体对她作为妻子和母亲的身份很感兴趣,而她的直系亲属很快就在英国社会变得小有名气。不过,如果她偶尔对那些与自己家庭生活相关的问题感兴趣的话,那也通常是带有严肃政治目的的。

她的政敌希望世人相信她的意识形态影响力超越了奥地利和美国自由市场经济学家斯文加利(Svengali)式的人物基思·约瑟夫(Keith Joseph)爵士。① 媒体大量报道了撒切尔夫人在格兰瑟姆(Grantham)的成长经历、与丈夫丹尼斯(Denis)和孩子们的生活轶事,其目的都是强调家庭、爱国精神和英国式的节俭在她性格中所扮演的重要角色。

但是,从公众话题到私人生活,她的转变之路并不好走,因为她根本找不到公共语言来描述个人生活。1979年大选获胜后,撒切尔夫人刚入主唐宁街10号,就迫不及待地引用圣·弗朗西斯(St. Francis of Assisi)的名言来表达她的治国理念:"愿我们为那些有纷争的地方带来和睦。"⁹ 可这话听起来就像是一场灵魂出窍的体验。几年之后,电视主持人大卫·弗罗斯特(David Frost)问撒切尔夫人当时是否真的感觉到神灵的存在,她并没有正面回答这个问题。电视机面前的观众明显感受到撒切尔夫人有一瞬间的迷茫,她的大脑飞速运转着,想找到一个稳妥的答案。最后她说:"在谈论个人信仰问题时,我一直保持非常谨慎的态度,因为这种话题很容易被人误解。"¹⁰

无论是在执政期间还是在退休之后,撒切尔夫人都会偶尔出现在非正式的媒体场合当中。有天晚上,她来到英国广播公司参与马拉松式的电视募捐节目《救助儿童》(Children in Need),给她引路的人就是我。但总的来说,她仍然是一名出现在正式场合的公众人物。她不可能像比尔·克林顿那样在深夜脱口秀节目上吹萨克斯,也不可能像身为英国首相的托尼·布莱尔在2007年的《喜剧慈善秀》(Comic Relief)上与凯瑟琳·塔特(Katherine Tate)进行夸张的表演。对撒切尔夫人而言,鲍里斯·叶利钦(Boris Yeltsin)的滑稽搞笑动作和弗拉基米尔·普京(Vladimir Putin)强壮的胸大肌完全是一种截然不同的公关方式。

说起撒切尔夫人的能言善辩,如今人们记忆最深的就是她的一些格言,尤其是政敌认为可以用来证明她有多么与世隔绝和冷酷无情的格言。就像"危机?什么危机?"这句话一样,它们通常是经过"改良"的,而且在复述的过程中

———————————

① 在撒切尔夫人内阁中,有好几名成员是犹太人,基思·约瑟夫也是其中之一,英国的权势阶层或媒体并不是没有注意到这点。直至今天,含蓄的反犹太主义以及直接把犹太裔公众人物称为"其他民族"的做法依旧存在于英国媒体界。——作者注

被断章取义了。"世上根本没有社会这种东西""他们被吓到了,吓到了""一群无病呻吟的家伙"都属于这类格言。当然了,她可以为了给人们留下深刻印象而情感爆发,也可以故意造词,但如今回顾她的演讲词,当中最打动人的地方在于它们的严肃性,并且愿意深入研究其隐含政策的细节。

1980 年 10 月,撒切尔夫人在布莱顿(Brighton)举行的保守党大会上发表了演讲。就让我们以这份演讲为例子。当时的撒切尔政府正处于困难时期,大选后的蜜月期已经结束,英国经济在卡拉汉执政时没有任何"起色",而在新政权领导下也没有显示出太多复苏的迹象,失业率居高不下。撒切尔夫人和她的副首相杰弗里·豪(Geoffrey Howe)承受着巨大压力,这样的压力不仅来自于政敌和部分媒体,还来自她手下的一些内阁成员,他们要求撒切尔夫人采取温和的经济政策。这次演讲的重点在于解释为什么温和的经济政策会是一种严重错误。撒切尔夫人在演讲中用以下这段话回答了批评者的问题:

> 有些人屏息以待,希望媒体出现他们梦寐以求的标语:政策出现 U 型大转弯,我只想说:想转弯你们就自己转,本夫人绝不转弯。[11]

这就是撒切尔夫人独有的幽默方式——实用、沉重中又带有些许活泼。"媒体出现他们梦寐以求的标语"这句话有双重作用:它让听众知道她并非闭目塞听,她很清楚民众要求改变政策的呼声越来越强烈。但是,由于"媒体"和"标语"代表时尚和肤浅,所以,这句话也暗示着不仅媒体的揣测是不负责任和欠考虑的,对政策路线进行大幅修正的政治理念也同样如此。

紧接着,我们又遇到了两个双关语,一个是"U 型"大转弯和"你们"①,另一个则是"本夫人绝不转弯"。在这两个双关语中,第一个用得更好。"想转弯你们就自己转"有一种吸引人的简洁时尚,尤其是在前面冗长的铺垫之后,而且这句话的挑衅语气出人意料的随意,甚至有些粗鲁。第二个双关语源自克里斯托弗·弗赖伊(Christopher Fry)在 1948 年所写的诗歌剧《不该受火刑的女人》(*The Lady's Not for Burning*)的片名。这个双关语的效果不佳,因为该剧只是剧名响亮,可很多人甚至没有听说过弗莱的这部诗歌剧,而且它与撒切尔夫人想强调的重点毫无关系。它甚至不太算得上双关语,而更像杂志上

---

① 英语中的 U 和 You 发音相同。——译者注

虚弱无力的标题，似曾相识却又稍有不同。但毫无疑问，它立刻起到了振奋精神并使民众为之疯狂的作用，尤其是从第三人称的角度出发。然而，即使在当时，这话听起来也不太像是出自撒切尔夫人之口，反而像剧作家写的台词和强行塞给别人的笑话。这话听起来不太具有"道德可信度"，却有点"伪道德可信度"的味道。相比之下，"想转弯你们就自己转，本夫人绝不转弯"听起来更像是她自己说的话。

　　有那么一两次，撒切尔夫人也想把幽默融入她的演讲中，但总让人有很吃力的感觉。在一次演讲中，她引用当时妇孺皆知的喜力啤酒广告，称赞她的外交大臣卡灵顿男爵（Lord Carrington）"到过其他同行无法到达的地方"。然而，该演讲的大部分内容是极其严肃的，它犹如一座巨大的防御工事，保护着新政府的核心政策，即对内实行货币主义，放宽监管，克服短期的经济和社会阵痛，追求长期增长；对外与欧洲大陆保持强硬但不失友好的关系，坚决抵制苏联。

　　这份演讲稿大体上观点详尽、言辞中肯，某些地方还采用了复杂的技巧。关于失业率的问题可能是比较棘手的部分，其难点就在于该演讲是针对两类群体的：一个群体是现场和全国忠心耿耿的保守党人，他们坚信撒切尔夫人和她组成的领导班子能够解决国内的经济问题；另一个群体则是普通老百姓，他们当中很多人既不会坚定地支持她，也不会强烈地反对她。撒切尔夫人要尽全力去说服第二类群体，这不仅有利于贯彻她制定的政策，也有利于她了解和仔细权衡这些政策所带来的后果。因此，考虑到第二类群体，她开始正面面对这个问题：

> 在控制通货膨胀的同时，我们并不会对由此而产生的困难和担忧掉以轻心，其中最严重的问题就是失业率。如今，我们国家已有 200 万人处于失业状态。[12]

　　她就这样说出了一个惊人的数字，但英国的失业率真有这么高吗？而且她真的这样说过吗？显然，撒切尔夫人不仅承认失业问题是公众所面临的"困难和担忧"当中最为严重的，还开始对这个数字和问题进行阐述。

　　然而，撒切尔夫人知道自己要谨言慎行。她的政敌会寻找任何蛛丝马迹，以证明她冷酷无情，轻视失业群体所受的痛苦。所以，她使用了一种同时带有

"假设反驳"(procatalepsis)和"故抑其辞"(apophasis)元素的修辞手法。"假设反驳"有时候也被称为"先发制人式的驳斥"(prebuttal),是指演讲者已经预料到自己的观点可能会遭到别人的反对,于是他在别人尚未提出异议前率先给出答案。"故抑其辞"有时候也被称作"假省笔法"(paralipsis),是指演讲者采用一系列技巧提起一个话题,但却明显在驳斥这个话题,或者认为这个话题不应该被提出来,比如:"人们谈到了这名参议员私生活问题,我从来不关注这个问题,而且也不想在竞选中提及此事。"

撒切尔夫人想采用的是一种带有故抑其辞意味的逆向假设反驳法。她设定了一个跟她对话的人(也就是没有具体姓名的"你"),并想象着这个人提出了"200万"的失业人口数字。其实,这个数字是她想要设定的限制条件,而且她的第一批听众肯定想听到这样的数字;但与此同时,她也想摆脱这些限制:

> 如今,你可以用各种方式来减少这个数字。你可以指出现在的200万人口所代表的含义与20世纪30年代截然不同,这样做是完全合法的;你还可以指出如今英国的失业率比那时候要低得多。你可以补充说,如今很多已婚妇女都外出工作了;你可以强调说,由于60年代人口出生率很高,今年走上社会找工作的中学毕业生数量奇多,而接下来两年同样如此。你还可以强调说,现在每个月都有25万人找到工作并且不再去就业登记处了。你可以回忆一下,30年代英国的就业人数只有1800万,而现在已经将近2500万。你可以指出工党故意忽略了一个事实:在他们用于指责我们的200万失业人口中,将近有150万人是他们执政时产生的。

> 但尽管如此,如今我们国家的失业率依旧居高不下,这一悲惨事实并没有改变。[13]

"你"可以用各种方式来减少这个数字,但玛格丽特·撒切尔"我"是不会这样做的。撒切尔夫人成功地列举了很多理由,解释她为什么认为失业人数其实没有表面那么严重。她表现得这话不是她亲口说的,而是在倾听另一个人讲述观点,偶尔还得不情愿地承认这个再三出现的"你"也许说得很有道理,比如她说:"这样做是完全合法的。"她非常明智地向假想敌摆出一副公平处事的姿态,但最终,还是回到一开始就想要表达的观点。这个带有道德

色彩的观点完全源自她的亲身体验："如今我们国家的失业率依旧居高不下，这一悲惨事实并没有改变。"从表面上看，情感似乎最终战胜了理智，并表明玛格丽特·撒切尔的情商远远高于这个她一直与之争论、见多识广但却相当冷漠的"你"。

这里借用了带有某种策略的修辞手法，它犹如一艘船，载着撒切尔夫人通过险峻的海峡。这段话内涵复杂，并表达了这样的潜台词："失业问题并没有像我们政敌所说的那么严重，可我承认，对于那些受到影响的人而言，这个问题还是很让人痛苦的。"但与"本夫人绝不转弯"相比，这句话就相形见绌了。能够引起人们关注的不是同情心，而是不屈不挠的决心，而这正是媒体所期望的，大概也是撒切尔夫人和她的演讲稿撰写人想要达到的效果。抛开实际效果不谈，"悲惨事实"这段从一开始就不会给人留下这种印象。

但这段话至少被记录了下来，供有兴趣的人研究；尽管只是出现在新闻的底部而不是开头，它还是有可能见诸报端。20 世纪 80 年代初，英国大幅新闻报纸留给政治演说摘要的空间比如今要多，而且对国会辩论也会做更多详细报道。当时，电视台还没有对议会进行转播，但音频广播技术已经推广，而电视台和电台对政治事件的报道包含了演讲的音频片段；如果是电视报道的话，演讲者的姓名和照片还会出现在屏幕上。英国广播公司对撒切尔夫人在 1980年保守党大会上的演讲的拍摄方式更为直接，我们用会议厅里的实况转播镜头进行拍摄和现场直播。回到公司的莱姆园（Lime Grove）摄影棚后，我们再将演讲内容录入 2 英寸安派克斯（Ampex）磁带录像机，对其进行筛选、编辑并最终做成当晚的节目。那天晚上，我是负责剪辑演讲内容的成员之一。

一般而言，研究员会从这种重要演说中截取两到三段内容。我们当然很想提炼出一句能够成为第二天新闻头条的名言，但至少也要找到另一段更重要的文字，并在演讲者的手稿中找到三至四个要点。这些剪辑内容被称为"同步片段"（sync bites），"同步"是电影术语，专指单独记录的录音带和电影胶卷必须进行匹配，从而形成一个或一组镜头。录像带不需要同步，但这个叫法从此流传了下来。实际上，几乎只有演讲或访谈才需要同步，而在时事新闻中，演讲和访谈就属于公共言论。"片段"一词是从美国电视行业借鉴过来的，他们把这些剪辑内容称作"原声片段"（sound bites）。

后来，政治助理和信息主管痴迷于制作正确的同步片段，但在当时，这还只是一个需求端术语,记者和制作人用这个词来表达他们希望从某个演讲或访谈节目中抽取出来的东西。这些零碎的片段不是现成的,需要对它们进行搜索,仔细看完所有内容并列出一份备选片段清单。此外,如果你已经有了基本判断,认定了哪些片段是这个人所发表过的言论当中最重要、最具争议性或最令人难忘的,你就只能做出正确的选择。

1986 年,在莫斯科,当米哈依尔·戈尔巴乔夫(Mikhail Gorbachev)向苏联共产党第 27 届全国代表大会递交总书记报告时,我就是见证这一时刻的《新闻夜线》(Newsnight)节目输出编辑之一。所有人都知道这是一个历史性的时刻,但在此之前,记者们都没有拿到演讲的预备稿,只能跟一名神秘的年轻男子简单聊几句,此人自称是俄新社(Novosti)记者,但这名显然是克格勃(KGB)特工的"记者"没有给各国记者提供任何指引或有倾向性的陈述。我们没有别的办法,只能忍气吞声,仔细听着同声传译,并在两三名专家的帮助下尝试着实时理解演讲内容。戈尔巴乔夫连续演讲了好几个小时,一直到了下午才有英语翻译,此时他的演讲内容已经足以汇集成一部短篇小说了。我们知道,在这长篇大论当中,隐藏着关于苏联开放政策和经济改革的暗示以及戈尔巴乔夫的变革计划,但难就难在要把这些内容找出来并进行分析,然后在从他坐下来到我们把反馈信号发回伦敦这几分钟时间里把它们变成条理清晰的电视内容。

然而,即使是在 20 世纪 90 年代,政界和媒体圈的所有人都知道报纸的头版头条和政治领袖留给外界的广泛印象才是最重要的,而玛格丽特·撒切尔正逐渐在这场修辞大战中败下阵来。她并没有败在标志层面,而是败在道德可信度层面,因为在直接辩论中,她至少可以力争到底。曾被撒切尔夫人扫地出门或边缘化的单一民主党人也许看似或听似达官显贵,古板且不食人间烟火,但在必要的场合,他们能够表现出真正的同情心,这种同情心更有效,因为它出乎人们的意料。迈克尔·赫塞尔廷(Michael Heseltine)对 1981 年布里克斯顿(Brixton)和托克斯特克(Toxtech)暴乱的回应就是一个明显的例子。无论玛格丽特·撒切尔和她身边诸如诺曼·特比特(Norman Tebbit)①等亲信

---

① 特比特曾被詹姆斯·卡拉汉的继任者、工党领袖迈克尔·富特(Michael Foot)形容为"半驯养的臭鼬"。

是否感觉得到，他们想表达自己的同情心。正如我们在"本夫人绝不转弯"这句话中所看到的那样，他们对一些细微差别所做的努力往往被更咄咄逼人的话语淹没，而所有人都预计到他们会说这样的话。

但公众的期望是不断变化的，尤其是对普通公民特权的期望。具有讽刺意味的是，撒切尔夫人的聪明才智和能力与普罗大众不同，所以她比一般人具有更强烈的自我意识。也就是说，她身上没有贵族的同情心，即在"道德信任度"和"精神感染力"相互作用那一刻，你的脑海里发出警报声，提醒你最好马上对听众说点什么，表明你理解他们，对他们的痛苦感同身受。当然了，这种能力并不仅限于贵族，少数政治家天生就具备这种能力，比尔·克林顿就是最好的例子；而绝大多数人只有通过后天学习才能掌握。玛格丽特·撒切尔不是天生就有同情心的人。

英国民众对撒切尔夫人的期望正逐渐幻灭，因为民众认为她的政策造成社会分裂，最为明显的一个例子就是她试图推行不得民心的"人头税"政策（Poll Tax）。毫无疑问，那些政策是撒切尔夫人下台的一个重要因素，但值得注意的是，她并不是在保守党大选失败后下台的，而是在保守党再次赢得大选并执政 7 年之后。在其他政治领袖执政期间，英国民众经历过比撒切尔时期更严重的危机和纷争，但这些领导人依旧能获得选民的信任。很多民众和保守党人看不惯的是撒切尔夫人本人，而不是她制定的政策。那么，这就是"道德可信度"的问题，这个问题与她的说话方式紧密相关。也许她把自己不懂得变通、无法表达温柔情感的性格视为一种优点——显然，她对自己的"铁娘子"（Iron Lay）说话方式感到很满意。实际上，这是一个可怕的缺点。无论是过去还是现在，那些恨她的人都说这是道德缺陷。这个问题可以无限期地争论下去，可在我看来，实事求是地讲，撒切尔夫人的最大问题在于她的修辞手法。

1983 年，撒切尔夫人成功连任。在竞选过程中，她来到《全国时事》节目组，现场回答全国各地全面提出的问题。当时我已经离开了该节目组，被调到英国广播公司新开的一档早间电视节目。但就在撒切尔夫人的车队开进莱姆园摄影棚这天，我在现场。大概一小时之后，车队便离去了，那时我目睹了摄影棚所发生的事情。

这种公开质询的形式并非新鲜事物。在这之前，英国广播公司每周都邀请政治家和其他公众人物参加电台和电视节目，在观众面前就时事热点和现场问题发表他们的观点。大选期间，有很多政治领袖和其他资深政治家参加听众来电直播节目；尽管如此，现任首相参与电视问答节目仍然是一个大事件，在大选期间更是如此。此外更重要的是，《全国时事》的访谈形式与一般的听众来电直播节目不同，提问者不是打电话进来的，而是由英国广播公司从全国各地邀请到电视演播厅，这样观众既能看到他们本人，又能听到他们的声音。这种做法造成提问者与演播厅里的政治家处于更加同等地位的效果，而此前人们并不看重这种效果。

这一次，撒切尔夫人完全没料到自己会跟一位与她年纪、阶级相仿，甚至与她同样强势的女人唱对台戏，她仿佛遇到了另一个自己。戴安娜·古尔德（Diana Gould）是一名来自格洛斯特郡（Gloucestershire）的中学教师，她一直逼问撒切尔夫人最近参与马岛战争（Falklands War）的阿根廷巡洋舰"贝尔格拉诺将军号"（General Belgrano）的沉没详情。撒切尔夫人闪烁其词，观点自相矛盾，态度傲慢，总想用"最后几句话"来结束话题。但她的策略丝毫不起作用，戴安娜依旧针锋相对。这次争论的细节晦涩难懂（对古尔德夫人而言，大部分问题集中在"贝尔格拉诺将军号"被击中时朝哪个方向航行），但大部分观众仍然能看得出来谁占了上风。

两人的争论是围绕着一个要点展开的。撒切尔夫人对事实的掌握不仅弱于古尔德夫人，她也没有圆满地回答古尔德夫人关于"贝尔格拉诺将军号"为何会成为攻击目标这一问题，事实上，当英国皇家海军潜艇"征服者号"（Conqueror）击沉"贝尔格拉诺将军号"时，后者位于英国在马岛周围划分的海上"禁区"之外，而且正驶离该群岛。

但辩论方式同样重要，撒切尔夫人有好几次想把这起特殊事件笼统化，她说："我的职责是保护好我们的军队、舰船和海军。天哪！有多少个日日夜夜，我都是在焦虑中度过的。"但这话听起来有点含糊其词和自私自利。她的语气礼貌中带着蛮横，而且在某个关键时刻，她居然忘记了古尔德夫人的名字。考虑到竞选活动要费心费力，她忘记别人的姓名也是可以理解的，但这事也反映出她傲慢自大的态度（她甚至懒得去记普通人的姓名）和对场面缺乏控制力。

尽管工党某些成员天真地希望这段令人难忘的电视辩论节目能够改变局面，但它并没有对大选结果产生明显影响，这是常有的事。撒切尔夫人干脆利落地赢得了大选，继续执政多年，但她经历了一名政治家最不想遇到的可怕事情:一个做好充分准备、口齿伶俐、韧性十足的挑战者突然出现,让竞选的胜利者感到措手不及。据说,撒切尔夫人当时恼羞成怒,她怀疑这是政敌预先设计好的圈套。有人说她离开英国广播公司莱姆园演播室的时候,宣称自己不会再踏足这个地方,她后来也确实做到了这一点。不过,类似于这样的故事经常在英国广播公司流传,而实际上,除了有点尴尬之外,撒切尔当时并没有遭受太大损失。然而,在某些电视观众眼里,这起不寻常的事件有助于对一位既不了解民众、也不关心民众的领导人形象做出判断。这个形象就像一副铁皮面具,天长日久便摘不下来了。这副面具最终成为她面对公众时唯一的形象。

玛格丽特·撒切尔执政时期的演讲专注于政策方针,内容非常精确和严谨。然而,她却任由媒体(有时候甚至跟它们联手)塑造她的形象,并且把这种形象当作自己独有的优点,但需要付出极大的代价,坚定的信念和坚韧不拔最终让她看起来就像是一个不懂得变通的偏执狂。这样的形象被大众媒体不断简化,民众铭记于心的就不是撒切尔夫人在历史上留下浓墨重彩的政策方针,而是她颐指气使、尖酸刻薄的样子。20世纪90年代初,保守党人认为:如果他们要避免大选落败,就需要一位更加能安抚民心的党魁;然后他们得出这样一个结论:即使玛格丽特·撒切尔言辞得当,但只要是她说的话,恐怕也没人会听的。

尽管撒切尔立场坚定,巧舌如簧;尽管有很多具备营销头脑的优秀人才为她出谋划策(从这些人的工作可以看得出来,他们知道如何使用政治信息来应对不断变化的受众和媒体环境),但她缺少必要的修辞手段和柔软度,从而掌控自身的叙述方式。这样一来,她就不可避免地成为(或表面上成为)她的政敌所说的那种人。

故技重施

1983年7月5日,也就是玛格丽特·撒切尔参加完《全国时事》节目几周后,我生平头一回来到美国。飞机降落在肯尼迪机场,然后我叫了一辆黄色出租车前往曼哈顿市。尽管到达曼哈顿时恰好是午饭时间,但我已经在路上花了一整天时间。我来到市中心一间公寓,那里是英国广播公司的办事处,然后我打开行李箱开始工作。有人把我介绍给办事处的所有员工认识,我要在那里度过接下来的 8 个月时间,观看本地的晚间新闻节目,协助编辑一两套电视节目,并通过夜间卫星发送回伦敦;我还要参与百老汇歌舞剧《第 42 街》(42nd Street)的表演。我和我的妻子也是在那时认识的。

我在美国的工作就是为英国广播公司新推出的《早间新闻》(Breakfast Time)节目制作短篇新闻报道和特色概述。在那个年代,英国早间节目所要解决的一大问题就是新闻来源。伦敦的新闻周期是以全国新闻报纸和傍晚电视新闻简报的出版时间为节点的,所以,绝大多数"计划中的"新闻都是发生在下午 6 点前。英国下议院一直工作到晚上,可即使那么晚也不会妨碍我们报道新闻。英国广播公司资深驻外记者鲍勃·弗兰德(Bob Friend)和一名制作人(也就是我当时的职务)成立了《早间新闻》美国工作组,就是为了弥补新闻周期差异问题。美国的新闻周期与英国差不多,但由于两地之间存在时差,在英国人入睡之后很久,美国仍然在产生新闻。

所以,我们要把哥伦比亚广播该公司(CBS)和美国全国广播公司(NBC)的晚间新闻全部梳理一遍,寻找一些能够引起英国观众共鸣的新鲜故事,把它们重新包装并重新播放。我们还要寻找、拍摄和编辑我们自己的新闻。然后,我们把上述所有新闻送上深夜卫星并发送回英国,刚好赶上第二天早上的新闻节目。《早间新闻》可以播报任何内容,包括重大新闻、美国政治、联合国活动、商圈故事、社会轶事、留美英国人故事、艺术、时尚、电影、书籍、音乐、名人、美食以及美国所有的荒诞故事。

美国与英国的电视新闻有着天壤之别。美国新闻网的夜间新闻节目比英国要短得多,因为后者有大量广告时间;而且在美国的新闻节目中,执行制片人用于报道严肃话题的时间也少得多。

有一项学术研究对比了 1983 年英国大选和 1984 年美国总统选举的电视新闻报道量,发现在为期 24 天的英国大选中,英国广播公司每日新闻简报平均要花 19 分钟报道大选情况;相比之下,在美国总统选举的同等周期内,全国广播公司平均每天只花 5 分钟时间报道大选,哥伦比亚广播公司只花 4 分钟,而美国广播公司(ABC)只有 3 分钟时间[14],并且每次报道的时间也很短。这项研究还发现,英国广播公司报道单一选举事件的平均时长为 2 分 7 秒,而哥伦比亚广播公司则用时 1 分 35 秒,全国广播公司用时 1 分 30 秒,美国广播公司用时 54 秒。

在非竞选期间,英美两国电视台的编辑在节目优先度和播放时长上面也有着类似的区别。当英国广播公司在 1988 年重新推出《九点新闻》(*The Nine O'clock News*)节目时,这种差距就变得更明显了。从那时起,英国广播公司主打电视新闻类节目报道重要新闻的时长和留给严肃新闻的总时间其实是上升了。但是,美国电视台更加简洁的新闻播报风格越来越成为绝大多数西方国家的大部分电视台的准绳。这种风格与简易格式的小报打印新闻一起,对后来的互联网、智能手机和社交媒体新闻产生了决定性的影响。

美国电视台的新闻播放节奏也跟英国大相径庭。他们把画面切分成很多段镜头,每段镜头的讲解时间就变得更短,有时候就只有两秒钟时间,所以,在他们本来就比我们短很多的新闻报道中,通常就会出现更多镜头。他们一般不会想办法把几个镜头结合成一组连续的镜头,也没有想过解决声音突然跳跃的问题。结果,经过剪辑的电视画面往往显得很粗犷、快速、令人兴奋。美国其他电视台的新闻播报节奏和句法大多也采取同样模式,一些像 MTV 频道这种新推出的有线电视节目更是如此。

这些节目从来没想过从某个特定演讲中引述第二或第三段内容,也没想过把剪辑的内容延长到 30 秒或 45 秒。任何人出现在镜头里的次数不会超过一次,而演讲者的内容通常会被中途切掉,就连总统的演讲也是如此。画外音语速非常快,而且无处不在;转播画面常常被切换成文字,而不是像英国广播公司的传统做法那样先把图像资料仔细地剪切在一起,然后让记者根据图像资料编写和播报文字。

这种近乎粗鲁的编辑风格适用于播报一些带有夸张色彩和紧迫感的电视新闻,而没有英式新闻广播那种沉闷乏味以及政治人物和记者一团和气的氛围,观众是完全被排斥在这种氛围之外的。然而,这种风格也预示着本书所担心的某些问题。虽然事实和语言的压缩节省了时间,并提升了观看体验的强度,但这是需要付出代价的:所有句子都被缩短和简化了,根本没有给条件从句或其他限定条件留下空间;任何特定的论点永远只有正反两面,甚至连这两面也是以稍纵即逝的概要形式呈现的。

即便在 1983 年,有一个问题也很明显,即美国的政治新闻报道数量在多大程度上影响该新闻的产生?在英国,白厅(Whitehall)和各政党仍然倾向于向媒体发布新闻稿,举行新闻发布会并按照他们自己的时间表向媒体提供受访者。这个时间表可能是很早就定下来的,而且基本上仅限于工作日的上班时间。在美国,所有人都活在新闻周期里,比如:国会山外面经常有电视台进行现场采访、某些重大时事的持续披露;还有某些不愿提供姓名的人打电话到电视台语音信箱,说他们同意接受简·波利(Jane Pauley)和布莱恩特·刚贝尔(Bryant Gumbel)的采访。任何能引起轰动的事情都会在新闻早晚高峰期报道,而那些想掩盖某些事实的政治人物和新闻发言人则小心翼翼地躲避这些高峰期。

后来,新闻周期变得越来越短。20世纪80年代初,美国有线电视新闻网(CNN)成立,在接下来几年里,它报道了一系列重大事件,包括1986年挑战者号航天飞机爆炸以及1991年第一次海湾战争(Gulf War),这些事件的发生完全不在新闻部门和媒体高管的控制之内,它们也为一个全新的全天候新闻周期铺平了道路。互联网的诞生使全天候新闻周期成为常态。尽管这种周期仍然会经历高峰期和低谷期,但最重要也最明显的一点就是:它一直处于运转状态,完全剥夺了记者和编辑的思考时间。

20世纪80年代末,我开始担任英国广播公司主流电视新闻节目的编辑,负责编辑从新闻事件现场发回来的报道。新兴的数字化时代给我们提供了许多新式装备,比如手机、轻型摄像机、编辑套装以及全天候从事件现场进行现场直播的设施。对于新闻报道的爆炸式需求必然会带来这种新闻周期。每当有大事件发生,无论是电台还是电视台,也无论是白天还是晚上,英国广播公司的每一个传播渠道都想抢先一步报道。有一天,我们编辑了20多份电台和电视台资料,并提供了无数的"双向"实时更新内容。我记得,那天我看着眼前一大堆磁带,心想:新时代来了。

无论你是政治领袖、新闻发布官、记者还是编辑,这种全新的新闻周期犹如一头需要不停喂食的巨兽。如果找不到食物喂它,你就会觉得惴惴不安,害怕它把你吃掉。它给你带来的好处就是令人难以置信的即时性和关联性;而鉴于编辑思考时间有时候被压缩到几秒钟,所以它的风险就是新闻内容过于肤浅,甚至会被歪曲或产生谬误。

在20世纪80年代中期的美国制作电视节目与我第一年在英国广播公司的经历不同。美国电视网络发达,你可以在任何地方进行现场直播。无论你

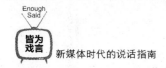

采访谁,对方都知道该说些什么。而在同一时期,如果你在英国街头采访市民①,绝大部分人会警觉地转身走开或羞怯地盯着镜头。换作美国人,他们会立刻变成"电视咖",用震惊、搞笑、愤怒或特定场合所需的语气发表简短干脆的评论。

这种对电视和其他媒体运作方式的领悟很快就传到了英国和欧洲大陆,从来没上过电视的英国民众也能够在摄像机面前侃侃而谈。到了20世纪90年代,无数见识过电视直播的市民引领了一种几乎全新的电视模式发展,我们现在把这种模式统称为"真人秀",它包括了以医生为题材的肥皂剧、格式化的纪实节目、老大哥式的评论节目、真实性娱乐节目等。这些节目产生于英国和荷兰大部分地区,然后传播到美国和其他国家。

真人秀具有通俗化、多变、煽情等特点,它的语气时而厚颜无耻,时而又袒露心迹。这些特点部分源自小报新闻,但很快就投桃报李,成为这种小报新闻的主要素材并对其本身产生深远影响。最终,它也为新一波数字化出版商提供了大量论调和题材。

公众越来越意识到电视和其他媒体上语言和角色的表现方式会产生另一种效果。在那之前,政治领袖的公共语言受到某种程度的保护,不至于被公众嘲笑和鄙视。但现在,新的表现方式打破了这种保护。很快,观众就不再对政治家或其他人有特别好感。

我在美国工作和生活期间,美国政坛完全被一个人主宰,这人就是罗纳德·里根。无论在当时还是我回英国加入《新闻夜线》和《九点新闻》节目组之后,他的面孔和声音无处不在。他不但出现在家里的电视上,也出现在办公室和控制室里编辑新闻的显示屏上。快进,停;倒带,停;就是这里,把这段剪掉。

我在美国的大部分时间都是在纽约郊区和华盛顿度过的,主要工作就是拍摄一些简短的专题节目。在拍摄过程中,我遇到很多普通的美国人,既有黑

---

① 这是一种如今饱受质疑的电视拍摄技术。记者在公共场合随机挑选一些路人,就某个新闻事件对他们进行采访,再把这些采访片段剪辑起来,从而传递公众对该事件的反应。——作者注

人也有白人，他们或来自农村，或来自城市，有富人，也有穷人。美国的东北部是自由派的堡垒，对那里的人而言，里根就是谜一样的存在、一个由来已久的笑柄，当地人为里根能够赢得总统大选而感到费解。但是，我所认识的很多人都投了他一票，而且很尊敬他。

人们常常将里根与玛格丽特·撒切尔相提并论。当然，两者在很多方面都能达成共识，比如：去国有化，充分利用私有经济的创造力，对苏联保持强硬态度等。但是，里根是一名政治家；而最重要的是，他还是一名与众不同的修辞学大师。

正如我们所看到的那样，就修辞手法而言，撒切尔夫人的故事中带有某种未来的气息，但她从来没有真正越雷池半步，将庄严的旧式公共言论与我们如今所使用的公共言论区分开来，而且这个门槛正开始变得可以识别。从这方面来说，她是一个墨守成规之人，她永远希望别人重视自己，而且永远认为达到这一目标的最佳办法就是正儿八经地说话。

罗纳德·里根是未来的预言家。他对现代演讲术每一个领域的掌握无人可及，从最不正式、最具颠覆性到最浮夸的演讲术，他完全游刃有余。里根的政治意图与玛格丽特·撒切尔一样严肃，但无论当下场合的氛围如何，他都能够以轻松有趣、戏剧化和情绪化的方式把自己的意图表达出来。他还能觉察到媒体的情绪，知道它们的爱好的小伎俩。在总统任期的最后几年，里根这方面的能力有所衰退；而在此之前，他完全把媒体玩弄于股掌之中。

里根在 1981 年走马上任时，美国版的战后共识修辞手法正呼之欲出。败走越南、1973 年石油危机以及冷战僵局意味着美国的外交政策已经变成了一个令人担忧的话题。约翰逊总统曾经承诺把美国建设成一个"伟大社会"（Great Society），在这个社会中，政府善治、社会政策开明、科技发达、国家繁荣，但经济不稳定和衰退动摇了民众对这一承诺的信心。总统们再也不觉得自己能够媲美丘吉尔或罗斯福了，以前常用的豪言壮语"宝剑与命运"（swords and destiny）不仅听起来陈旧过时，而且很假。他们知道自己仍然要志存高远，但已经失去了修辞意义。以下是理查德·尼克松在 1970 年 1 月向美国国会发表的国情咨文内容：

　　但首先让我们认清一个基本事实：我们可能是世界上最衣食无忧、住

房条件最好的国家,我们呼吸着新鲜的空气、喝着干净的水,还有景色宜人的公园,但如果缺乏某种难以定义的精神,我们依旧是这个世界上最不快乐的民族。这种精神是美国梦驱动力的一种提升,它是全世界的希望。

这就是美式例外论,它超越了美国常被诟病的拜金主义和消费主义,但这番话的表达方式是否有问题呢?尼克松的演讲稿撰写人首先告诉我们:这种精神是"难以定义"的,然后又立刻想对它做出定义,称它是"美国梦驱动力的一种提升"。撰稿人可能是想用日常用语表述美国精神的组成元素,比如崇高的理想主义和不可阻挡的活力;"提升"让人联想起刚把人类送上月球的"土星号"(Saturn)火箭,而"驱动力"暗示的不仅仅是美国在工业和科技方面的发展势头,还有整个民族的确信感和意志力。

唉,"美国梦驱动力的一种提升"后来很快就被视为尼克松拙劣演讲术的典型例子。"提升""驱动力"和"梦想"都有着字面含义和喻义,可放在一起之后,它们的字面含义极不和谐。"提升"是一种垂直运动,而"驱动力"则表示水平运动,但最糟糕的还是"美国梦驱动力"。梦想有很多种,有万花筒般的梦想,有缥缈的梦想,也有如现实版逼真的梦想,但有谁的梦想是放在加速装置上的?头韵法可以在语音层面使一个词组的逻辑更严密,但它的作用也仅限于此。在这个例子当中,"美国梦驱动力"听起来就像是一个从未有过梦想的人胡乱瞎猜梦想的样子。

然后就轮到罗纳德·里根了。"黎明重临美利坚"这句话是 1984 年里根竞选总统时所用的电视广告语,而不是他的演讲内容,但这话却准确地表明了他善于用富有鼓动性的日常用语表达抽象的政治概念和不切实际的理想。与撒切尔夫人一样,他的辉煌时期出现在 20 世纪 70 年代末;而另一点与撒切尔夫人相似的就是他也同样受益于文化大潮的转型。尽管 1980 年对于大多数美国人而言是很有意义的一年,但罗纳德·里根所使用的修辞手法并非那个时期的产物。他一直都是像那样说话;或者更严谨地讲,我们可以在里根早期的某些政治言论中感受到轻松而成熟的味道。

他的政敌自然会拿他在好莱坞当过演员这段历史说事,玛格丽特·撒切尔的政敌也是用这招对付她的。他们不屑地称他为"傀儡",意思是说,作为一名演员,其才智还不足以写出这么优美的演讲词。这种看法有失偏颇。里根不仅是一名优秀的演员，还是一位杰出的修辞学大师。后来，他确实聘请了演讲稿撰写人，因为这是美国总统一贯以来的做法，但他们所写的演讲稿与先前的风格是一致的，就是里根本人的风格。

我们不妨让时光倒流，认识一下早年的里根。1964 年 10 月，距离总统大选还有好几天时间，只当了总统不到一年的林登·约翰逊将很快彻底打败巴里·戈德华特。后来在其著名的演讲中宣称自己"大半辈子都是民主党人"、当时却是戈德华特狂热支持者的里根正准备为他知道注定要失败的某项事业发表演讲。他时刻记着自己在好莱坞当过演员，所以在演讲的开头，他小心翼翼地强调谁要为此负责：

> 谢谢，大家晚上好。我们已经知道了主办单位是谁，但和绝大多数电视节目不同的是，演员没有剧本在手。实际上，我一直都有选择权，我可以说自己想说的话，也可以就我们在接下来几个星期里所面临的选择表达自己的观点。[15]

"演员没有剧本在手"与 20 多年后里根人生巅峰期的冷面幽默遥相呼应。"自己想说的话"和"自己的观点"强调了他不仅仅是一名代言人。罗纳德·里根确实想支持巴里·戈德华特，但无论你相信与否，他是一个有自己想法的人。

接下来的内容就是对约翰逊的施政方针（包括农产品补贴、扩大社保范围、对苏联的推行"绥靖"政策等）和"伟大社会"、"向贫穷宣战"（War on Poverty）等主题进行全力抨击。里根这番演讲的大部分内容是这样的：首先，他向听众引述了一系列来自民主党人和其他左翼人士的话语或只言片语，而这些话往往是断章取义并以摘要形式或没有注明出处的方式说出来的；然后由此得出一个愤怒的回应。他宣称富布莱特（Fulbright）和克拉克（Clark）参议员一直在揭露民主党人的真实野心。富布莱特将约翰逊描述为"我们的道德导师和领袖"，却把美国宪法称为"陈旧过时的文件"；克拉克则将自由主义定义为"通过中央集权政府行使全部权力的方式满足群众的物质需求"。以下是里根对他小心翼翼树立起来的众矢之的所做出的反应：

> "中央集权政府行使全部权力"也正是我们的开国元勋想尽量避免的，因为他们知道政府不能什么都管。如果政府管不好民众，它就管不好

经济。而他们知道，当一个政府开始去做这种事情的时候，它必须要借助武力和胁迫来达到目的；这些开国元勋们也知道，除了法定职能之外，政府也不能做任何事情，也不应该对私有经济指手画脚。[16]

在引述这两位参议员的话之前，里根是经过精心考虑的，他故意让听众觉得他们是彻头彻尾的共产主义者。"我们的道德导师和领袖"当中的"领袖"一词听起来就像是用来形容约瑟夫·斯大林（Josef Stalin）的俄语单词 vozhd；而"群众的物质需求"和"中央集权政府行使全部权力"刹那间把我们带到了莫斯科红场，广场的一边是苏联国家计划委员会（Gosplan），另一边则是苏联国家安全委员会。当然，这并不是两位参议员心中想表达的意思，但里根巧妙地借用了他们的话，为另外两个类似的论点添油加醋：第一，政府过分参与经济活动会不可避免地导致集权主义；第二，在几乎所有领域当中，国有企业完全不像私营企业那样有效和高效。第一个论点似曾相识，让我们又想起保守派的"滑坡理论"，即倘若不加约束的话，农产品补贴政策会直接催生共产主义。第二个论点则带有自由市场的意味，仿佛它就是美国宪法中的一个条款似的。

我们再听听里根是如何从一堆拾来的观点中提炼某种修辞逻辑的。"也正是我们的开国元勋想尽量避免的"，这话基本正确，但却不是里根提出的主要理由。"因为他们知道政府不能什么都管"，其实政府确实什么都管，比如边疆、核武器、货币等。"如果政府管不好民众，它就管不好经济"，这句话缺乏逻辑性，里根却把它说得很有逻辑性似的。管控经济需要采取一系列措施，而里根本人后来就是很多经济管控措施的倡导者（比如：保持货币紧缩政策，以抑制通货膨胀），并且所有措施都可以分出等级。征税和保护正当竞争的法规没有必要被渲染成苏联式的计划经济手段，但里根却把它说成十足的计划经济，并与"管好民众"画上等号。这种说法也是绝对化了，它意味着剥夺公民的自由。紧接着，里根又宣称开国元勋们已经预见了这一切，所以他们在宪法当中搭建好了"防护墙"，可阴险的民主党参议员和他们的"道德导师"林登·约翰逊现在处心积虑地想推倒这些"墙"。

如果你暂时把所有分寸感和可能性放在一旁，这论点简直天衣无缝。我们也许会不屑地称之为"迎合听众偏见或利益的论点"（argumentum ad captandum vulgus），修辞学者曾经也这样做过。要不是演讲者如此坚信这个论点的话，那它就纯粹是为了哄骗那些子虚乌有的美国"群众"。但里根熟练地把它表达了出来，他甚至比大多数配备了写手团队的在职领导人还要熟练。尽管这份演讲省略了部分读音并且有夸大的成分，但至少让我们丝毫没有怀疑他内心坚定的信念。其中有几句话相当引人注目：

> 从来没有哪个政府自愿缩减规模，因此，政府项目一旦启动，就永远不会消失。实际上，政府部门是地球上最接近永生的事物。[17]

这两段话是以里根在他整个职业生涯中坚信的"政府"的定义为基础的。这样的政府并不是林肯所说的"民选、民治、民享"的政府，而是一个会自我保护、自我吹捧、基本上反民主的有机体。它是全民公敌，必须给予迎头痛击，缩减其规模。早在1964年，罗纳德·里根就在想办法扭转局面，让主流社会对政府角色的假设看上去显得怪异和险恶，而且他本人对政府的批评也是毫不留情。就算你不是戈德华特的支持者，也不会怀疑里根已经看透了政府和津贴制度的猫腻，而虽然"政府部门是地球上最接近永生的事物"这个笑点并不好笑，但却令人难忘。

20世纪末，也许是受到欧洲法西斯分子的影响，很多人认为温和派虽然说起话来平静和理智，但激进派尤其是保守的激进派必然会通过转动眼珠或口若悬河而显露自己的意图。左翼人士正是靠这样的暗示抓住了里根所崇拜的巴里·戈德华特公认的古怪修辞手法和形象，但罗纳德·里根本人能证明这种假设是错误的。他既不是温和派，也不是"亲切的"政治家，而是意识形态非常坚定的保守激进派。他鄙视美国当时的政界当权派，并打算取而代之。里根非但没有隐瞒自己的意图，反而清晰无误地把它说了出来，但他并没有挥舞拳头或大发雷霆，而是显得非常理智、有人情味、迷人和风趣。

但他并没有因此而心慈手软。在1980年总统大选的一次电视辩论中，他给予吉米·卡特（Jimmy Carter）总统致命打击。面无表情的卡特刚刚回答了一个关于医保改革计划的问题（还是那个老问题），该计划与杜鲁门最初提出的全民医保计划相类似，也与后来成为法律的奥巴马医改计划如出一辙。它一直很重要且详细，卡特是这样对其进行总结的："这些是全民医保计划的组成要素，对美国人而言非常重要。不出所料，里根州长再次反对该提案。"[18] 里根会继续回答问题，他看了卡特总统一眼，脸上带着坚忍的笑容，几乎是喃喃

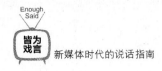

自语地说出了五个字:"又来这一套。"

这是完美的现代反驳式省略三段论。它似乎在说:"吉米·卡特,这跟你的立场是一致的。无论什么问题,你的答案都是更多政府监管、更多管控、更高税收。"里根没有照这样抨击政策,因为他知道现有的医保制度确保老年人能够获得医疗保障,在很多潜在的共和党选民中深受欢迎;相反,他把问题归咎于卡特的执政哲学。但总而言之,这也是一种角色研究,或更确切地说,是两种角色研究:卡特像是一位书呆子,侃侃而谈住院病人、门诊病人和大病医疗;里根则更像是坐在教室后排的调皮捣蛋鬼,他有胆量说"国王没有穿衣服",甚至敢说"国王很无聊"。这话一点都不仁慈,它犹如格斗者向前猛冲,想重创对手。这种行为明摆着不尊重现任总统,但里根却摆出一副悔恨的样子,把它说成是忍受朋友长久以来的嘲讽。

每个人都想以浪漫征服别人,现代政治家也一样。他们需要一副幽默的外表,而且正如我们在玛格丽特·撒切尔的例子中所看到的那样,无论你是个多么不浮夸的人,你的演讲稿撰写人也会适当地给你的演讲添加一点浮夸的元素。在里根的例子中,显然他确实是个浮夸之人,浮夸的特质在他身上已经根深蒂固。但是,在总统任期内,他充分利用这种丰富的自然资源实现了一个具体的政治目的:在言辞上,他使自己摆脱了政治人物的形象,变成了另外一种截然不同的角色。他利用代入感把自己变成普通公民,阴差阳错之下成为国家领导人,对职业政治人物的荒唐行为既感到好笑,又觉得困惑,并坚决不想与他们同流合污。

"又来这一套"说的不仅仅是吉米·卡特,还包括在华盛顿以及每一个城市和各州首府的说客、特殊利益团体、工会和整个庞大的政府机器。这与当今反传统政治家的修辞手法差不多,但罗纳德·里根不属于这类人。他没有他们那种飞扬跋扈和自以为是,而是表现得像一名局外人和可靠的帮手。

当上总统之后,他很少公开责骂别人,而是变得更加大度、更睿智。评论家把他的政治成就和持久人气归因于他对美国未来的乐观态度。他坚信美国可以忘记过去,重新开始。在保守主义政治环境下,他在公共言论上也取得了不同寻常的胜利。

在里根执政前和执政后,关于小政府权力的表述一直过于消极,最有代表性的莫过于"死亡委员会"。这些表述热衷于唱反调,语气中带着怀疑和吹毛求疵,有时候近乎偏执。有时候,它们就像歌德(Goethe)笔下的大恶魔梅菲斯托费勒斯(Mephistopheles),总爱否定一切。与其他人一样,里根对于社团主义政府和福利制度提出了尖锐批评,但他给政府的提议听起来却是一种进步,而且都是基于对人性的深刻理解,而不是空谈意识形态本身。

里根是一个善于把握机会的天才,而他的天赋中也包含了多种修辞风格。1987 年,里根在布兰登堡门(Brandenburg Gate)前发表演讲,善于引起公众注意的他采用了重复和渐进简化的修辞手法,把一套外交说辞变得更人性化:

> 苏联可以做出一个姿态,这个姿态肯定是正确的,它会大幅推动人类的自由与和平事业。戈尔巴乔夫总书记,如果你想追求和平,如果你想为苏联和东欧寻求繁荣,如果你想追求自由化,那就来到这扇大门面前。戈尔巴乔夫先生,请打开这扇门。戈尔巴乔夫先生,戈尔巴乔夫先生,请推倒这堵墙吧![19]

第一句话没有什么特别之处。跟往常一样,"大幅"一词显得虚弱无力,而且打乱了句子的节奏;"人类的自由与和平事业"也显得苍白无力和道貌岸然。但是,接下来的句子和一系列"如果"让我们产生了这样的联想:我们现在处于真实的修辞环境中,我们要增强某种语气。这三个"如果"其实是建议苏联采取三步行动,或者更确切地说,通过这三步行动实现一个大动作,即邀请苏联领导人来到布兰登堡门前,然后请他打开大门——不,除此之外,还要请他推倒整座柏林墙(柏林墙距离里根发表演讲的地方只有几米远)。里根在演讲中重复喊出了戈尔巴乔夫的名字,尤其是最后两个"戈尔巴乔夫先生"用得非常巧妙,轻快中带有某种让人觉得真正感情化的东西,这是一个人对另一个人发出的真挚呼唤。里根是一名纯粹的冷战主义者,他建造了大量导弹和导弹防御系统,而且他是一个从不服输的人。然而,他用这种婉转的语言暗示西方和苏联有和解的可能性。虽然这段话不是圣弗朗西斯的名言,但也让玛格丽特·撒切尔难以望其项背。

18 个月后,"挑战者号"航天飞机坠毁,里根和他的演讲稿撰写人又面临另一种截然不同的挑战。此刻,他不需要跟别人争论,也不需要逻辑和条理,而是要感受到全国民众的悲伤之情并将其表达出来。这件事既是机遇,也有风险——机遇在于他可以说出民众的心声;风险则在于演讲内容听起来有可能

像是走过场，说一些这种场合常说的话，比如："他们英勇牺牲""我们深表同情""我们永远铭记""他们不会白白牺牲"等。

碰巧的是，我手上有一份演讲稿，可以用来与里根的修辞手法做对比。20世纪60年代末，理查德·尼克松的演讲稿撰写人威廉·沙菲尔（William Safire）提前写好了一份声明，以便"阿波罗11号"的宇航员在无法从月球表面返回地球时使用：

> 他们的探索激励全世界人民团结一致，他们的牺牲使人们的手足之情更加深厚。古人仰望星空，在星座里寻找英雄；如今，我们同样如此，但我们的英雄是有血有肉的人类。[20]

"他们的牺牲""人们的手足之情""我们同样如此"，如果这份演讲稿被派上用场的话，这几个词语就够了，但它的内容跟它"悼念"的"遇难"宇航员一样毫无生气。现在，请听听下面这段话：

> 今天是一个巧合。390年前的今天，伟大的探险家弗朗西斯·德雷克勋爵（Sir Francis Drake）在巴拿马近海的一艘船上去世。在他生活的年代，大洋是无尽的边界。后来一位历史学家说："他生在海边，死在海上，葬在海里。"今天，我们可以这样评价"挑战者号"的宇航员：他们的奉献是毫无保留的，足以媲美德雷克。
>
> "挑战者号"宇航员的生命历程带给我们荣耀，我们永远不会忘记他们，也不会忘记今天早上与他们见的最后一面。那时候他们正准备踏上旅途，向我们挥手告别，"挣脱大地的束缚"，去"抚摸上帝的脸庞"。[21]

写这份演讲稿的人是里根的特别顾问兼演讲稿撰写人佩吉·努南（Peggy Noonan）。她说，她和里根的国家安全小组曾经就演讲稿的最后一句话产生过激烈争论。这句话引自美国飞行家小约翰·吉莱斯皮·马吉（John Gillespie Magee）（马吉本人在第二次世界大战中坠机身亡）所创作的十四行诗《高飞》（High Flight）当中的两个片段。根据努南的说法，国家安全小组的一名成员想用一句比较普通的话代替，这句话就是"伸手去触摸某个人"。可能他们担心马吉过度诗意化的语言显得太过久远和过时，也有可能涉及上帝的字眼会招惹麻烦；如果做一下更改，提议美国民众给彼此一个拥抱，相互安慰，也许会更稳妥一些。里根用他精彩的演讲证明了这种担心是多余的。他用稳定的演讲节奏和丰富表情,成功地给这两段引述内容带上了引号,从而表明马吉的话是一种渠道,它把逝去的"挑战者号"宇航员置于一个更广阔的英雄历史当中,与德雷克死于海上的性质相类似。

当时,无论是左派人士还是大部分媒体,都不太知道该怎么样去了解罗纳德·里根和他的说话方式。撒切尔夫人的演讲通常听起来就像她很想大打出手,她很容易被人们视为克伦威尔那样凶残和冷漠的人物。里根与撒切尔夫人不同,他在国内外都奉行好战政策,并且和所有人一样不懈地坚持这种主张,但不知何故,他总能用一种看似不会引起冲突的方式表述自己的理念。

如果你有着执着的意识形态,你可能无法相信一名成功的政敌会使用真诚的修辞手法。从古希腊时起,总有些人认为,如果他们认同某些演讲所表达出来的情感,他们就认可这种演讲术,并认为其他修辞方式带有欺骗性或一文不值。对某些左翼人士来说,罗纳德·里根淳朴而流畅的演讲总是显得很假,正如很多右翼人士从不喜欢比尔·克林顿用修辞手法纸上谈兵和表达感情的独特能力。尽管如此,这种批评注定是不成立的。里根和克林顿都是无比精明之人,他们是不会在这些人身上浪费时间或口舌的,更不会去理会那些意识形态倾向坚定、永远无法争取过来的选民。他们的目标是在保住自己核心选区的前提下争取那些摇摆不定的选区,因为只有在这些选区,他们点化选民的天赋才能得到应有的肯定。

直至今天,他们的声望依旧能体现出这点。即使去世后,撒切尔夫人得到的评价仍然褒贬不一,而且普遍不得人心;相比之下,里根是近年来最受民众爱戴的美国总统。尽管里根执政时期的平均支持率并不高(只有53%,低于老布什和比尔·克林顿),[22]但美国有线电视新闻网在2013年年底所做的一项民意调查给了他78%的民众支持率。另一位善于表达同情心的总统比尔·克林顿紧随其后,支持率为74%;而小布什和尼克松的支持率远远落后,分别为42%和31%。在当代总统中,只有被刺杀的肯尼迪领先于里根,其支持率为90%。[23]这个数字意味着支持和喜欢里根的不仅有共和党和中立选民,还有许

多民主党选民。这与美国两极分化的现状背道而驰。

我们很难把公众对撒切尔夫人和罗纳德·里根的态度差异归因于他们奉行的政策和取得的成就。按照现今茶党（右派民粹主义运动）的标准，他们也许都是怯懦的领袖，但在当时，里根在美国推行的政策就跟撒切尔夫人在英国推行的政策一样激进和具有争议性，而其结果也差不多一样——在很多人看来，他们所取得的经济成就是以付出极高的社会成本为代价的。有些人会争辩说，美英两国不同的政治文化也是一个因素；而在我看来，两国最大的差别在于这两位政治领袖对其国民说话的方式，可我不知道如何才能证明这一点。没人能否认玛格丽特·撒切尔的才智和战斗精神，但正如我们已经看到的那样，她是一个平庸且倔强的演说家，她的语言和演讲风格很容易成为政敌的抨击目标和攻击她的武器。里根说话时音域很广而且声音柔顺，所以，在他执政的最后几年，就连他的对手也开始去了解他。在他之后的西方领导人可就没这么幸运了。

但我们应该注意到他们的得与失。罗纳德·里根在"道德可信度"、"精神感染力"、个性和协调能力等方面都有优势，这让他在媒体和公众面前都获得了良好的口碑。与某些政治家在整个政治生涯中只有几句脍炙人口的俏皮话不同，他和他的团队似乎每周、在每一个可以想象得到的场合都会说几句风趣的话，比如：1981 年遇刺之后，里根对医生说："我希望你们都是共和党人。"对民主国家领导人而言，逻辑条理性和辩论都是阐述和鼓吹公共政策的主要手段。这些手段今天依旧存在，但其生存空间和重要性越来越小，而且经常被带有强烈党派倾向的术语所湮没。我们已经见识过，即使在英国这种政治传统较为保守、领导人使用修辞手法时更为墨守成规的国家，像"本夫人绝不转弯"这样的妙语也能引起一时轰动。在 20 世纪 80 年代的美国，具有吸引力和个性的诙谐语源源不断地涌现，在它们面前，严肃政治根本没有胜出的机会。

一种潮流已经开始了。很快，其他变革的力量将推动和深化这种潮流，包括柏林墙被推倒后各国的政治差异所带来的挑战、政治营销学的全盘职业化、互联网时代到来以及新闻媒体的深度变革等。作为一名新闻编辑（后来升职为总编），我亲身经历了这些变革。

本章参考文献

1　Ronald Reagan, news conference, 12 August 1986.

2　http://germanhistorydocs. ghi-dc. org/docpage. cfm? docpage_id＝3194.

3　Winston Churchill, election broadcast, 4 June 1945.

4　Letter from Eisenhower to William Phillips, 5 June 1953, Box 25, Ann Whitman Files, Eisenhower Presidential Library.

5　See Thomasina Gabriele, *Italo Calvino: Eros and Language* (Fairleigh Dickinson University Press, 1996), 40ff.

6　Nelson Mandela, "I Am Prepared to Die" speech, 20 April 1964, www. nelsonmandela. org/news/entry/i-am-prepared-to-die.

7　http://www. washingtonpost. com/wp-srv/politics/daily/may98/goldwater speech. htm. It is still widely believed that the words are a paraphrase of a passage in one of Cicero's *In Catilinam* speeches, but no such passage exists. There is a passage in one of Cicero's letters to his son Marcus, which is itself a paraphrase of Aristotle, which might have indirectly inspired the speechwriters.

8　Denis Healey, House of Commons, 14 June 1978.

9　http://www. margaretthatcher. org/document/104078.

10　TV-am interview with David Frost, 30 December 1988, http://www. margaretthatcher. org/speeches/displaydocument. asp? docid＝107022.

11　Margaret Thatcher, Conservative Party Conference speech, 10 October 1980.

12　Ibid.

13　Ibid.

14　Holli A. Semetko et al. , *The Formation of Campaign Agendas: A Comparative Analysis of Party and Media Roles in Recent American and British Elections* (Lawrence Erlbaum Associates, 1991), 119.

15　Ronald Reagan, "A Time for Choosing", 27 October 1964, http://www. reagan. utexas. edu/archives/reference/timechoosing. html.

16　Ibid.

17　http://www. theatlantic. com/national/archive/2012/01/doomsdayspeeches-if-d-day-and-the-moon-landing-had-failed/251953/.

18　Presidential debate, Carter/Reagan, 23 October 1980.

19　Ronald Reagan, remarks at the Brandenburg Gate, 12 June 1987.

20　http：//www. theatlantic. com/national/archive/2012/01/doomsdayspeeches-if-d-day-and-the-moon-landing-had-failed/251953/.

21　Ronald Reagan，TV address on the *Challenger* disaster，28 January 1986.

22　http：//www. gallup. com/poll/116677/presidential-approval-ratings-gallup-historical-statistics-trends. aspx.

23　http：//politicalticker. blogs. cnn. com/2013/11/22/cnn-poll-jf k-tops-presidential-rankings-for-last-50-years/.

Enough
Said

04

公关与反公关

他从不工于心计,他的话都是发自肺腑的,是他为人真诚的表现。

——2010 年,法国教育部长吕克·夏岱尔(Luc Chatel)如是评价尼古拉斯·萨科齐[1]

30多年前的那个晚上,罗纳德·里根坐在总统办公室的摄像机面前缅怀"挑战者号"遇难宇航员。自那以后,美国带有保守色彩的修辞手法的重心便发生了转移。正如我们所看到的那样,他当时所处的语言环境也许显得过于强硬、讽刺和通俗化,但它依旧想回归到开国元勋及前人那个克制和雄辩的时代。然而,它已经让另外一种截然不同的、非正规的、刻意"非政治化"的政治话语形式占了上风。这种政治话语在此前爆发的美国民粹主义运动中早有先例[例如乔治·华莱士(George Wallace)那句著名的口号"现在就要隔离!明天也要隔离!永远都要隔离!"[2]],而且我们在这当中能够觉察到其他影响修辞手法的因素,比如真人秀电视节目特有的夸张手法、深夜脱口秀节目心照不宣的喜剧节拍等。然而,在美国主流政治的大背景下,它仍然显得与众不同。它并没有完全取代早已存在的政治语言,而是正在向后者发出挑战;而在更多场合下,我们看到的是两种政治语言同生共存。

　　我们有机会充分体验了一把这种政治语言。2015年9月,美国总统候选人特朗普在达拉斯的一座露天体育场向他的支持者发表演讲,以下是他演讲的内容:

　　我曾经做过一次精彩的演讲,我觉得我的表现很完美,当时一切都很正常,可过了一周半之后,他们开始抨击我。换句话说,他们仔细研究了我的演讲内容,然后就开始编造谎言,满嘴跑火车。我说的是非法移民问题……我们一定要制止非法移民,一定要这样做(人群发出欢呼和掌声)。这事非做不可,非做不可(观众高呼:美国! 美国! 美国! 美国!)。我听说,包括民主党人在内的某些人说我这是逆势而动。我们要建一堵隔离墙,伙计们! 我们必须要建一堵隔离墙。你们可以去趟以色列,问他们隔离墙好不好用。隔离墙确实很好用。[3]

　　我们可以像解构其他公共言论那样解构这段话。超短句式用于强调确定性和决心,但经过层层叠加之后,它们就像用于砌墙的砖头,到达某种结论或情感高潮。修辞学者把这种表述方式称为"意合法"(parataxis)。这是将领和独裁者常用的说话方式,每当遇到吹毛求疵的平民而又不想理会时,他们就会采用这种方法。维基百科引用了裘力斯·凯撒的名言"我来了,我看见了,我征服了"作为"意合法"的典型范例。这话不是凯撒入侵英国时说的,而是凯撒在泽拉战役(Battle of Zela)胜利后发出的感慨。如今,人们一听到这句话,更多想到的是成功的企业家或首席执行官。

　　唐纳德·特朗普式的"意合法"几乎是无穷压缩的,以下他所写的这段推文就很好地体现出了这一点:

　　　　轻量级总统候选人马可·卢比奥(Marco Rubio)昨晚很努力工作,但问题在于他总是临场发挥失常。一朝失常,就永远失长(原文如此)!"崩溃"先生。[45]

　　"轻量级总统候选人""临场发挥失常""'崩溃'先生",这些词都不折不扣地带有个人色彩。它们是特朗普一时兴起亲手写下的内容,或者是他在匆忙中授意一位疲惫的幕僚写的,后面输错的"失长"就是证明。不过,这句话说明特朗普对卢比奥参议员至少有三种看法,每种看法都可以在推特上转发。

　　头韵法、重复法和节律,这些都是从《贝奥武夫》(Beowulf)的作者到杰拉德·曼利·霍普金斯(Gerard Manley Hopkins)等英国诗人最喜欢使用的修辞手法。在特朗普的达拉斯演讲中,起头韵作用的字母是"W",比如:"我们(we)要建一堵隔离墙(wall),伙计们! 我们(we)必须要建一堵隔离墙(wall)。

你们可以去趟以色列，问他们隔离墙（wall）好不好用。隔离墙（wall）确实很好用。"

这段话完全抛弃了传统政治话语风格，它带有即兴的味道，或至少有意想让别人听起来有即兴感。唐纳德·特朗普最不希望他的听众觉得他在照本宣科。到了大选的这个阶段，他手里通常都会握着小纸条，但却很少拿出来看。纸条上只写了一些手写的大写标题，没有长篇大论。许多政治演说听起来就像委员会的工作材料。毫无疑问，这份演说带有鲜明的个人特色。

而且这篇演讲文字流畅，思路有如泉涌。他首先提出了一个想法："换句话说，他们仔细研究了我的演讲内容……"他可能是想表达类似这样的意思：他们仔细研究了我的演讲内容，曲解我的话，然后断章取义地说了出来。但传统政治人物也是这样发牢骚的，所以话说了一半，他便立刻话锋一转，说自己的对手"开始编造谎言"。难道撒谎不正是这些政敌和敌对媒体喜欢做的事情吗？接下来，他开始直奔主题："我听说，包括民主党人在内的某些人说我这是逆势而动。"这句话听起来就像后面的整段内容将要抨击其他潜在的共和党候选人或民主党竞争对手，或者两者兼而有之。但是，唐纳德·特朗普不想浪费时间去指出杰布·布什（Jeb Bush）和希拉里·克林顿（Hilary Clinton）身上的缺点。实际上，他在言语之间似乎对其他候选人根本不太感兴趣。因此，他故意不提这茬，话说到一半的时候突然转换话题，说他心里最想说的事情："我们要建一堵隔离墙，伙计们！"

这段话极其心思缜密。职业政治人物一向想被民众视为睿智的顾问，在做出政策提案之前掌握了所有细节并仔细权衡各种选择；或至少看似愿意倾听对手提出的反对意见。唐纳德·特朗普这番话说得好像真相显而易见似的，而那些宣称这个世界很复杂、制定政策的过程中需要考虑各种复杂性的所谓"睿智顾问"其实都是傻子或者被别人玩弄于股掌之中。说出"难以启齿的事情"显然是表明这种相反立场的最佳办法。但对唐纳德·特朗普而言，抨击对手的政治正确性并非行之有效的方法。他发现，他的支持者很喜欢陶醉在某种既快乐又愤怒的氛围中。

特朗普这种修辞风格避免了任何形式的自作聪明。他的演说里面没有类似"死亡委员会"之类的陷阱，这种令人震惊的话不会出现在风趣或具有暗示作用的语言中。他的竞选口号"让美国再次成为伟大的国家！"（Make America

Great Again!)非常具有原创性和艺术性。他的话里话外都是为了强调他要与华盛顿核心机构使用的粗鄙语言决裂。特朗普似乎在对听众说:"你们和他们之间有一堵墙,但我站在墙的这边支持你们;他们把你们当作傻子,但你们对事物的理解比他们深刻得多。我说的是你们的语言,而不是他们的语言,这证明我和你们的世界观是一样的。"

后来,当唐纳德·特朗普与某些对手争论如何解决非法移民问题时,其中一名对手——俄亥俄州州长约翰·卡西奇(John Kasich)突然生气地指责他说:"先生,这些都是小事(原文如此),真相并非如此。"但民调显示,许多潜在共和党选民认为卡西奇指责特朗普的方式过于咄咄逼人,而特朗普的支持人数却因此持续上升。

之前,我们曾探讨过古希腊喜剧中的固定角色"大话王"。唐纳德·特朗普身上不仅有这种角色的气质,还有其他典型的美国式虚构人物的特点。确实,我们有时候会感觉大卫·马麦特(David Mamet)笔下的人物走下舞台,走进了现实生活当中,而我们还要说服自己相信这一切都是真实的。

但是,2016年的总统大选已经一再证明,对总统候选人特朗普的修辞手法不屑一顾的做法是错误的。如果他是一名大话王(而且他可能以此为荣),那他必定拥有倾听和顾及听众情绪的惊人能力。他靠一己之力彻底改变了传递政治语言、发表言论和驳斥政敌的方式,随时随地表现出强烈情感。他的沟通时间十倍于那些更加谨慎、更加"专业"的对手,他靠高谈阔论驰骋政治疆场,让谨言慎行的对手无从适应。除了大量沟通之外,特朗普乐于去芜存菁,这让他的修辞手法极具实验性。在试验语言和想法方面,他比对手更加大胆,而且他学习和适应的能力也更强。唐纳德·特朗普是美国历史上最反复无常、最别具一格的总统候选人,他缺少成功所必需的条理性、资源和自律能力,但他却重写了美国政治语言的规则。

也许他只是特例,但特朗普式修辞手法的基本原则在发达国家民粹主义者和反传统政治家的演说、竞选口号中却很常见。这些基本原则包括:明确反对传统政治语言中的繁文缛节及温和态度,用愤怒、惊世骇俗的语言和极度简化的政策取而代之,把"实话实说"作为公共言论的唯一标准。在美国,至少从茶党诞生时起,右翼共和党人就一直在试验具有煽动性的极端主义修辞手法,但很多始作俑者如今宣称他们也对这种修辞手法所造成的结果感到愕然。这种新的愤怒式修辞手法曾经是自毁政治前途的手段,如今,它却与数千万美国人产生共鸣,而在这部分民众和其他人看来,曾经在大选中占支配地位的抑扬顿挫的语调和比喻手法反而给人以闪烁其词、乏味和冷漠的感觉。

以前,英国政治显得更克制一些,但在 2016 年英国脱欧全民公投的准备阶段,脱欧派无疑采用了某种特朗普式策略。移民问题是他们手里的王牌,而他们无情地使用了这张王牌。他们制作了一张难民涌动的海报,与纳粹德国宣传部部长戈培尔(Goebbles)的宣传手法如出一辙。脱欧派站在他们的"战斗巴士"上,贴出带有误导性质的标语,称英国"每周向欧盟送 3.5 亿英镑"。巴拉克·奥巴马、安吉拉·默克尔和其他国家领导人以及绝大多数经济学家和各国央行行长都曾警告过英国脱欧存在风险,但脱欧派根本无视这些警告,因为他们不想听这些讨人嫌的"精英"夸夸其谈。唐纳德·特朗普支持脱欧派的运动,而且还为他们加油鼓劲。

这并不是说留欧派是"软柿子"。倘若英国投票结果赞成脱离欧盟,就有可能引发战争、经济灾难、国民医疗服务体系崩溃以及各种灾难。经过多方争论以及各种专业知识被批得一文不值之后,公众在很大程度上只有靠感情投票,他们只能用本能判断哪些政治家更值得信任,或者没那么值得信任。最终,脱欧派充分利用了英格兰地区和威尔士城镇、小城市民众的愤怒和情感隔阂,并在传统疑欧派(主要是保守党人)的基础上加了许多蓝领工党选民。这就足够了。

对英国精英阶层而言,这是一场几乎无法想象的预演,它充分证明了英国国民对他们的世界观和政治语言已经失去了信心,这是件很可怕的事情。甚至有些赢得公投的脱欧派似乎也为自己的搅局能力感到惊讶。

在接下来的几章里,我将按时间顺序解释西方政治何时开始放弃传统政治修辞手段的形式和限制,并尝试使用更接近日常用语的语言风格。这种风格更直接,而且往往更一针见血,但比较难以表达复杂的措辞。我们要研究两种重要的相互影响,一种是政治家与正在经历急速变化的媒体之间愈发令人担忧的关系;另一种则是政治语言和决策语言之间日益扩大的分歧。但首先,请容许我将政治场景进行设置,先介绍一下里根和撒切尔的传人。

新媒体时代的说话指南

好日子里的坏消息

在上一章我们看到,1987 年,罗纳德·里根在柏林墙面前慷慨陈词。两年以后,也就是 1989 年 11 月 9 日,这堵墙被推倒了;几周后,苏联对东欧的统治宣告结束,而苏联也很快解体,冷战终结,西方成为胜利者。

德国开始静下心来重新整合曾属于共产主义领土的德意志民主共和国。在欧洲大陆其他国家,对苏联斗争的胜利并没有带来新的统一,而是加大了政治离心力,而它们在冷战的最后几年早就感受到了这股力量。在意大利,被称为"净手运动"(Mani Pulite)的肃贪调查加速了战后声名狼藉的贪腐政治体制的全面崩溃。然而,1994 年第二共和国(the Second Republic)的成立并没有带来稳定,而是引发了左右派的进一步分裂,并让西尔维奥·贝卢斯科尼找到了上位的时机。在法国,狂热的反共社会党人弗朗索瓦·密特朗(Francois Mitterrand)当选总统,并一直执政到 1995 年。几年后,当他作为政治运作幕后推手和玩世不恭的作风被曝光,再加上他曾参与过法国维希政府(Vichy France)的活动,而且他的内阁曾密谋参与 1994 年卢旺达大屠杀,他的信誉因此而受到了影响。在执政时期,密特朗面临经济下行的风险,他只好迅速放弃法国的社会主义化进程。在随后的很多年里,密特朗在社会改革方面推行渐进主义政策,包括两度被迫与被右派控制的议会共事。密特朗的继任者是保守的温和派雅克·希拉克(Jacques Chirac),他在竞选时承诺削减政府支出和减少税收,但当上总统之后,希拉克也不得不做出妥协,几乎没有实现任何一项他承诺过的改革。下一任总统尼古拉斯·萨科齐曾是备受争议和敢于直言的内政部长,很不受左派待见。他也承诺对经济和社会进行重大改革,但这些改革最后也无疾而终,尤其是 2008 年全球金融危机爆发之后,萨科齐只能像他的前任一样以妥协收场。

与美国不同但与绝大多数欧洲国家相类似的是,英国的经济衰退从 20 世纪 90 年代就开始了。玛格丽特·撒切尔的政治实践以及远不如撒切尔那么令人生畏的继任者约翰·梅杰(John Major)当选之后,保守党在接下来的 10 年里把持英国政坛,但民众对于撒切尔夫人怨恨依旧,尤其是英格拉中部和北部地区以及苏格兰和威尔士的民众。在人们的记忆当中,撒切尔夫人就像是恐怖电影里的鬼怪;而保守党则发现,对大多数英国人而言,他们已经变成了"肮脏的政党"。英国的政治和媒体对政治的报道也变得愈发肮脏,甚至在1992年英镑退出欧洲汇率机制(European Exchange Rate Mechanism,即欧元前身)之后和英国经济开始复苏的很长一段时间里,英国政治还是没有摆脱"肮脏"的标签。约翰·梅杰就像是莎士比亚笔下郁郁寡欢的英国国王,拼命镇压一场又一场的政治叛乱,而且还要提防下属的不忠,因为保守党人宣称他们之所以背后中伤自己的同事而不是抨击政治对手,都是诚实和良知使然。这种"前庭摆擂,后院失火"的局面已经成为梅杰执政时期的常态。

保守党的对手变得越来越专业。1994年,托尼·布莱尔当选工党党魁。工党已经在野15年,它急于重掌政权。新官上任的布莱尔充分利用两位前任尼尔·金诺克和约翰·史密斯取得的进步,并说服工党转移意识形态重心,原有的分歧被暂时放到一边。托尼·布莱尔想给这种新形势打上永久的烙印,于是他使用一种最简单的修辞手法,也是一种权宜之计:给他的政党重新起名为"新工党"(New Labour),"新"代表着年轻、生机、思想开明、现代化(公众可能会把所有这些词与年轻的布莱尔先生联系在一起)。然而,这个新名称也含蓄地指责"老"工党失败的政策和以阶级为基础的过时言论,从而导致工党在此前三届大选中落败。

工党这种做法就是比尔·克林顿的顾问迪克·莫里斯(Dick Morris)大约在同一时期提出的"三角策略"(triangulation)概念。2000年,莫里斯在美国公共广播公司(PBS)电视节目《前线》(*Frontline*)接受采访时说:

> 将每个政党的主张去芜存菁,再得出高于这些主张的解决方案。比如说,左翼政党主张为接受福利救济的民众提供日托场所和辅食,我们可以采纳这些建议;右翼政党则主张这部分民众应该为了维持生计而努力工作,而对他们的救济必须有时间限制,我们也可以采纳该建议。但是,左翼和右翼政党都会说一些废话,比如:左翼政党主张我们不应该要求受救济民众去工作,而左翼政党提出我们应该惩罚单身母亲,我们可以不理会这些胡言乱语。抛弃双方立场中民众不支持的糟粕观点,吸纳最佳建议,向第三条道路前进,三个方向构成一个三角形,也就是我所说的"三角策略"。[6]

"向第三条道路前进"这句话有着重大意义。奉行"三角策略"者的立场要高于原来两个立场，而这正是托尼·布莱尔想要达到的效果：把玛格丽特·撒切尔对自由市场和放宽政府监管的改革信心与左翼势力对社会正义和社会融合的担忧结合在一起；而保守党对较不富裕人群的漠视和老工党对强制均等主义的妄想都应该被丢进垃圾桶里。

20世纪90年代中期，无论在英国还是美国，这种"向第三条道路前进"的主张在大选中有着压倒性的优势。但是，"三角策略"也有其自身弱点。在英国，尽管崇尚自由市场的保守主义和传统社会主义这两种旧有立场有诸多缺陷，但在意识形态上面，它们已经根深蒂固。每种立场都有其理论体系、坚定的支持者和强大的内在逻辑。高屋建瓴的"三角策略"拥护者却没有这些优势。他们想在意识形态这堵"墙"中间打入一枚"楔子"，从而主导政局，但这枚"楔子"的左边和右边都很脆弱。而就像任何折中的做法一样，"三角策略"拥护者的政策取向也给人以随心所欲的感觉，比如说：有些政策为什么在这方面寻求平衡，而不是在那方面寻求平衡？ 20世纪90年代中期，在经济复苏和世界局势可控的大背景下，似乎国际政治的未来要依赖于"三角策略"。10年后，很多选民不禁扪心自问：除了充当带有机会主义色彩的战术之外，"三角策略"还有其他作用吗？

"三角策略"比巴茨凯尔主义更容易造成纯粹主义左右翼民主政治的分歧。如果说转瞬即逝的巴茨凯尔主义（它让人回想起那个使国家团结的政府并赢得第二次世界大战的政府）更加崇尚实用的话，那么"三角政策"就是想取代带有意识形态分歧的政治，并将其永远推到国家生活的边缘。代表布莱尔主义的"第三条道路"确实有施政纲领，但我们也可以将其视为用另一种修辞手法取代撒切尔时代激烈而无益的争吵。"三角策略"的实施者不是通过侮辱和谩骂来跨越无法逾越的意识形态鸿沟，而是用一种全新的方式探讨政策，从而真正实现国家的融合。托尼·布莱尔早年提出的"奇袭政策"（coup de main）就是最佳例子，即未来的工党政府将会"严厉打击犯罪、深掘犯罪根源"。

然而，这种复杂的新说法很难一直奏效，而且对传统主义者来说，这种说法听起来很可疑，仿佛在调戏政敌似的。托尼·布莱尔和他的团队已经注意到混杂言论对他们的政党和梅杰政府带来的灾难性后果，也曾见识过英国媒体幸灾乐祸地抓住任何一个可以被解读为政党内部不团结的标志进行大肆宣扬。他们还知道,尽管拥有"三角策略",但在执政期间,他们会面对来自保守派充满敌意的压力。

所以,他们决定采用一种更实用的全新沟通方式。从现在起,他们要使用坐标方格式沟通策略,也就是用一张表格把每个人每天要说的话写在上面,这样就可以对比和协调这些发言内容。在这个表格上,每一个与政治相关的信息(无论是带有攻击性质的,还是带有防御性质的)都会经过精心构思和提炼,以进一步提升政府的总体战略。然后,这个信息被放进表格的最佳位置,以供合适的人在合适的地点、在合适的时间说出来。过去,政治家和政府部门在沟通方面拥有很大回旋余地,但这种余地将来会被缩减。政府还制定了惩罚措施:那些口出狂言的人不仅会失去唐宁街 10 号的政治支持,还会失去发言权,被安排坐在后排议员席上。为了强化新政权,托尼·布莱尔让曾经是一份小报政治版编辑的阿拉斯泰尔·坎贝尔(Alastair Campbell)担任他的沟通与战略主管。他的才华和强烈正义感足以胜任这份工作。

在执政前和执政后的头几年时间里,布莱尔与坎贝尔这对搭档取得了惊人的成就。托尼·布莱尔和他的政治搭档戈登·布朗(Gordon Brown)把约翰·梅杰的厌战团队耍得团团转。1997 年,在公众的一片乐观情绪中,托尼·布莱尔来到唐宁街,而且在执政的头几周时间里,他与媒体打交道时表现出不同寻常的自信。他以极其熟练的手法和控制力处理黛安娜王妃之死造成的余波(在黛安娜王妃去世当天早上,布莱尔把她称为"人民的王妃"),巧妙地与媒体周旋。后来,他和他的政治顾问决定以自己的政治威望做赌注,直接参与北爱尔兰和平谈判,而北爱尔兰问题一直都是英国政坛的禁地。他在谈判过程中表现出亲切和大度,并最终促成了《贝尔法斯协议》(Good Friday Agreement),一举奠定了他政治争议终结者和矛盾调和者的地位。他还为签署《北爱和平协议》准备了一句令人难忘的俏皮话(他未必是故意搞笑的):"像今天这种日子不适合引用名言,但说实话,我感觉我们身上肩负着历史的重任。"[7]

然而,随着时间的推移,他和阿拉斯泰尔·坎贝尔力图为政府编造的故事很快就变成了往事。历史上有很多政权无休止地一再释放好消息,对报刊拥有者卑躬屈膝,或者当一个对政府形象造成恶劣影响的新闻被循环报道时无情地用部长做替罪羊,布莱尔政权也是如此。但是,布莱尔政府用来保护自身

叙事方式的手段是专业化和偏执的结合体,既让人觉得耳目一新,又显得与传统即兴演讲所表达的衷心想法、迷人的智慧和令人喜爱的英式错误格格不入(如今,这些传统都已经被忘记和浪漫化了)。

每当遇到质疑,布莱尔的人坚信且相当坦率地说这种新策略是应对持续不断的敌对媒体环境的唯一可靠手段。这种说法也不无道理。遗憾的是,这种策略不仅让保守派报刊,也多多少少让整个媒体界怀疑他们所说的每一句话。面对越来越多的质疑,新政府的反应就是加倍努力地控制言论。

2001年发生的一起严重事件使民众明显感觉到官方的新闻管理方式令人担忧。"9·11"事件发生当天,曾担任过托尼·布莱尔内阁部长顾问兼工党首席新闻官的乔·摩尔(Jo Moore)给负责交通运输部、地方政府与区域部门发了一封电子邮件,称:"今天是时候透露一些我们想隐瞒的消息了,会是关于议员补贴的消息吗?"鉴于当天有成千上万无辜民众在美国世贸中心丧生,所以它听起来很荒谬,似乎在谈论某种道德意义上的损失;而且这话不仅仅出自一名政界工作人员之口,还代表了整个政府。

"公关"(spin)一词就是用来描述这种情况的。"公关"是美国俚语,它最初是指一种特殊的媒体操控形式,由所谓的"公关顾问"主动召开非正式的吹风会,鼓动记者采纳他们对某个政治宣言和政治事件的倾向性解读方式。但后来,人们把它与"锦囊妙计"混为一谈。"公关"使用了很多古老的技巧。政治言论一直都是五花八门的,比如:有人在煞有介事地发表官方讲话,他的耳边却有人偷偷说些不为人知的事情;还有些人在散播谣言或笑话。但在布莱尔时代,媒体对政府的公关手段进行了带有敌意的报道,许多民众这才第一次充分了解了它的含义。

这种新的沟通方式也许会激怒媒体并让公众感到忧虑,但这些都不足以阻碍新工党的支持率扶摇直上。2001年,托尼·布莱尔轻松获得连任,开启了另一届总统任期。此时,观察家有理由问自己:这样一个成功的政府为什么会觉得公关起来如此吃力?

但紧接着便发生了"9·11"事件,英国加入了美国领导的反基地组织和阿富汗塔利班组织战争;而到了2002年年中,托尼·布莱尔政府显然也在考虑加入美国主导的第二次伊拉克战争,以推翻萨达姆·侯赛因的独裁统治。英国政府以掌握了"萨达姆·侯赛因拥有大规模杀伤性武器(简称WMD)的证据"之名为战争辩护,而事实证明这些证据都是假的。

麻木不仁的电子邮件是一码事,以子虚乌有的安全威胁论为理由入侵其他国家又是另外一码事。一旦政府对萨达姆的指控与现实之间的鸿沟显露无遗,托尼·布莱尔和他的同事便永远丧失了公信力。然而,这支团队极其专注和充满活力,而正是因为这个特点,他们是不会束手待毙的。阿拉斯泰尔·坎贝尔和布莱尔手下的政治战略家兼营销大师菲利普·古尔德(Philip Gould)所采取的一项反制措施就是自虐策略(masochism strategy),这种非常规方法与布莱尔在电视上的形象不同,而且他们在甚嚣尘上的伊拉克战争准备阶段就首度试验过该策略。

有人认为,布莱尔政府领导人与民众之间的信任关系(也就是"道德可信度"与"精神感染力"之间的关系)正处于崩溃边缘,因为民众开始认为托尼·布莱尔一心向着自己的既定方向前进,不再倾听民众的心声,并且完全没有纠正方向的能力。他们坚信政府与民众间的关系已经恶化到无法回头的地步,而这也正是保守党在 1990 年让梅杰取代玛格丽特·撒切尔首相职位的原因。自虐策略就是布莱尔政府对这种看法的回应,它让布莱尔与充当批判角色的市民在电视直播节目上对质,这样他就别无选择,只能倾听市民的声音,或者被电视观众看到他在倾听,从而防止他重蹈撒切尔的覆辙。如果自虐策略者出现在 20 世纪 80 年代初,他们就不会把撒切尔夫人在《全国时事》节目上关于"贝尔格拉诺将军号"的对质视为公关失误,而是一个天赐良机。到了 2007 年托尼·布莱尔最后一次参与大选时,自虐策略已经成为其最重要的沟通原则。以下文字摘自托尼·布莱尔传记作家之一安东尼·赛尔顿(Anthony Seldon):

> 一项关键的竞选策略就是尽量让布莱尔接触媒体宣传,并让他与批评者当面对质。新工党的选战手册称"托尼·布莱尔必须与选民多接触,尤其是辛勤工作的多数派选民,并表明他并没有抛弃他们"……我们积极寻找能让他上电视的机会,他要在电视节目上承认"我知道我们犯了错误,我们会做得更好的"。坎贝尔和古尔德认为,民众要意识到布莱尔"遇到了些困难",这点很重要。[8]

在竞选过程中,托尼·布莱尔在电视直播节目中不断受到民众批评,话题从伊拉克战争到国民医疗服务体系，再到收入不平等问题，不一而足。他耐心地为政府的施政细节辩护，但他上电视的目的不仅要体现出"道德可信度"，还要表现其竞选理念。他的出现似乎在说：作为国家领导人，他有勇气接受民众的批评，而且能够带着谦逊的态度倾听对方的指责。他自始至终都很用心地看着对方，尽量不过多地打断对方讲话，想找到一种既不贬低对方又不表现得高人一等的回应方式，而且他从不会忘记辩论对手的名字。

大众心理学也许很简单直接，但这种复杂的政治语言在传统的政治宣导基础上添加了一层柔软的潜意识修辞手法，它让民众知道：这位既有胆量又有同理心的领导人愿意用心去理解和说服民众。"赢"这个字不再仅仅意味着赢得争论，或者说主要不是为了赢得争论，而是恢复一种足够互信的心理，至少能让双方开始倾听对方观点。也就是说，依次从道德可信度、精神感染力和逻辑条理性上说服对方。

以下两种情形任君选择，你也可以提出自己喜欢这种情形的理由：一种是1983 年撒切尔夫人在《全国新闻》节目上用棱角分明、老气横秋但又真实的声音与戴安娜·古尔德争论；另一种则是 10 年后托尼·布莱尔在电视节目上镇静自若地虚心听取民众的指责。不管怎样，你无法否认第二种情形代表着政治领袖自我推销方式的创新，或者用曾在弗拉基米尔·普京担任过媒体顾问的格列布·帕夫列夫斯基（Gleb Pavlovsky）的话说，这是政治技术学（political technology）的一大进步。如今，在整个西方世界的政治沟通手册，它被当作防守战术使用。2016 年 1 月，奥巴马总统决定动用行政权力，在缺少国会支持的情况下推行新的枪支管控法案。几天后，他就免不了要在电视直播节目上接受枪支支持者的拷问。没错，他指责美国步枪协会（National Rifle Association）拒绝在电视镜头面前跟他摊牌。

但是，自虐策略最终会导致对手采取"反公关"手段，"反公关"其实不过是"公关"的变体，两者都是基于同样的研究方法和推销理念，由同样的专家设计。"反公关"只注重观察，不注重操纵，但当然，它也是一种公关方式。因此，只有在特定的政治环境中，它才能暂时消除媒体和公众对政府言论的怀疑。

自虐策略是以公关专家的另一种阴暗结论为基础的，即传统媒体敌意太重，他们应该抓住一切机会避开这种敌意。他们宁愿面对一群虽然愤怒但依旧听话的民众，也不愿意面对广播媒体请来的"职业杀手"。在英国，这种尽可能躲避媒体的本能反应让布莱尔和布朗政府得以善终。大卫·卡梅伦在当上英国首相之前曾对我说过,他不明白为什么有些公众人物同意接受英国广播公司《新闻夜线》主持人杰里米·帕克斯曼(Jeremy Paxman)的采访,因为这个节目已经变成"谋杀政治家的实况电影"。

但是,政府希望以直接对话的方式与公众重建信任关系,而且形式越来越多样化。多多少少经过编排的"市民会议"这种对话形式在竞选活动中正变得越来越流行;甚至在没有竞选的日子里,政府和反对党还是想邀请公众探讨政策取向,例如:托尼·布莱尔曾发起过一项名为"全民大讨论"(Big Conversation)的活动,他和内阁其他部长以公路旅行的形式倾听民众对公共政策的看法。数百年来,"请愿"一直是政治生活的非正式组成部分,而随着互联网的发展,它演变成了网络请愿。如今,官方已经正式认可了这种形式,并保证如果请愿人数达到一定水平,议会就对民众所关心的问题展开辩论。

2010 年,大卫·卡梅伦当选英国首相之后,他的首席战略官史蒂夫·希尔顿(Steve Hilton)带着一套关于如何加强政府与民众关系的全新理念来到唐宁街 10 号。按照他的想法,内阁部长们不再借助传统的政策杠杆和家长式的公共宣传活动模式与民众打交道,而是借助社会心理学和行为经济学理念来推动解决诸如贫困和不健康饮食等棘手难题。英国政府迅速建立起一支"行为研究小组"(Behavioral Insights Team),它很快就被人们称为"助推小组"(Nudge Unite)。政府还推出了大量数据,放在网上供民众免费浏览。这种全新的透明化操作不仅提升了公共部门的效率和创新能力,还促使民众积极参与政治活动,并提高了个人、社会和企业的责任感。希尔顿的"后官僚时代"计划以民众为主导者和实施者进行改革,取代受到猜疑的大政府。这些计划要求社会企业家、成千上万的社区活动家和一大批相关市民都行动起来,参与到计划当中。

这幅景象并没有成为现实。实际上,计划当中的很多内容都没有付诸实施,而就算英国政府持续不断地在推特、微博和 Youtube 视频网站上发表呼吁,似乎也没对公众的信任度和参与度形成任何细微的影响。史蒂夫·希尔顿未免有点灰心丧气,并于 2012 年年初离开了唐宁街 10 号。卡梅伦政府很快便在沟通策略方面走上了中庸道路,虽然他继续通过互联网进行尝试,但也难免要与保守派媒体保持更友好的关系。就公关手段而言,尽管英国政府和

大卫·卡梅伦没有做出布莱尔时代的一些过分行为,但还是悄悄地融入了一些由阿拉斯泰尔·坎贝尔首创的技巧,然后变成他们自己的战术体系。公关手段如今已被淡化和常态化,民众早已耳熟能详,对其鲜有评价。

小丑与秘密警察

从某些角度而言,英国政府的公关故事是独特的。它出现得很突然,或者说它的出现方式很突然。它引起了政界的广泛关注,比如在美国这个政治传播职业化要早得多的国家,它给人以一种打破传统的感觉。结果,许多民众开始不安了。

但说实话,在整个西方世界,公关已经成为主流政党的标准操作流程。欧洲大陆的绝大多数国家都不想深度介入伊拉克战争,而且它们的民众也像很多英国人一样,在对伊宣战的理由上感觉被美国欺骗了。但从 2008 年起,全球金融危机不期而至,随后各国便陷入痛苦的经济衰退期,公共部门数量不断被削减,这让民众更加怀疑精英阶层的主张。民众对政治持怀疑态度是正常的,但到了 2010 年年末,欧洲大陆和英语国家民众的愤怒无以复加,他们的态度变得强硬起来。几年前,西方民众也许还会暂时放下疑虑,善意地认为某些政治家是无辜的,可现在,他们不再相信任何政治家。然而,即便在那之前,有些国家的民众也会突然跳出来质疑政府,他们想通过自身言论来彰显自己,拒绝使用执政党精心构筑和讨论过的用语,而倾向于使用更接地气、更直接的语言。

让我们再回到意大利。在上一章,我们已经听到皮埃尔·保罗·帕索里尼呼吁意大利民众为国家发展一种全新的、统一的、科学的公共语言。学者阿图罗·托西(Arturo Tosi)在他的著作《变革中的意大利社会和语言》(*Language and Society in a Changing Italy*)中描绘了过去几年意大利共识型政治及其混乱结局当中的政治言论状况。传统的浮夸手法和抽象概念正逐渐让位于生动和通俗的语言,而不是叙述明显事实和合理政策的、不带任何感情的语言。政治言论变得越来越简单直接,不再拐弯抹角。口号和标语,尤其是那些带有好斗色彩和令人印象深刻的口号和标语往往能起到万众瞩目的效果,比如:"窃贼罗马,[伦巴第(Lombard)]联盟是不会原谅你的。"[9]令人毛骨悚然的（或许这样说有点夸张）军事隐喻手法开始大量出现，尤其是在右翼群体当中［例如：北方联盟党（Northern League）的翁贝托博西曾经说过："我们这样做就像是在给卡拉什尼科夫冲锋枪上油。"[10]］而随着各政治派别的政治家的出现，以意大利人对于体育运动的痴迷为基础的隐喻也变得流行起来。例如：

我已经穿好装备，还在场边做热身。——西尔维奥·贝卢斯科尼（Silvio Berlusconi）

在我看来，我们并没有越位。——法乌斯托·贝尔蒂诺蒂（Fausto Bertinotti），新共产党

他们让我当替补，我现在就在场下待着。——朱利欧·安德雷奥蒂（Julio Andreotti），基督教民主党人、前总理[11]

这是一种以普通老百姓为目标受众的公共语言，尽管它与帕索里尼想的不太一样。它是卧室或酒吧背后角落的电视里所使用的语言，是人们误以为具有大众真实性的语言；而至少在男性政治家口中，这种语言体现出了意大利男人的气概。

与意大利当代其他政治人物相比，西尔维奥·贝卢斯科尼堪称使用这种新修辞手法的典范。他的仰慕者有时候会将他与里根和撒切尔夫人做对比，而这两位都是自由市场的坚定拥护者，敢于跟腐败阶层做斗争。但实际上，贝卢斯科尼缺乏里根和撒切尔夫人那种改革的决心和热情，在战略上缺少一致性。西尔维奥·贝卢斯科尼是以典型的准政治家形象登上历史舞台的，可以说是特朗普的前辈。两人性格多变，是某些阶级的工具，在修辞手法的运用上也是棋逢对手。从首次出现在政治舞台时起，人们就已经预见到他会经常使用足球和军事术语来打比喻。他常自诩为技艺精湛但喜欢直言不讳的商人，是上帝送给意大利的礼物，而与足球和军事相关的修辞手法正符合他的自我定位。

那些年，他组建了很多政党和联盟。从他给这些政党和联盟所起的名字上，就可以感受到一股典型的商业气息，比如：意大利前进党（Forza Italia）、好政府之柱党（Polo del Buon Governo）、自由之家联盟（La Casa Delle Liberta）等。在其他方面，他所使用的政治语言更加新颖。托西在2001年写的一篇文章中指出了好几种奇怪的修辞现象。他说，贝卢斯科尼喜欢有意识地把旧式

用语放到他的演讲中，比如："如果你允许我这样说的话……"而且他在用第三人称称呼自己时喜欢加上敬语，比如："西尔维奥·贝卢斯科尼先生"。托西还引用了贝卢斯科尼说过的几句笑话，比如："我是政坛的基督耶稣。""啊，说起巴拉克·奥巴马，有件事情你可能不会相信。他们两口子是一起晒日光浴的，因为奥巴马夫人也晒得很黑。""在被问到是否想跟我上床时，30%的女人说'想'，剩下的70%则会回答：'什么？又跟他上床？'"[12]

西尔维奥·贝卢斯科尼本人承不承认存在"贝卢斯科尼式修辞手法"是另一码事。他认为，类似于"修辞手法"和"带修辞色彩的"的字眼对他而言是一种侮辱，因为这些事物都与他想扫除的旧政治文化扯得上关系。2009年，贝卢斯科尼起诉《共和国日报》(La Republica)，称该报纸一直在重复印发关于他个人行为的10个强硬问题，这些问题不仅有损他的名誉，而且"带有修辞色彩"。但实际上，这些问题并没有修辞色彩。[13]

那么，这究竟是怎么回事呢？对许多意大利人尤其是左翼人士而言，贝卢斯科尼飘忽不定的修辞手法完全是一种愚蠢的行为。国外很多观察家都忍不住同意这一点，尤其是一些小报头版和法律纠纷案件都对贝卢斯科尼和他的时代做出了定义。媒体用"性爱派对"(bunga bunga)一词代指贝卢斯科尼参与过的荒淫聚会。据说，绰号"骑士"(il Cavaliere)的贝卢斯科尼乐此不疲，而这个词也成为某种顶级的省略式三段论。这是一场活色生香的伪善默剧。

但可能会有人说，贝卢斯科尼所做的事情其实是巧妙地运用了一个由多种语言工具修辞手法组成的工具包，其目的就是建立并维持一个庞大的意大利右翼战术联盟，在某个特定时刻使人们想起失传已久、但可能仍然让一些年长的保守派人士津津乐道的礼节，然后切换到这位亿万富翁企业家温文尔雅的现代管理至上主义，再用他的狗哨式暗示（贝卢斯科尼一直否认这点）让人们回想起墨索里尼时代的强人政治，并最终来到AC米兰体育场看台上使用的语言，看台上使用的这种语言适合老人、年轻人、白领、蓝领、大企业、小企业、强硬派分子和立场不坚定者。

即使是那几个笑话也有一种心照不宣的后现代主义特质。贝卢斯科尼看起来就像一位传统的单口喜剧演员，他发现自己的表演手法早被观众看腻了，但他可以找一群年轻的新观众，然后在他们面前故伎重演，照样能够受欢迎，因为这些新观众认为他的表演手法很有趣,用打擦边球的方式挪揄政治,内容越低俗越好;而他原来的观众听到同样的下流笑话之后依旧笑得很开心,却并没有意识到他在使眼色和引述的内容。

尽管这种语言调和物不被政敌和外部世界理解和喜欢,但却足以让意大利人觉得受用,并且让西尔维奥·贝卢斯科尼当了两任总理。不过,这完全是一种带有政治色彩的公共语言,经过优化之后适合于发表简练的名言和制作海报,而且只适合传递最概括性的信息。就像"死亡委员会"一样,它能够帮助选民理解自己国家所面临的选择,但它最终会变成一种"反语言"(antilingua),非但不利于民众理解,反而成为理解道路上的绊脚石。

西尔维奥·贝卢斯科尼通常被认为是一种孤立的反常现象,然而,随着欧洲各国对移民和伊斯兰极端主义的担忧与日俱增,其他保守派领导人也开始使用类似粗糙的修辞手法。假如反对移民的荷兰自由党(Party for Freedom)党魁基尔特·威尔德斯(Geert Wilders)把伊斯兰教的先知穆罕默德描述为恋童癖和杀人凶手,也许我们不应该感到很意外。但是,在 2012 年法国总统大选期间,就连现任总统尼古拉斯·萨科齐都直言不讳地表示来法国定居的外国移民太多。有段时间,左派一直批评萨科齐在移民和其他问题上用词不当。2010 年,法国教育部部长吕克·夏岱尔为萨科齐的修辞手法辩解,称在当时如此复杂和困难的局面下,萨科齐总统"率性直言",并且拒绝采用那种会失去"听众和民众支持"的"费解句法";他这种做法是正确的。[14] 夏岱尔这番话的意思就是:应对较复杂政治局面的正确做法就是使用不太复杂的语言。这样带有讽刺性的暗示似乎并没有在夏岱尔和萨科齐身上应验。

俄罗斯曾短暂接近过开放式民主,但这段蜜月期最后以鲍里斯·叶利钦当选俄罗斯总统告终。英国一位外交大臣把 1991—1999 年这段总统任期称为"一名醉汉在步履蹒跚地走路"。叶利钦的继任者是缺乏政治经验的前克格勃中校弗拉基米尔·普京。从坐上总统宝座那刻起,普京就决心向外界表明他的与众不同之处。1999 年,普京在成为总统三个月前的一场新闻发布会上道出了铲除车臣恐怖主义威胁的策略:

> 我们将四处追踪恐怖分子。如果他们出现在机场,那我们就追到机场。抱歉,但我们肯定会对他们穷追到底。即使他们躲在厕所里,我们也

会将他们击毙。我说完了。[15]

原文最关键的一句话是"my ikh i v sortire zamochim",意思是"即使他们躲在厕所里,我们也要让他们'血溅'厕所"。这也是新官俄罗斯总统说过的一句最引人注目的话。2006年,俄语语法和语言学专家雷米·卡缪(Remi Camus)在一篇文章里写道,俄语中表示"杀死"含义的词有好几个,包括动词"zamochit",即"血溅"之意。[16]从沙皇时代起,犯罪分子和警察就经常使用该词。俄语"Mokroye delo"带有"血腥行当"的意思,起初表示暴力抢劫或谋杀。在克格勃的鼎盛时期,它是一个俚语,表示刺杀等秘密活动。生前在哈佛大学担任斯拉夫语和比较语言学教授的斯维特拉娜·博伊姆(Svetlana Boym)告诉我,她认为这句话背后可能还有更深层含义:它特指军队和监狱系统里捉弄新人的手段。

普京这番话不像是在议会里所使用的慎重语言,但当然,他说出了重点,即俄罗斯的新总统向他的民众保证:他拥有确保国家安全的专业知识和遏制暴力犯罪的无限潜能,肯定能完成总统的使命。从表面上看,那句"抱歉"似乎是普京担心冒犯听众,但其实他只是在装装样子而已,这话就相当于贝卢斯科尼的"如果你允许我这样说的话……"其真实含义就是:我了解这个世界,也知道什么方法最管用。在普京之前,从来没有人用这种方式说话,它像一把利刃穿透了20世纪90年代俄罗斯的传统政治修辞学。后来,这种带有残暴色彩的用语逐渐变得含蓄,但胁迫的意味依旧没变。

它告诉我们:我们对西方国家公共言论的态度已经恶劣到了什么地步,以至于弗拉基米尔·普京的修辞手法与我们领导人的修辞手法相比毫不逊色。某些保守派政治家和评论员很想知道:为什么巴拉克·奥巴马不能如此清晰而强势地表达自己的观点?也许他们这番建议的基础是普京总统与外部听众交流时所使用的更谨慎语言,这种语言翻译过来很平淡,缺乏他用俄语向国内民众演讲时那种一语多义和暗指意义。俄罗斯的批评家认为,普京最擅长的一项技能就是他能够向国内外听众传达不同的信息,而后者甚至都没有意识到这一点。

早在1999年,弗拉基米尔·普京的修辞语域就已经变窄了。然而,一个国家的总统必须在各种修辞方式之间游刃自如,于是他身边的智囊,包括自称"专家治国论者"的格列布·帕夫列夫斯基开始为普京度身打造修辞方式了。他们带着浓厚兴趣研究了西方政治传播学的发展史,尤其是我们在前面几页探讨过的实践做法,普京团队把这些做法称为"直接民主制"(direct democracy)。如果俄罗斯人民可以远离国家杜马里面那种丑陋且难以控制的争吵,与他们的领导人直接进行对话,那该有多好啊!因此,直至今天,普京总统仍然经常抽出几小时参与电视直播节目,让俄罗斯民众有机会就一系列不同话题向他直接提问。

这一幕是史无前例的。作为俄罗斯领导人,他显得如此自信和如此开放,准备好面对公众抛给他的任何问题,而且坚持的时间比撒切尔夫人、托尼·布莱尔或美国任何一位总统都要长。与那些西方国家领导人不同的是,他从不闪烁其词或逃避问题,而是仔细聆听问题,然后给出一个深思熟虑的答案。《与普京聊天》(A Conversation with Vladimir Putin)节目跟撒切尔夫人上的《全国新闻》节目的真正区别在于问题和答案都在普京的掌控之中。他控制着播放这些节目的电视台和电台,把"对话"描述为一场戏剧化的独角戏也许更合适,普京沉醉于跟他自己的对话当中,并赞同自己的观点。

这就是没有实质内容的问责制,这就是没有痛苦的自虐策略。当我们思考自己国家政治家与媒体之间的失调关系时,不妨想想替代方案是怎样的。你现在就可以在 YoutTube 上看到这个节目的视频。

俄罗斯政治局势有着与众不同的特点:苏联解体后,俄罗斯社会动荡,无政府主义引发民众担忧;苏联在冷战中以失败告终,随后又被西方世界边缘化,全国上下压抑着愤怒。弗拉基米尔·普京便充分利用了这些特点。但在其他国家,各种类型的政治反叛团体都在用通俗化手段拿备受质疑的主流修辞手法开刀。这些团体包括以英国独立党(UKIP)的奈杰尔·法拉奇(Nigel Farage)为代表的民族主义者和单一问题煽动者、以法国国民阵线(French Front National)和希腊金色黎明党(Greek Golden Dawn)为代表的极右翼反移民和种族主义政党、希腊和西班牙新兴的激进左翼民间团体,以及类似于"反战联盟"(Stop the War Coalition)这样的抗议运动组织。所有这些团体都对他们的支持者说,他们多年来一直被现有政治体制蒙骗;而且所有团体都宣称自己的言论是正直和坦率的。

但现在,公众也从主流政治家那里听到类似的信息,即用带有朴素真理的话语代替不诚实的公关手段。从推倒柏林墙到全球金融危机这 20 年时间里，许多西方民众对反对党和派别之间的善意推定早已消失殆尽。成名的政治家习惯于称呼彼此为骗子和伪君子，其偏激态度不亚于政治反叛团体。民众所担心的是，这些政治家似乎并没有意识到他们在贬低的并不仅仅是自己的政敌，而且还在诅咒整个行业，而他们恰恰就是这个行业的一员。边缘政治人物和极端主义分子也在一旁煽风点火。媒体忠实地报道了这一切，也难怪越来越多的选民开始信以为真。

几乎全民都在抨击正规的政治语言，这为那些散布谣言的政治人物创造了完美条件。对这些政治人物而言，民粹主义不是达到目的的手段，而是目标本身。在 2016 年美国总统大选中，打着民粹主义大旗的唐纳德·特朗普当选总统，便是最好的例证。

散布谣言这种事情以前时有发生，通常很快就会停息。也许这种状况会再次发生，但我们不应该指望天上掉馅饼。如今，公众的怒火导致民粹主义现象激增，这也许是个别现象，相互间没有关联性，但它却是真实存在的，而且还在持续恶化中。政治精英希望民众的愤怒是暂时的，很快一切就会恢复如初。然而，他们曾经用来安抚民众情绪的语言早就不管用了，反而招致民众的痛恨。民众已经多次发出警告，但一切如故。

媒体能否伸出援手，揭露负责任的修辞手法与极端主义者的野蛮扭曲和矛盾之间的区别？新闻界也许是这样想的，但对于那些已经对当权派说"不"的人而言，主流新闻媒体既不是公正的调解者，也不是可信的证人，而是问题的组成部分。

本章参考文献

1 http://www.lefigaro.fr/flash-actu/2011/01/05/97001-20110105FIL WWW00493-chatel-defend-le-style-oral-de-sarkozy.php.

2 George C. Wallace, first gubernatorial inauguration address, 14 January 1963.

3 Donald Trump, campaign speech in Dallas, 14 September 2015.

4 https://twitter.com/realdonaldtrump/status/703257866820415488.

5 Speaking in the fourth Republican TV debate in Milwaukee, 10 November 2015.

6 http://www.pbs.org/wgbh/pages/frontline/shows/clinton/interviews/morris2.

html. Quoted in Taegan Goddard's Political Dictionary, http://politicaldictionary. com/words/triangulation/.

7　Tony Blair, 8 April 1998. See http://news. bbc. co. uk/2/hi/uk＿news/politics/3750847. stm.

8　Anthony Seldon with Peter Snowdon and Daniel Collings, *Blair Unbound* (Simon & Schuster, 2007), 339.

9　Arturo Tosi, *Language and Society in a Changing Italy* (Multilingual Matters, 2001), 110.

10　Ibid. , 116.

11　Ibid. , 119, 120.

12　Quoted in "Italy's Silvio Berlusconi in his own words", http://www. bbc. co. uk/news/world-europe-15642201.

13　http://www. theguardian. com/world/2009/aug/28/silvio-berlusconisues-sex-scandal.

14　http://www. lefigaro. fr/flash-actu/2011/01/05/97001-20110105FILWWW 00493 -chatel-defend-le-style-oral-de-sarkozy. php.

15　Vladimir Putin speaking at a press conference in Astana, Kazakhstan, 24 September 1999.

16　Rémi Camus, "Language and Social Change: New Tendencies in the Russian Language", *Kultura*, October 2006. See http://www. kultura-rus. uni-bremen. de/kultura＿dokumente/ausgaben/englisch/kultura_10_2006_EN. pdf.

Enough Said

05

这个撒谎精怎么老对我撒谎？

情况是否越来越糟？我要再次声明：在我当首相这 10 年里，我注意到所有这些要素以更强劲的势头发展。包括我在内的很多人都认为会有人伸出援手。新的沟通形式会提供新的出路，让我们绕过不依不饶的传统媒体。实际上，这种新的沟通形式可能会变得更致命、更不均衡、更热衷于最新的阴谋理论。

——托尼·布莱尔，2007 年[1]

1970 年,法国哲学家保罗·利科用"怀疑式诠释"(hermeneutics of suspicion)来描述现代思想的一个显著特征。"有这样三位大师,"他写道,"他们的学说看上去相互排斥,但却是怀疑学派的主宰者,他们分别是马克思、尼采和弗洛伊德。"按照利科的说法,所有三位大师都发现,人类的意识和言论都带着虚伪和欺骗的面具,在揭露真相之前,必须要把这层面具撕掉:

> 　　三位大师不仅运用了"具有破坏性的"批评手段,而且还发明了一种诠释艺术,从而为一个更真实的世界、为真理再次降临人间扫清了障碍。[2]

　　三位大师的"诠释艺术"和揭开面具的方法各有不同。尼采把宗教的道德和智慧遗产放在一旁,正视上帝死后人类存在的现实。弗洛伊德则认为这涉及心理学理论,需要采用分析手段穿透意识层,找到潜意识的真相。马克思预言民众的政治意识将会觉醒,天平将会倒向世界各地的城市无产阶级,他们会认清阶级斗争的本质。按照利科的说法,隐含式描述也是一样。真相是隐藏起来的,人类不但欺骗自己,也欺骗别人。寻求真理者必须找到一种诠释方式,从而透过欺骗的面具,看清背后的真相。

显然,这与新闻业有着密切关系。"新闻故事"的本质是什么？20世纪80年代中期,英国广播公司的一名前辈告诉我,所有年轻记者迟早都要知道这个问题的答案:新闻故事就是某个地方的某个人不想你报道的东西。本章标题"这个撒谎精怎么老对我撒谎？"则带有更多利科诠释学的意味。在过去20年里,每当英国人争论新闻犬儒主义时,这是最被广泛引用的一句话,而且大家都认为这话出自英国广播公司著名的讽刺高手、电视节目主持人杰里米·帕克斯曼。实际上,这句话出自伦敦《泰晤士报》(*Times*)记者路易斯·赫伦(Louis Heren),当时有一名政治人物向他提供了一份来路不明的简报,他有可能会因此而受到牵连。但后来,赫伦又宣称自己是从一位无名记者那里听说的。这话本身就需要"诠释艺术"。问问你自己,这名政治人物为什么在这时候告诉你这个"故事"？探究他的动机,深入挖掘,体会言语背后的含义。

这句话假设那位政治人物是个骗子(不仅仅在当时的情况下,而是在一切情况下),但这样的假设漏洞百出。它不是一句平心静气的专业建议,而是新闻记者与政界之间的永久战争宣言。无论你是否喜欢这句话,还是将它视为英国新闻行业的一场道德危机,到了20世纪末,它开始象征着一段处于危机当中的人际关系。

怀疑式诠释并不是以幻想为基础的,即使是那些避免公然撒谎的政治人物(有可能是绝大部分政治人物)通常也会讲一部分真话。有些人似乎还能够暂时收起自我怀疑,忘记自己之前与政策相矛盾的言论和行为,保护他们想展现的形象。唐纳德·特朗普似乎达到了一种独特的禅宗状态,他觉得随意编造和杂乱无章的虚构故事就是真理,而真正的真理则是由那些反对他的懦夫炮制的一连串谎言。企业和机构确实在隐瞒和扭曲某些事实。真正的阴谋也许没有电影里那么常见,但它更难对付,而且有时候会发生在现实生活中。记者天生就有一种本能,想挑战和调查这些阴谋,这种本能是很有必要的。

然而,即使在公关手段出现之前,英国许多记者早就对政治人物们进行恶意推定了。在他们看来,我们仿佛生活在一个政治人物满嘴谎言、任何事情都不能只看表面的世界里。这已经成了一种基本方向,如此根深蒂固,如此无可争议,他们已经意识不到这种态度的存在。毫无疑问,与普罗大众相比,这种极端且近乎无意识的怀疑态度在记者当中更为常见,但局面也正在发生变化。1993 年,作家大卫·福斯特·华莱士(David Foster Wallace)分析说,我们的文化"充满了冷嘲热讽、愤世嫉俗和狂躁无聊,我们怀疑权威、怀疑所有约束行为的规定,喜欢以挖苦的心态分析争端,而不是想着挽回争端所造成的影响……它已经成为我们的语言,我们过于沉迷其中,根本没有意识到这只是看待事物的一种角度,但我们还有其他很多看待事物的方式。"[3]

华莱士对美国文化的整体评价是否正确,读者可以自行判断。但我敢肯定的是,这番话准确地反映出我共事过的很多特派记者(我不但跟他们单独或私下合作过,也作为一个团队公开合作过)的世界观,因为公开反对这些背景假设的做法曾经会、现在也仍然会被误认为是欺诈行为。

难以理解的偏见

到了 20 世纪 80 年代末,我开始参与反击这种盛行的新闻界的看法。当时我仍在英国广播公司工作,但已经返回伦敦成为《新闻夜线》节目的高级编辑。在这个时期,英国广播公司与撒切尔夫人内阁的关系已经恶化了。1984 年,《全景》(Panorama)节目发起了一项名为"玛格丽特的好战倾向"(Maggie's Militant Tendency)的调查,着重调查保守党的过激言论,这引发了一场复杂的诽谤案,对英国广播公司而言无疑是灾难性事件。一年后,撒切尔政府指责英国广播公司的一部纪录片《真实人生:活在欧盟边缘》(Real Lives: At the Edge of the Union)威胁到国家安全,因为该片是以爱尔兰共和军(IRA)指挥官马丁麦吉尼斯为主角的。紧接着,撒切尔夫人内阁的大臣们称英国广播公司在 1986 年报道的美国空袭利比亚事件是错误和片面的。要知道,这次行动获得了英国的支持。

对政府和其他批评家而言,这些事件表明英国的新闻文化非常傲慢自大、草率和充满左翼倾向。英国广播公司拒绝承认自身存在系统性问题,真相却更加微妙一些。政府对英国广播公司的某些抨击是极不合理的,对《真实生活》(Real Lives)频道的抨击尤其显得愚蠢而毫无同情心,就连英国广播公司的主管部门也在一旁不知廉耻地煽风点火。英国政府所说的英国广播公司绝大多数新闻记者存在政治偏见，这样的指责也是毫无依据的。不过，编辑对新闻调查节目一直疏于监督，有时候缺乏有效的政治阻力，《时事》（*Current Affairs*）节目研究和质疑撒切尔政府的行为就显得不够友善。当时，英国广播公司《新闻》和《时事》已经分家，前者承担着精确和公正报道新闻的职责，但是，它播出的节目尤其是电视节目，总有一股中端市场的味道（大部分都是报道皇室新闻的），而且大部分新闻在编辑时缺乏深度和独特性。

　　到了 1987 年年初，英国广播公司董事会主席马默杜克·赫西（Marmaduke Hussey）终于受不了了，解雇了总裁兼总编阿拉斯代尔·米尔恩（Alastair Milne），并将他的职责进行细分。迈克尔·切克兰德（Michael Checkland）是一位令人敬畏的管理者，但他既没当过记者，也没做过节目制作人，他的头衔是总裁，但实际上他扮演着首席执行官的角色，负责使英国广播公司变得现代化，并满足政府提出的"增效节约"要求。董事会任命独立电视台（ITV）策划主任约翰·伯特担任切克兰德助手，负责消除"难以理解的偏见"。在董事们看来，伯特的第一项任务就是解决英国广播公司备受争议的新闻报道问题，而他也成为事实上的总编。对伯特而言，这是一个千载难逢的时机，他可以在全世界最大、最具影响力的新闻机构实践自己的想法，把一种全新的新闻和时事报道方法付诸实施。

　　上任几周后，伯特就把我从《新闻夜线》调到重大电视新闻编辑室。不久，伯特又任命我为《九点新闻》编辑，他指示我把这个电视新闻报道王牌节目变成新式新闻报道的典范。那一年我 30 岁。如果把伯特比作新闻和时事节目的革命领袖（他和他的批评者都认为"革命"一词很贴切）的话，那现在就是他第一次发出了武装斗争的号召。

　　他还给我安排了两名手下，一位是同样来自《新闻夜线》的马克·达马泽尔（Mark Damazer），另一位则是新闻编辑部的后起之秀理查德·萨姆布鲁克（Richard Sambrook）。我和他们一起投入到工作中。从一开始，我们就决定为《九点新闻》制订一份完全不同于英国广播公司其他新闻节目的时事话题。我想与之竞争的不是独立电视台的当天夜间新闻节目，而是第二天早上的大报新闻。我们将加大国际时事的报道力度，多报道经济和商业新闻，减少皇室新闻的报道量，除非这些新闻是有价值新闻故事的一部分。英国广播公司一直都有几名特派记者。现在，约翰·伯特打算大幅增加这些记者的数量，包括在社会时事领域。严格地讲,重大新闻需要花更多时间报道,而不是通过一段简短的视频回顾当天发生的事件,而是用第二段,有时候甚至要用到第三段新闻包把即时消息放到更宽泛的背景中进行分析,或者阐明潜在的政策问题。这一切工作完成以后,才有可能对新闻当事人进行现场访谈。我们的想法就是把最严肃的报纸和《经济学家》(*The Economist*)之类的杂志一直想做的事情在电视上表现出来,即摆脱盲从的新闻报道模式,让新闻事件变得更有意义。为了实现这个目标,而且在当时其他广播公司都在减少新闻时事报道幅度的情况下,我们的整个节目幅度都要加长。

1988 年年底,新版《九点新闻》上线,英国广播公司新闻编辑部内外一片欢欣之余也感到很惊愕。当时最著名的电视评论员、《金融时报》(*Financial Times*)的克里斯托夫 · 邓克尔(Christopher Dunker)以"《九点新闻》变严肃了"为标题写了一篇言辞尖锐的文章。邓克尔并不赞同这个节目走向高端,而是担心节目所用语言"更加庄重、更加严肃、更带有说教意味",这样既满足不了高水平观众的需求(这部分观众不需要教育小孩式的说教),也讨好不了普罗大众。他在新节目里还觉察到某些不够人性化的元素:"……报道新闻的语气不像是一位朋友在传递信息,而是让人觉得某个高等生物在给寻常百姓喂药似的。"在邓克尔看来,新版的《九点新闻》希望满足精英阶层的期望,而这个阶层已经有了适合自己的新闻来源(比如《金融时报》),所以它相当于放弃了真正的受众,也就是英国广播公司本应服务的普通民众。

结果,重新推出的《九点新闻》恰好遇上了一系列重大新闻事件,而这些事件很符合我们的新做法,比如:洛克比(Lockerbie)空难、阿亚图拉·霍梅尼(Ayatollah Khomeini)逝世、柏林墙倒塌以及冷战结束。这些大事件都在新版节目发布一年后接踵而至,时间和资源都站在它这边,《九点新闻》堪称表现完美。观看该节目的人数大幅上升,而不是下降。结果,该节目的很多核心元素成为英国广播公司主流新闻节目的通用标准,包括:专业化记者、边报道边分析、接近于大报而非小报的新闻议题、报道时间向重大新闻大幅倾斜等。这些元素一直延续到今天。约翰·伯特凭借着清晰的目标和决心,使这家世界上最大的新闻提供商之一的英国广播公司,在新闻品质和严肃性上得到持久改善。

批评家还用一句特别尖锐的话抨击了《九点新闻》和其他"伯特主义者",

这句话言辞极端,称伯特是一个带有敌意的政府安插到英国广播公司的,其目的就是削弱该公司的新闻产业,还称他打算通过用不动脑筋机械行事之人取代那些喜欢挑事的记者和节目主持人。伯特主义支持者(包括他从独立电视台带过来的一些同事)直言不讳地反驳说,这种所谓"难缠的"和"爱挑事的记者"其实一直都是率性而为的,而且理智地讲,这话不符合逻辑。

在这次争论背后,我们看到了新闻从业者获取真相的两种不同方法。第一种可以被称为"鉴定法"(forensic),它依靠的是探查和反复询问寻找事件真相。20 世纪 80 年代,英国广播公司推出的类似于《全景》节目的调查式报道、广播 4 台(Radio 4)推出的《今日》(Today)节目中的运动式访谈以及《新闻夜线》等节目采用的都是"鉴定法"。从本质上说,这种方法是具有敌对性的;而从心理学和方法论上讲,"鉴定法"很容易把某个故事的主体视为"目标",从而去追赶它们。第二种方法则是"分析法"。首先,我们要收集论据、数据和观点,然后不带感情色彩地把它们加工成符合我们现有理解水平的合理描述、主要人物面对的选择方案以及可能产生的结果等。第二种方法是约翰·伯特在独立电视台所采用的标志性手法,来到英国广播公司之后,他也想把该方法引入新闻报道当中。

当然了,从来没人质疑过哪种方法更有魅力。早在 20 世纪 60 年代之前,调查式新闻记者就已经带上了浪漫色彩,当时科斯塔·加伏拉斯(Costa-Gavras)执导的电影《Z》里面那位勇敢的年轻记者就是很好的例子。但真正让这种新闻报道方式登峰造极的还是五角大楼文件案(Pentagon Papers)和"水门事件"这种现实世界里发生的事件。每当提及调查式新闻记者时,人们脑海里浮现的人物往往是罗伯特·雷德福(Robert Redford)和达斯汀·霍夫曼(Dustin Hoffman)。请注意这当中的意识形态倾向。在现实生活中,尽管像《星期日泰晤士报》(Sunday Times)和《华尔街时报》(Wall Street Journal)这样的保守派报纸有着深厚的调查式新闻报道传统,但在流行文化中,流行的叙事技巧却是自由派记者披露右翼政府的罪恶勾当。如果你是一名年轻记者,穿着一件黑色皮夹克,脖子上挎着一台带长焦镜头的尼康或阿莱弗莱克斯(Arriflex)照相机,那你也能揭露秘密法西斯分子的罪恶勾当了。1977年,我在为牛津大学杂志《伊西斯》(Isis)打工时就首次亲身体验过调查式新闻报道。①

　　伯特主义者是否试图破坏过调查式新闻报道？我当然没有这样做过。刚来到《九点新闻》节目组那会儿，我坚信它需要的是更多原生新闻，而不是减少这种新闻的数量。在成为《全景》主编后，我把手上所有资金和资源都投入到新闻调查当中，因为我认为它是这个节目存在下去的意义和理由。

　　在约翰·伯特担任副总裁的前几年里，他对调查式新闻团队的专业水平信心不足，有时候我觉得他对待这个问题的态度过于谨慎。但很快，他开始信任一线调查记者，比如约翰·维尔（John Ware）、彼得·泰勒（Peter Taylor）和像我这样的主编；而在 1993 年升任总裁之后，他依旧继续支持调查式新闻报道模式。尽管他的批评者从不承认修辞战线和私人恩怨过于根深蒂固和令人不快，但这最终也只是增强了英国广播公司在原生新闻报道中的影响力而已。

　　其他趋势也在起作用。调查的特点在变化，新闻故事需要更多专业知识，而且其本身变得越来越具有分析性。新闻记者现在不再是带着一队电视摄制组满大街去寻找坏人，而是整天待在办公室里，筛选堆积如山的文件。不久之后，一群优秀的记者加入了英国广播公司，罗伯特·佩斯顿就是一个显著的例子。他们显然能发布一些独家特大新闻，并且对一些重大的连续报道进行权威解读和评价。有些人认为伯特主义者一方面注重专业知识和分析，另一方面又需要全情投入到调查中，而这样的假设最终显得站不住脚。

　　说起鉴定式新闻广播的另一种主要表现形式"对立政治访谈"，则又是另外一码事。在约翰·伯特领导英国广播公司期间和之后，这个问题从未得到解决；时至今日，它依旧是争论的焦点。它还反映出本书的核心问题之一。

　　我们已经听说过挑衅式的广播访谈。在这种访谈形式下，政治家和其他公众人物的公开言论会自动受到质疑，访谈主持人的中心任务就是从受访者的修辞手法中挑刺，并揭露事实真相。如果这个问题太大，那主持人至少能暴露受访者答案中前后矛盾之处，或者迫使受访者拒绝回答某个问题，从而让公众得出恰当的结论。有鉴于此，政治访谈成为一种充满英雄色彩和男子汉气

---

　　①　当时，我们的导师是 28 岁的克里斯多夫·希钦斯（Christopher Hitchens）。——作者注

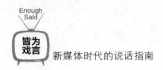

概的新闻报道形式。(顺便说一句,"男子汉气概"不能完全按字面理解,因为在当时的英国,询问政治家的任务很少落在女性记者身上。不过在美国就没有这种情况,受访者与主持人之间的谈话火药味没那么浓。)

但是,也有一种情况与挑衅式政治访谈相反。在接替迈克尔·切克兰德成为英国广播公司总裁几年后,约翰·伯特在都柏林(Dublin)公开抨击他所谓的"存在争议的方法":

> 通常而言,这种例行公事的交锋相当于在短时间内斗嘴、相互辱骂和指责。这种语言上的交锋无助于公众了解事情的本质,反而会激怒我们的观众。[45]

在这份发表于1995年的演讲中,约翰·伯特还指出,"与记者相比,政治家更要为民众发声"。鉴于民主选举授予成功候选人的特殊合法性,这句话看似无可非议。但在20世纪末英国广播公司那种紧张的氛围中,对保守派和许多媒体评论员而言,这句话与都柏林演讲的其他内容证明约翰·伯特更像是当权派的好朋友,而不是他们概念中"正确"新闻报道方式的好友。

约翰·伯特呼吁英国广播公司放弃这种"存在争议的方法",但并没有产生明显效果。他说这种方法激怒了观众,其实并不尽然。每逢《今日》或《新闻夜线》节目播出,有很多观众和听众在早上做的第一件事或晚上做的最后一件事就是享受主持人与受访者的争吵。事实上,英国广播公司对民众做过调研,询问他们对主持人对待政治人物的方式有何看法,绝大多数民众认为英国广播公司对政治人物过于温和,而不是过于强硬。随着时间的推移,原本小小的分歧会变得越来越大。分歧的一方是精英阶层,他们认为这种带有挑衅意味的访谈是不礼貌的,对社会生活造成恶劣影响,不仅因为它让政治人物无法与民众直接对话,也因为它热衷于以激烈的方式探讨有意义的政策。分歧的另一方则是绝大多数记者和数量可观的民众,他们对精英阶层的信任程度很低,认为这些政治人物被讨厌的主持人盘问是罪有应得。在接下来的20年里,民众的这种厌恶情绪有增无减。

我刚才描述了一系列已经相当明显的趋势,这些趋势不仅出现在英国广播公司内部,也出现在公司外部,而且是在公关时代正式到来之前。它只能加剧媒体与政治人物之间的不信任感和相互谩骂。

　　与此同时,美国也发生着几乎同样的事情。"9·11"事件发生后的一段时间里,美国上下团结一致,国内绝大多数新闻报刊和广播媒体都接受了布什政府关于萨达姆·侯赛因拥有大规模杀伤性武器的说法,几乎没有进行认真的审查和怀疑。最终,它们意识到自己严重误导了观众,便决定不再重蹈覆辙。在小布什执政的最后一年,那些与左翼势力有关联的广播媒体决定不再对他手下留情,而与保守派相关联的媒体则决定继续恭维下一任总统巴拉克·奥巴马。美国的媒体与绝大多数西方国家媒体有个共同之处,那就是它们都活在一种极度不信任的环境中。

　　新闻媒体喜欢将自己视为民主政体内部的另类,与现有政体格格不入,所以可以对其发起挑战。但是,越来越多的政治边缘人物、抗议团体和现在飞速发展的博客圈开始公开质疑主流媒体本身就是精英阶层的一部分。越来越多的右翼民众也开始怀疑主流新闻媒介为了保持政治正确性而隐瞒或歪曲与移民和犯罪相关的新闻报道;而许多左翼人士认为,在经济和环保等重大问题上,媒体是完全信不过的。媒体每天都报道诸如巴以争端等带有情感色彩的新闻,再加上两边都有越来越多不肯妥协、被媒体主导的支持者整天抱怨,也就难怪大量带有敌意的新闻叙事开始大行其道。媒体宣称自己不带任何偏见,但实际上有很多小心思;它们指责政治人物说一套做一套,但贼喊捉贼的恰恰是它们自己。在英国,民众对媒体尤其是流行出版物的信任度一直都很低,但现在这种信任度下滑得更厉害了。即便是被认为更有节操的公共广播公司也发现自己处于风口浪尖之上。

　　媒体面临着这样一个悖论,即我们不仅要提供最好的政治访谈节目,还要公平对待现代政治,而后者的挑战更大。假如我们不与政治人物发生冲突,许多听众和观众会认为我们与政客互相勾结,他们对政治人物的信任度也会进一步下降;但如果我们与政治人物的冲突太厉害,也许会激起公众的冷嘲热讽和对政治的幻灭。从理论上讲,我们可以在两者之间找到一个平衡点。自2004 年担任英国广播公司总编以来,我一直想要找到这个平衡点并将这家庞大的新闻机构引向这一方向;然而据我所知,这项工作并不容易。

啸叫

虽然很难说出具体的开始时间,但在 20 世纪最后 20 年的某个时候,新闻业开启了持久的变革。媒体的发展史见证着那个时代的历史,而且两者变革的驱动力都是一样的。数码技术让消费者在新闻和其他形式的内容上有了更多选择,借助新设备和传播网络,数码技术使这种选择变得随时随地都可以满足消费者需求。

制作和传播各种内容的成本大幅下降,新闻业和其他许多内容类别的准入门槛消失了;数码技术还引发了曾经大部分相互独立的内容消费活动和社交活动产生交集。所有这些因素导致许多传统媒体的业务模式被严重弱化和摧毁。而许多内容截然不同的新公司借此机会崛起并大获成功。

在大多数情况下,政策制定者是支持这种发展趋势的,他们不赞成通过立法设置那些影响变革的障碍。传统媒体岗位遇到了巨大威胁,但媒体工会一直在退缩,它们更关注为现有成员寻找出路,而不关心将来有多少个就业岗位。进入新闻行业或电视行业变得越来越容易(在英国广播公司,新人是否能留下来不再取决于他们是否能通过毕业生见习计划),但要在这个行业一直干下去却变得越来越难。职位变得更开放、更临时化,少了很多安全感,而且薪酬往往也很低(至少一线记者岗位薪酬不高)。在新闻行业和媒体工作不再给人以行业精英的感觉,而更像是从事其他创造性工作,比如说:做一名成功的演员或小说家。而这种混乱局面不仅在新闻报纸、杂志和电视台之间引发竞争,在它们内部也同样如此。这些企业聘请的员工更像是临时工,他们通常缺乏培训,对传统职业价值观知之甚少,或者对企业忠诚度不高,很容易引发企业内部问题。

但是,新技术和媒体产业开放所带来的最重要影响就是公众手里拥有了更多权利。在选择不多的年代里,电视监管和规划部门在很大程度上决定了公众能看到什么内容。当时电视台相对较少,能够带来巨大收视率的真正流行节目更是屈指可数。实际上,规划部门可以通过"吊床策略"(hammocking)来帮助这些节目提高收视率,也就是把一档不太受观众欢迎的节目(比如:一档全新的喜剧节目或艺术纪录片节目)放在两档久经考验的热门节目中间,希望借助观众的惰性而拉抬收视率较低的节目。如果说吊床式节目编排是一种战术,那"捆绑销售"就是一种战略了。新闻报刊和电视台认为,只要观众看到足够多他们觉得有价值的内容,他们就会接受一个由许多不同种类的新闻和电视节目组成的一揽子内容,包括他们不感兴趣、看了打瞌睡或直接按下快进键的内容。

对如今许多媒体公司而言,捆绑销售仍然是一项核心策略,但从 20 世纪 80 年代起,第一台多频道电视和互联网的横空出世开始动摇这种模式。人们越来越容易找到自己真正想看的节目,而忽略那些他们不想看的内容。只要你愿意,你可以看一整天音乐视频,还可以全天候跟进新闻进展,或者压根不看这些节目。

所有这些提出了一个困扰了文化理论家数个世纪的问题:当观众可以随心所欲地选择时,他们会选择读到、看到和听到什么内容呢? 新的形势固然有利于消费者,但它也会让报刊编辑和电视台老板陷入进退两难的境地中。他们是否应该接受"世界已经改变"这一事实? 他们是否应该不再纠缠消费者,要求消费者看一些很有价值但第一眼看上去没有吸引力的内容? 或者,他们是否应该坚持自己的想法,就算失去一大部分受众也在所不惜? 又或者,我们是否能找到一个可持续的折中方案,一种全新形式的吊床策略或一种新的契约,让公众既能接受大量他们想要的内容,同时又可以接受少量他们不想要的内容? 消费者会注意到"糖块"里的"药片"吗?

与现代修辞学者一样,媒体编辑、经理人和老板被迫面临困难的抉择:给予更有主动权、更躁动的观众群体想看到和听到的东西,捍卫某些早已存在的原则和目标,或者冒险寻求某种新的平衡点。这些问题听起来很抽象,但数码技术的异军突起让它们成为现实,而作为总编辑,我的大部分时间都被用来处理这些问题和观察其他媒体机构做同样的事情。

新闻编辑和总裁们对这些问题做出的回答犹如一只楔子嵌入西方世界的新闻体制。一方面,根据英国和美国宪法的要求,像英国广播公司和美国公共广播电台这样的公共机构要继续为观众提供高质量和公正的新闻报道,政府有时候也会向这些机构提供资金。一小部分商业企业(《纽约时报》便是其中之一)会加入到该行列。这部分企业秉持着"无所畏惧亦无所偏袒"的精神报道新闻,它们手里拥有的资源不亚于公共媒体机构,而且在制订新闻议题的时

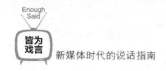

候会把某个特定新闻故事的政治意义、社会意义、文化意义及其可能受欢迎的程度都考虑在内。

另一方面则是追求利益最大化的传媒公司。以前,有些传媒公司可以用赚钱的节目来资助那些话题严肃但不太受观众欢迎的新闻节目,比如国际时事节目、科技与艺术节目等。但现在,它们不得不专注于最能吸引观众眼球、能够获得广告收益的节目。

有时候结果是残酷的。美国的新闻广播网络有着深厚的国际新闻报道传统,早在第一次海湾战争期间,我就亲眼看到美国记者在前方报道。在那个年代,每当发生大型新闻事件,他们就像美国航母战斗群一样抵达现场,成群结队的记者、首尾相连的车队、一排排电话全天候地向纽约传送消息。到了2007年12月贝娜齐尔·布托(Benazir Bhutto)被刺杀时,这一切都改变了。布托在巴基斯坦的拉瓦尔品第市(Rawalpindi)去世,但美国好几家电视新闻机构却在巴格达郊外报道该事件,因为伊拉克持续不断的冲突正是美国电视新闻网不得不掩盖的少数国外新闻事件之一。现场的棕榈树和说开场白的主持人身上穿的凯夫拉防弹衣,让人一眼就看出这是通过场景切换进行报道的,这些记者并没有在巴基斯坦。

新闻部门一直承受着削减成本的巨大压力,它们无论如何都要让晚间主要新闻节目向国内新闻和趣闻特写节目倾斜。美国和英国的很多新闻报刊也在做同样的事情,全球各地的外国记者新闻中心开始人去楼空。布托遇刺后不久,美国新闻网的一位领导找到我,问英国广播公司有没有兴趣向他们提供国际时事新闻。我反问他:为什么美国媒体不优先报道国外新闻?他告诉我,美国民众现在对国际时事兴趣不大,因为他们觉得这些新闻让人扫兴。

报刊行业的情况在细节上有所不同,但大体上类似。对于英国国内的新闻报刊行业而言,残酷竞争早已不是什么新鲜事,甚至在互联网开始影响传统报刊业之前,"高质量"的新闻报纸已经开始精简那些与政论、宗教、科技和文化相关的详细报道,特派记者的数量也开始逐渐减少。传统的报纸平面广告被数字化广告所取代,报纸发行量更是一落千丈,这个行业大有日落西山之势。

各家新闻报刊也建了自己的网站,但却发现:在数字化环境下,它们既无法实现与平面报纸同样的读者参与度,也无法得到同样的广告定价权。结果,它们更难获得广告收益。在互联网上,它们的竞争对手多如牛毛,而随着新闻报道资金投入的减少,即使在新闻质量方面,它们也要与新兴的网络媒体进行一番较量。

这些结构性的变革力量蔓延到整个欧洲大陆和世界的其他地方,只不过发展速度不同,局部有些差异。它决定了新闻行业的一系列发展趋势和大多数人读到或看到的更广泛的事实内容和文化内容。大字标题、内容提要、一览表和其他那些可以在几秒钟内理解的文本格式已成为主流。绝大多数新闻报道的平均篇幅变得更短,部分是由于这个原因,另一部分原因则是各大媒体都在争相抢夺受众的注意力,新闻报道往往也趋向于最大化。最强烈的谴责、最有恶意的数据通常都会放在文章的第一段或主持人介绍中,细节和条件则被放到了报道内容的后面或者被省略掉,因为它本身已经变得很简短了。

此外,整个媒体的"逻辑条理性"已经让位于"道德可信度"。换句话说,对人物性格的探究(即名人的话语、外表和行为暴露了他们的本性)有着详细的阐述,而对于事实和论据(甚至是由这些名人提出的论据)的呈现却大幅减少。即使是在"逻辑条理性"方面,一直也有另一种明显的倾向。

根据柏拉图的区分方法,"意见"(doxa)是以牺牲"知识"(episdeme)为代价发展的。柏拉图所说的"知识"是指真知和领悟,在他看来,科学和哲学才是"知识",而且都是以事实和条理清晰的论点为基础的。"意见"则是指观点、看法和普遍信念,它是普通人所相信或者可以让他们相信的东西,但却缺乏证据的支撑或结构化论据。"意见"属于修辞学范畴,是修辞学者常用手段。柏拉图反对修辞学,因为他认为修辞学推动了"意见",却否认"知识"或使其失去作用。"意见"还是民主辩论不可分割的一部分,因此,它也是柏拉图反对民主的关键所在。

但在现代媒体这个大背景下,"意见"具有强大优势。舆论尤其是有力的观点不仅能动之以情,还能晓之以理;而"知识"完全是与理智相关的。更重要的是,在一个拥挤的市场中,观点和观点制造者有可能是一个分化点。经济学不是一种可以拥有的科学,而"知识"是与经济学相关联的。尽管如此,它还可以供世界上的数码和实体新闻提供商使用。但不出意外的话,只有一家新闻报刊可以让保罗·克鲁格曼(Paul Krugman)担任独家专栏作家。如果克鲁格曼教授的经济学和政治观点让很多读者感兴趣的话(他们确实很感兴趣),那他们就给《纽约时报》带来一种竞争优势,这种优势不是它的竞争对手可以轻易抵消的。正因为如此,观点比过去在新闻报道机构中扮演更重要的角色,而且在某些情况下(比如:美国有线电视新闻),它在很大程度上已经取代了新闻,成为核心主张。

当然了,这并不是说如今的潜在观点制造者仅限于传统新闻品牌或群体。脸书、推特和博客已经为"意见"创造了一个无限的市场和公共领域,在这里,你阐述观点的能力不再仅仅局限于有限的旧媒体(只有《金融时报》和《华盛顿邮报》才能聘请这么多专栏作家),你的观点将会被广大群众听到,而他们每个人也都在大声叫嚷着自己的观点。你有没有名气(即"道德可信度")也许很重要,你的想法(即"逻辑条理性")是否具有原创性和尖锐性可能也很重要,但表达观点的能力才是最重要的。它也许不像传统意义上的修辞方式,但在这个全新的数字化观点市场中,公共言论的说服技巧比以往任何时候都更重要。但如果你口才不行,那该怎么办呢?不用担心。在本书后面的章节中,我们将会看到,现在你可以借助很多工具提升自己的口才。

我有幸为那些逆潮流而动的组织工作。刚才我已经提到,到了20世纪80年代末,英国广播公司的领导层决定把新闻做得更严肃一些。自那时起,无论是广播电视时代还是新的数字化时代,公司一直都恪守这个承诺。而与此同时,当美国其他报刊猛烈抨击它们的新闻编辑部时,《纽约时报》已经大体上保住了自己的新闻实力。那时,《纽约时报》的驻外办事处数量达到历史上的顶峰。当时,包括《华尔街时报》和《金融时报》这种巨头在内的绝大多数报刊已经缩减了新闻报道的平均长度,也许它们认为:在生活节奏快得令人窒息的现代社会,即便重磅新闻也要实行服务行业所谓的"分量控制措施"(portion control)。《纽约时报》却逆势而动,它的新闻报道长度比以往都要长,有时候还会长很多。2012年,《纽约时报》的记者写了一篇名为《降雪》(Snow Fall)的多媒体文章,报道卡斯卡德(Cascades)发生的一起滑雪事故。当这篇文章的初稿被递交到执行主编手里时,它的篇幅足足有17000字。但执行主编依然要求加长篇幅。《纽约时报》编辑部有很多观点,但这份报纸长期致力于呈现和阐述纯粹的事实,这让它在报刊行业格外显眼,尤其是在科技、医药和社会政策领域。

然而,传统出版业已经日薄西山,《纽约时报》只是一个特例罢了。尽管新兴的数字化出版商千方百计地宣称自己重视原创严肃新闻，但大部分出版商并没有在这方面加大投入，绝大部分数字化出版商都是从街边小报的八卦专栏或喜剧界和娱乐界寻找新闻线索的。有些新闻［比如"闲聊"（Buzzfeed）上面的新闻］言辞诙谐、妙趣横生，而且内容涉及我们文化的方方面面，但新闻并不是它们优先报道的东西。当新媒体在报道严肃新闻时，往往会借用传统媒体的素材，用更容易被搜索引擎搜到的标题重写内容；当然了，里面没有防止误解的说明和有附带条件的句子。

看到数字与电视媒体品牌"异视异色"（Vice）朝气蓬勃的年轻记者，你就能想象到我们生活在一个民主化新闻调查和海外报道的全新黄金时代。然后，听到智能手机的清晨闹钟声，你就会再次清醒过来。跟"闲聊"一样，"异视异色"也有着充沛的活力和创作才华，但首要的是，它就像一台由老式程序员和花钱买来的精密营销机器和商业品牌，急于向老板和客户表明它赶上了新千年的潮流。

绝大多数为新出版商工作的年轻人发现他们并没有深陷战区或者有时间和资源进行带有英雄色彩长期调查，而是身处一个"血汗工场"，剽窃别人的劳动成果，制作清单和用鼠标追逐猎物，想方设法抢在"脸书"之前发布新闻。

数字化时代还产生了另一种影响，那就是加速和缩短了新闻周期，人们可以立即对脸书、推特和其他社交媒体平台上的新闻做出反应。传统出版商起初对这种现象感到很困惑，但很快就为其着迷。其结果就是一个嘈杂的循环回路，这种现象被音响师称为"啸叫"。新闻事件发生后，几秒钟之内数字化空间便充满了各种反应和观点。传统媒体在报道这些观点时，把它们说得很重要似的，而传统媒体的结论本身也在整个社交平台传播。当电视新闻接二连三地进行报道时，新闻故事就会在数小时而不是数天内"呼之欲出"。换言之，媒体对这件事的是非曲直形成固定观念。在某种程度上说，新闻加速的结果就是公关，而如今，反应时间都是以分钟计算的。

向这种反馈回路妥协是基于一个错误前提，即社交媒体平台早期产生的信号很可能代表着整个公众舆论。遗憾的是，对在线评论持温和观点的人会告诉你，即使某个人有机会对新闻事件发表观点或质疑别人，往往也会招致很多人做出愤怒、极端和精神失常的行为。假如我们无视电视台嘉宾观点的公允程度，把他们当作统计学意义上的普通民众有效样本，这通常会造成他们的

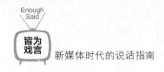
夸张反应和情绪。然后,这种反应和情绪会反馈到回路中,激起更多反应。

在本书的后面几章,我们将回到互联网暴力这个问题上。眼下,互联网平台上带有仇恨色彩的语言毫无节制地泛滥,而且这种污言秽语往往是匿名的,并对公共交流方式造成了损害。它往往会引发一种大小相等的反作用力,使辩论沦落为尖刻而无情的争吵。它还为表达强烈观点树立了一种新的负面标准,而有些政客和评论家很乐于满足这项标准。

互联网还让公众以前所未有的方式准确了解他们所处的世界和所面对的问题,并赋予他们发现问题的意愿和辨别能力。数字化新闻业和民间记者承担国家与社会职责的梦想仍未破灭,但目前,我们必须要承认本章开头所引用的一段话,这个令人不快的结论源自托尼·布莱尔在 2007 年的一篇演说:在公共言论方面,数字化已被证明是空欢喜一场。数字化的本意是让公共言论变得更好,可是,迄今为止,数字化新闻只是让公共言论和带有建设性的民主辩论变得更加失衡。

本章参考文献

1 Speech to Reuters on public life, 12 June 2007.

2 Paul Ricoeur, *Freud and Philosophy: An Essay on Interpretation*, trans. Denis Savage (Yale University Press, 1970), 32-33.

3 David Foster Wallace, "E Unibus Pluram: Television and US Fiction", in *A Supposedly Fun Thing I'll Never Do Again* (Little, Brown, 1997), originally published in *Review of Contemporary Fiction*, 1993. I am grateful to Miguel Aguilar for drawing my attention to it.

4 Christopher Dunkley, "*The Nine O'Clock News* Goes Serious", *Financial Times*, 16 November 1988.

5 John Birt, "For Good or Ill: The Role of the Modern Media", Independent Newspapers Annual Lecture, Dublin, February 1995.

Enough
Said

06

狡　辩

忍受痛苦还是付出代价？这是保守党国民医疗服务体系一直以来所面临的双重难题。我们要让民众清醒地意识到眼下正在发生的事情,现在人,英国医院在给病人治疗之前,首先要病人拿出信用卡,这是迈向美国式医保体系的第一步。

——工党卫生部影子大臣安迪·伯纳姆(Andy Burnham)于2013年发表的言论。[1]

当我们谈及公共言论和民主政体的健康程度时,政治人物和媒体的重要性是显而易见的。民主是领导者与民众之间的对话,不管我们乐不乐意,打破僵局的往往是政治人物。普通民众很少有机会能亲耳听到政治人物面对面谈话,因此,新闻记者在斡旋政治人物与民众之间关系的过程中扮演着重要角色。他们不喜欢垄断,而且互联网的诞生让任何人都能看到政策文件和政治评论,但即便是最狂热的网络世界反叛者也必须承认一点:至少在眼下,专业媒体决定着大部分公众可以看到的政治言论;它们不仅决定了公众所听到的政治言论内容,还决定了公众接触这些言论的渠道。由于存在政治偏见或其他公开或隐藏的影响因素,公众所听到的言论都是经过过滤、编造和歪曲的(是否歪曲取决于你的观点立场)。但现在,我想探讨第三类人,他们与前两类人的互动也是这个故事的重要组成部分,这类人就是专家治国论者。

在整个 19 世纪,西方发达国家的社会、经济和军事野心与日俱增,而它们所承担的职责范围和复杂度也随之加大。它们开始意识到:至少在原则上,公共行政管理工作应该以一种全新的合法合理的问责标准进行;国家应该组建更大的政府部门,这些部门不应该像以往那样充斥着缺乏专业训练的既得利

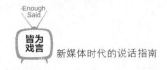

益者,而是一群新的专业的公务员。

20世纪初,德国社会学家马克斯·韦伯(Max Webber)首次对"官僚制"(bureaucratic state)进行了系统描述。他所说的官僚制是指一种行政管理体制,在这种体制下,专业人员肩负着制定和实施公共政策的职责,每一名专家用自己的专业知识和技能制定政策,从事行政活动。

"专家治国论者"通常用于描述韦伯模型中的专家。这个词让人联想起训练有素的顾问和政策实施者的形象,但我想用它代指一个更广泛的群体。现代政治工作大部分与管理有关,需要部长和其他公职人员掌握专家治国论者的语言和做事方式,尽管他们从未接受过一名"纯正"专家治国论者应该接受的训练。在现代民主政体中,政策制定以及相关政策的表述通常是由那些不带政治偏见的政策专家、意识形态坚定的政治顾问和多面手型政治家完成的。在本章中,我会用"专家治国论者"一词来泛指政治管理者和专家,但在必要的时候,我会指出两者之间的区别。

当代西方国家制定的政策带来长达两个世纪的惊人社会进步。首先是在英国,然后是其他北欧国家和北美洲,最后蔓延至整个西方世界,政治制定者取得了史无前例的社会进步。通过改善水质,为民众提供更好的营养;发展医学,建设社区性的医疗服务体系,政府提高了民众健康状况。此外,政策制定者还构想、设计和建造了交通设施、能源设施和通信设施,强制实行全民教育,构思和实施经济与金融框架和体制,为老年人和穷人提供基本养老金和福利津贴等。

当然了,问题和挑战依旧存在,它们也并非新鲜事物,或者至少看起来不是新鲜事物。比如:网络安全是最严重的问题,气候变化问题次之。但是,当代专家治国论者在尽责之余也知道,绝大多数公共政策领域已经取得了长足的进步。这既带来了好处,也带来了负担:好处在于他们可以在前人成功的基础上更进一步,负担则在于他们难以取得更大进步。收益递减定律适用于这种状况,即某项新投入或干预措施取得的净收益很可能比过去小得多。况且,由于绝大多数西方国家的税收水平和归属于公共部门的国内生产总值比例本身就是政治和经济问题,所以政府部门的预算已经很紧张;在大部分发达国家,政府部门预算其实是大幅缩水的。结果,几乎每一个国家给新方案的绝对金额都少得可怜。此外,不同的公共政策目标往往相互冲突,而随着预期增量收益大幅缩减,政府更难以在这些政策目标之间进行权衡和取舍。

举例来说,在20世纪中期,如果伦敦要新建一座大型机场,那比今天要说服公众加建一条飞机跑道容易得多。如今,经济增长所带来的竞争需求、噪音污染以及对环境污染的广泛关注在互相较劲。与加建飞机跑道相比,新建机场这个决定虽然重要得多,但前者所付出的努力却要大得多,因为这涉及大量和费用昂贵的调研、法规障碍、政界和公众的不安与反对、政治资本、正式决定达成前所花的大量时间。

为了取得进展,那些制定公共政策的人必须收集数据,并且一丝不苟地收集论据。在整个西方世界,政策制定者如今试图借助实证科学收集经验证据和测试假设条件。但这种以实证为基础的决策流程意味着任何人如果想真正理解某个特定改革领域的问题,就必须掌握大量信息和论点。从20世纪50年代开始,制定公共政策和培养未来决策者的任务就落在综合性大学、科研机构、智囊团、非政府组织以及政府和各政党身上。政府部门与大量经济学家、科学家、规划师、统计学家和律师合作,在每一个政策领域中探寻那些代表着竞争性因素之间最佳折中方案的精准坐标(至少是理论上的坐标)。

专家治国制度也有其专属语言,这种语言主要来自社会科学和法律。但要掌握这种语言,必须对统计学、概率学、成本效益分析与核算都有所涉猎,而且还要忍受许多公共政策文件那种冷酷无情、非人性化的古怪写作风格。当然了,这也有特例,比如"9·11"事件调查委员会的总结报告具有散文般的简洁和敏锐感,堪称公共政策的写作典范[2];但是,绝大多数公共政策文件都让公众难以理解,而尽管各国已经制定了信息自由法规,信息也变得前所未有的"透明",但自称天才者与伯里克利笔下的"普通劳动人民"之间的差距正在逐步扩大。然而,极少数专家治国论者似乎把解读政策视为自己的职责。

很多人没有接受过这方面的训练,而即使接受过训练,他们也可能会怀疑听众是否能够理解他们,因为这些问题已经变得错综复杂。他们所处的世界和民间的政治辩论已经产生分歧,而且他们逐渐意识到,很少有政治人物会提出那种难以抉择和权衡取舍的问题,有些人必然还会认为这种解释简直是"此地无银三百两"。如果公众感到不知所措,那么肯定要有人把它纠正过来,比如说媒体或学术界;与此同时,它们还得完成自己必须做的正经事。不过,这并不是说许多政治人物赞同公务员直接与公众对话。在他们看来,

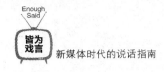

沟通是一个政治问题,最好让他们凭自己本能或由另一群专家,即公关关系专家来解决。

古罗马政治家大加图(Cato the Elder)把这种善于修辞的完美人物定义为"善于演说的贤者"。但怎样才算是"善于演说"?如今,政府内外对这个问题有两个截然不同的答案,而这两个答案又跟我们刚刚探讨过的两种不同的新闻报道方式相类似。当代专家治国论者志在用最具实证性和逻辑严谨的方式制定和探讨政策,而政治家尽量用一种清晰明确和政治上令人信服的方式表述那些同样的问题。专家治国论者认为没有必要进行意识形态的区分,只要尊重事实就好;而相比之下,政治家执迷于区分意识形态,这也是可以理解的。从原则上讲,这两种人也许都认为公众对问题的理解是件好事,但他们都不太可能将它视为压倒一切的优先事项。在情况高度紧急以及党派潜在优势不强时(比如遭遇天灾或应对新的疾病或其他突发公共卫生事件),专家治国论者和政治家也许都会用清晰简单的信息和建议告知公众。但是,这种情况极少出现。

这里还要介绍另一种更重要的复杂情况。政治家开始履职后,他们肯定会从完全排他的、强调党派说服力的方法向接近于纯专家治国论者的立场转变。现在,曾经大胆自信的竞选者既要提出复杂的政策建议并为之辩护,又要收集统计数据;更重要的是,他们还得处理各种问题,面对各种起限制作用的规则。因此,即使他们想继续表达党派观点,他们所使用的语言往往也更像是职业政策起草人用语,少了一些吹嘘,多了一些专业和谨慎周密的气息。我们可以想象一下,某位政治人物在竞选或在野期间所使用的语言,跟他在以专家治国论当政期间所使用的语言,必定是来回反复的。

我赞成第1章提到的古特曼与汤普森的"妥协精神"和"不妥协精神",但请注意,我这是在比较两种政治言论模式,而不是两种心态,而且我认为每种模式源自不同的修辞需要。满怀期望地倾听候选人演讲的观众需要一种公共语言,探讨晦涩难懂的政策问题的专家型听众需要的又是另外一种公共语言。政治家给这两类民众的答案是不同的,这并不是出于某种特定"思维模式"的缘故,而是因为他们都是专业的沟通者,他们很清楚当下需要做些什么,以及需要表现出什么样的精神感染力。

正因为如此,即使是当代成功的政治家也在这两种修辞手法之间进退维谷。通常而言,嘲弄他们的似乎并不是政敌的言论,而是他们自己所用的语言。限制移民或缩小贫富差距的难度有多大?对处在竞选或在野状态的反对党而言,这个问题的答案很简单!可对于执政党而言,就没那么简单了。现代政治和全天候媒体所带来的压力越来越大,也就是说,即使在这残酷世界中,政治抉择的回旋余地越来越窄,政治家还是倾向于空口许诺。那些只要有一线希望都要坚持下去的政治家也就难免被指责为"缺乏远见",诚如马里奥·库默(Mario Cuomo)的那句名言:"竞选时可以夸夸其谈,执政时必须慎重务实。"[3]

也许巴拉克·奥巴马是这两种修辞手法的最明显例子。"我们需要的变革"(the change we need)几乎在一夜之间让位于缄口不语、有时候极难搞定的管理至上主义。奥巴马在竞选期间和做总统期间所使用的语言差异巨大,就像是有着相反人格的孪生兄弟。支持他的人是反对者的两倍之多,但奥巴马每次都让他的支持者感到困惑。尽管奥巴马有着毋庸置疑的才华和对问题的把控能力,民众也感觉他无所不能,对他充满了期望,这也是他的第一眼魅力所在。但不知为何,他似乎辜负了民众的感觉和期望。

信誓旦旦之后便是无比的失望。可是,在西方所有民主国家中,这种情况循环出现,毫无新意可言。其实可以这样说:自伯里克利之后,这一直都是绝大多数领导人政治生涯的生动写照。政治家们争相在政策问题上激发民众情感,为上头条而将问题过度简单化,国家治理的复杂性、媒体疯狂挖掘政治家的缺点,这些都是现代政治的特点。然而,这些特点似乎加大了高期望与希望幻灭之间的心理落差。

每当谈起政治败局,我们想到的往往是失败的行动,比如政策失灵或经济无法复苏。但如今很多人的"背叛感"都来自政治家的豪言壮语与现实之间的巨大差距。到底从什么时候开始,公众会彻底厌倦这些无法实现的诺言?他们可能会抛弃这些信誉扫地的当权者,转而寻找新鲜面孔和声音,又听到新的变革诺言,再次陷入恶性循环之中。

但在从头再来的过程中,有些重要的东西会丢失掉。只有公众才能真正理解某个政策提案是由哪些内容组成,要等多久才能看到成果以及应该如何判断这些政策的成败。为了说明这个问题,我想回到前面提到的涉及推行、讨论和阐明医保改革的修辞难题。

　　绝大多数西方国家的公共医疗服务都承受着巨大压力。满足老龄化人群的医疗需求、承担新药物的成本和研发费用、关于政府是否应该为全民提供医保的争论以及应根据什么样的标准提供医保服务，这些问题考验着几乎所有国家的医疗健康专家、政策制订者和政治家。然而，不同国家的法律条款和政治期望有所不同，争论的内容也相差甚远。

推特与推手

　　在第 1 章，我们看到美国的保守派发起一场战役，想阻止美国制定"带社会主义色彩"的全民医保法规。现在，我们来到政治两极化完全颠倒的英国，见证发生在那里的一场大讨论。英国已经建立了全民医保体系，那就是深受民众喜爱的国民医疗服务体系。针对该体系的改革是在保守党卫生大臣安德鲁·兰斯利（Andrew Lansley）的主导下进行的。2010 年大选后，保守党与自由民主党组成联合政府，兰斯利便是政府内阁成员之一。工党、医疗健康工会、某些医疗政策学者和专家都反对这项改革。但是，和在美国一样，同样的压力也体现在公共言论上，只不过程度不同而已。反对英国医改的人大部分是左翼势力，他们也跟美国的右翼势力一样面临着十分类似的修辞难题。

　　首先，医保政策的范围极其复杂。为了能完全投入到辩论中，辩论双方必须知道：国民医疗服务体系是如何运作的？该体系公认的优点和缺点是什么（这个话题本身就具有争议性）？改革的范围或有哪些体系和架构可供选择（即其他国家可以借鉴的方法）？兰斯利提案有哪些细节？根据现状和其他可选方案对兰斯利提案进行评估的证据和理由是什么？我曾经问过国王基金会（King's Fund）医疗保险领域智囊团（这是一个纯粹的专家治国型机构）的一位权威专家：如何才能让一名聪明的门外汉理解 2012 年医保法案背后更深层次的问题？她回答说：有哪个头脑清醒的人会去尝试做这件事呢？随着修正次数越来越多，这项任务也就变得越来越难。在变成法律之前，这项提案还要修改上千次。

　　其次，就像在美国一样，有些批评家发现他们不得不对一些与自己所在政党此前倡导过的理念非常类似的观点和立场提出异议。多年以来，继任的左翼和右翼英国政府都得出了一个结论：提高国民医疗服务体系内部资源质量和配置的最佳方式，就是向公共医疗代理服务注入更多选择和竞争。不过，右翼人士对任何带有市场化气息的事物都非常敏感;所以,在工党执政时,为了尊重右翼人士,通常用"可竞争性"一词取代"竞争"这样的字眼。

贝齐·麦考伊和莎拉·佩林充分利用了奥巴马医改法案第 1233 节的内容,并冒称奥巴马提议将"终结生命"辅导服务纳入老年保健医疗制度。尽管该辅导服务并不属于奥巴马医改计划的核心内容,但却比个人强制参保和医疗保险交换这样的概念更容易理解,因而也更容易被歪曲。它不仅可以用来证明自由派与保守派之间的意识形态差异越来越大并且越来越敏感,还可以证明这就是麦考伊和佩林所宣称的奥巴马政府的真正意图。总而言之,与其跟奥巴马医改法案的核心提案过不去,倒不如区别对待这两种政治立场。

同样地,兰斯利医改计划的反对者知道,尽管以社区医生委托制替代初级医疗机构联合体(Primary Care Trsuts)的细则,也许会让国会议员、贵族成员和医改政策专家小群体高兴一小阵子,但它们很难让公众理解。所以,尽管这些反对者并不是医改法案的核心参与人,但他们也时刻留意着立法草案,以便从中找到他们认为可以用来揭露保守党真实意图的证据。

在他们看来,保守党的真实意图绝对是让医疗保健服务私营化。所以,他们的目标(在修辞学层面和政治层面)就是说服大部分英国人,使他们相信私营化才是兰斯利医改法案的真正目的。对他们而言,这是一场针对私营化的战役。

这场大范围"战争"是由很多论战组成的,我想拿其中一场论战作为例子。它既不是围绕着一个论点,也不是围绕着一个词语展开的,而是针对一个数字:49%。这场论战的导火索是刚出炉的医改草案第 163 条条款,其内容为:

> 只有在一种情况下,国民医疗服务体系下的公立医院(Foundation Trust)才能实现其创办宗旨:在每个财政年度,英格兰的公立医院所提供的公共医疗商品与服务所得总收入大于它提供其他类别商品与服务的总收入。

换句话说,公立医院从国民医疗服务体系之外(很可能是私营渠道)获得的收入不能大于它从体系内获得的收入,也就是它每年的商业收入不得超过总收入的 50%。在国会辩论过程中,速记员把这个数字随手写成了 49%,而尽管该数字并没有在草案中被提及,但它还是如野草般传遍了推特和互联网。

但49%的真正含义是什么？它只是一个粗略的比例，是专家治国艺术的一个基本组成部分，人们很难相信它会被赋予多重含义。但实际上，跟词语一样，数字也能具备很多含义。

在保守党看来，49%确实可以被视为公共医疗服务经济自由化所带来的一种长期利益。然而，鉴于该草案赋予国民医疗服务体系独享权利，能够消费那49%医疗资源的私家病患就不知道从何而来了。而在自由民主党看来，49%这个数字令人难以理解，因为它脱离了他们从盟友那里争取过来的监察与制衡制度。他们认为，如果没有主管部门的同意，公立医院的私营收入实际上是无法提高到5%以上的，更别提还要经过监管机构的严格审查。49%只是一种保障，在实践中根本用不上。

但对工党和反对这项改革的其他人来说，49%具有重要意义。2012年3月8日，著名专栏作家、社会事务专家波莉·汤因比（Polly Toynbee）在《卫报》（*Guardian*）上发表了一篇文章，该文章标题很长，名为"保守党将福利制度开膛破肚，懦弱而正派的自由民主党只能袖手旁观"。文章有一段话是这样的：

> 周三，雪莉·威廉姆斯（Shirley Williams）带领她以前的改革反对者走进政府投票厅，投票赞成医院行使自己的权利，使用其49%的床位接收私家病患。[45]

波莉·汤因比把第163条条款简化成医院被赋予的一种新"权利"，并且将49%实物化，把它说成49%的医院床位。有些推文作者望文生义，以为该草案成为法律后，半数公立医院很快就会私有化。

几天后，她换了一种说法，称政府"正阻止49%的国民医疗服务设施从事私营业务"，从某种程度上说，该措施"有可能导致公费医疗病人无法获得扫描检查、医疗服务和医院床位"[6]。49%摇身一变，不再是理论最大值，而变成了最低限值。它就像是一块隔帘，挡住了医院的一半床位，不让公费医疗病人使用。我们再次见识了"集中"（concentration）这种修辞手法的威力，它把未来可能发生的事件挪到了当下的某个时候。当然了，那些拉上"隔帘"之人的意图是毋庸置疑的——不管他们说什么，都是为了推动医院私有化。

但与此同时，用雪莉·威廉姆斯的话说，她所做的努力是为了"让一项糟糕的法案变得合理些"。她引用了波莉·汤因比写给自由民主党春季大会代表的一篇文章，并继续说道：

> 所谓的49％是一种荒诞的说法，或者用更直白的话讲，它是一个谎言。（汤因比）要么没有研究细节就在《卫报》上乱放厥词，要么就是研究过细节，但却认为部落主义应该战胜真理。[7]

然后，她不仅强烈谴责自己的批评者，还谴责新媒体明显在助纣为虐："我们在为真理而进行一场艰苦的战斗，毫不避讳地讲，我们想让民众以事实为依据提出自己的主张，而不是依据推特、推文和名为'推手'（Twist）的新兴社交网络上发表的内容。"[8]

那么，49％的真相到底是什么？人们往往要求相关部门［这里所说的"相关部门"是指英国统计局（UK Statistical Authority）、英国广播公司、自封的事实核查部门等］对类似这样的论据做出裁决。然而，客观而言，尽管这个数字听起来是确定的，但它其实是一个与政治主张相关的问题。在《爱丽丝梦游仙境》中，爱丽丝与蛋头先生（Humpty Dumpty）之间有过这样一番对话：

> "当我在使用一个词语时，"蛋头先生用一种相当轻蔑的语气说，"我就是想用它准确无误地表达出我想表达的意思。"
>
> "可问题在于，"爱丽丝说，"你是否能用词语表达这么多不同含义。"
>
> "问题在于，"蛋头先生说，"什么样的词语才是最重要的，仅此而已。"

49％这个例子与"死亡委员会"有所不同。无论是以前还是现在，很多保守党人希望看到国民医疗服务体系当中的商业活动比例大幅增加；而医改法案的反对者与自由民主党之间关于后者获得的保障措施是否足够的争论其实是政治主张之争。因此，直到今天，波莉·汤因比仍然极力维护49％这一说法，她认为这是展现真实政治问题的合理方式。

她有一点说得在理。我们可以或多或少地沿着49％这个线索找到真正的政治分歧，而关于词义的争论在很大程度上变成了关于基本原则的政治争论；说到底，其实就是关于如何有效运营和保护公共事业的哲学层面之争。与"死亡委员会"这个例子不同的是，49％的浓缩性和极大化是政策制定者们争论的基础，而在缺乏确凿论点或明确含义（因为意向性本身也很成疑）的情况下，听众必须自行评估演讲者本人和他们对这件事的态度，也就是"道德可信度"和"精神感染力"，然后在相互对立的两者之间做出评判。当然了，我们看到了阴谋论的形象描述，即那些被隔帘围起来的医院床位；但至少这个阴谋的主旨，即"保守党想看到英国的公立医院出现更多商业行为"依旧是政治争论的主流。

尽管如此，作为帮助公众理解兰斯利法案重点的一种手段，49％这个论点无比失败。49％是一个不精确的数字，但它居然成为本来就模糊不清的国民医疗服务争论的焦点，法案的反对者趁机浑水摸鱼，提出了更加模糊的"私营化"概念。

虽然国民医疗服务体系有着强烈的公共事业色彩，但事实上，它一直是为全民提供服务的公共事业，其中既有公营成分，也有私营成分。其实，国民医疗服务体系一直依赖来自公营机构和私营承包商的供给。英国的社区医生为数众多，他们可能把自己视为全心全意为民众服务的公务员，但从法律角度看，他们经营的诊所其实就是小企业。在最近几十年里，国民医疗服务体系其他无数服务项目也是外包给私营承包商的。

自国民医疗服务体系建立以来，英国没有任何著名的政治家提出过废除全民医疗，各政党就更不会做这事了。但这个体系一直存在着供给机制的问题，即供给如何才能以最佳方式承包出去，从而为全民提供医疗服务。正如我们所看到的那样，连续好几届英国政府都认为：如果医疗供给可以逐步市场化的话，那供给质量和性价比都会有所提高。这里所说的市场化是指不同的公立医院之间相互竞争，有时候还要跟私立医院竞争；或者通过财政资助激励社区医生以更低成本、更高性价比的方式为患者提供治疗和医护服务。

但几十年来，改革的反对者一直都在尝试说服公众，使其相信这些改革只是瓦解全民医疗的初步行动，而改革的最终目标是把部分或全部民众从以税收为基础的现有医疗体系转变为大规模的私营医疗体系（该体系有可能是以保险为基础的）。反对者使用了"私营化"一词，该词自撒切尔时代起便颇具争议性，它表示以下几种含义：(1)由市场主导的竞争模式，或是完全成熟的"内部市场"，但不一定涉及私营企业；(2)（进一步）将医疗服务供给从国有企业转移到私营承包商；(3)长期的潜在威胁，即英国不再致力于无收入差别的全民医疗服务，转而实施纯私营化体系或采取"双重"标准，即给富人提供优质私人医疗服务，给穷人提供质量较差的国营医疗服务；(4)代表上述部分或所有含义。使用一个词语表示不同含义的做法暗示着它们是相互关联的，而且必然会一步步地发生。然而，其他欧洲国家的实践经验表明：至少从原理上讲，事情不一定会按这个方向发展。

49％这个数字又是如何放进国民医疗体系私有化纲要的呢？从两方面入手。首先是通过上述（1）中的方式，即公立医院应尽量寻找多种收入来源；如果它们有闲置资源的话，应该把它租出去，用得来的商业收入投资建设更好的设施或提供更优质的服务，或者向国民医疗服务承包商收取较低的"公共服务"费用。从这层意义上说，49％明显属于供给端。但是，"公立医院床位被更多私营服务病患占据"这一观点也会引发关于供给端的思考。这些额外增加的私营病患难道不正暗示着政府正计划悄悄地改变需求端吗？或者说得直白点，这难道不是意味着政府想取消或限制全民享有的医疗服务权利吗？对此，兰斯利法案并没有做出任何暗示，但对许多民众而言，49％的床位和"私营化"一词引起了莫名的恐慌。

这个词并没有帮助公众理解实际的条款和 2012 年版《健康和社会保障法》提出的政策问题，公众看到的只是一名年长的女议员和一位著名的记者为了一个甚至没有出现在法案中的数字相互责骂，而这两人都是以社会政策思想严谨而著称的。值得注意的是，这场激烈的骂战不是在左翼势力和右翼势力之间进行的，而是发生在左翼势力内部的主要人物之间，而在此之前，两人在很多社会问题上都是思想一致的。

与奥巴马医改法案一样，兰斯利医改计划也产生了两种争论：一种带有天生的意识形态色彩，几乎或完全没有考虑到草案中的具体提议，跟往常一样，这种争论最终只能造成愤怒的对峙；另一种争论则是带有专家治国论色彩的复杂辩论，大部分只发生在精英决策层内部，而且争论的结果并不是让人认为某种基本原则点被破坏，而是搞乱和削弱了医改法案，导致它虽然好处多多，但却很难或完全无法连贯实施。美国精英阶层的一些人也开始担心奥巴马医改法案会落得同样下场。

经过多次修改之后，兰斯利医改法案终于获得国会通过。但在某些方面，可以说这项法案的反对者赢得了这场修辞的较量。伊普索思莫里公司通过调研发现，公众对于政府提案的理解程度总是很低，那些宣称理解这项法案的人从未超过 30％。到了 2012 年春天，伊普索思莫里公司发现，只有 22％的被调

查对象认为"政府为国民医疗服务体系制定了合理政策",而认为医改就是医疗资源私营化的调研对象人数从 2010 年 12 月的 3％增长到了 15％[9][10]。这正是安德鲁·兰斯利的反对者一直想找到的证据。至于兰斯利本人,他很快就丢掉了卫生大臣的职位,被扫地出门。一位不愿意透露姓名的党内同僚说,兰斯利的失败之处在于他没有把推行这项法案的合理理由充分告知民众。[11]

我们还应该注意到另一件事。雪莉·威廉姆斯用带有鲜明个人风格的口头禅英勇捍卫了自由民主党的立场,比如那句"部落主义应该战胜真理"和关于社交网络"推手"的玩笑话。但是,一种修辞不对称的情况已经显现,赞成妥协比反对妥协要难得多。早年做记者和编辑的时候,我亲眼看到可用作名词和动词的"妥协"变成了轻蔑语,而形容词"不妥协的"则变成了恭维语。在美国,人们用"180 度大转弯"来形容一个人改变观点。

对一些政治人物而言,在某些情况下,他们还是有可能妥协的。大家都知道真正的联盟关系是需要互相让步的。因此,大卫·卡梅伦和乔治·奥斯本之间的无数次妥协和改变经受住了政治考验。即便保守党在 2015 年以绝对多数票赢得大选之后,他们在调整和放弃政策方面依旧有一些回旋余地。不过,一旦英国开始公投"脱欧",是要付出代价的。当意识形态信念日益激昂时,如果与政敌达成妥协,那就会落得个叛国的罪名。所以,对许多政党和所有党派内部的激进主义分子而言,这就意味着他们在任何问题上都不能妥协。任何不坚定的言辞听起来都让人感觉虚弱无力或者不够真实,又或者两者兼而有之。

妥协是所有民主政府赖以生存的基础,而尽管"让一项糟糕的法案变得合理些"这句话使人联想到"妥协"这个词,但现在向公众承认这一点,无疑是有风险的。面对一项糟糕的法案,真正要做的事情当然不是修修补补,那难道要废除它吗? 在安德鲁·兰斯利医改法案这个例子中,这正是工党在写下抨击文章时就想做的事情。也就是说,在不远的将来,国民医疗服务体系可能会面临着好几波变革的浪潮。

被排挤的中间派

2012 年年初,正当美国总统初选进行得如火如荼之时,米特·罗姆尼(Mitt Romney)的一名顾问向罗姆尼建议说,如果他当选的话,应该只废除奥巴马医改法案中的不合理条款。此言一出，立刻在右翼势力中惊起波澜。以下是埃里克·埃里克森（Erick Erickson）在博客上发表的内容：

> 如果共和党人入主白宫之后没有拼命地全面废除奥巴马医改法案（不管成不成功），我敢说，这便是共和党的末日……如果共和党重掌大权，它的支持者期待的是一场殊死搏斗，而非不痛不痒的改革。[12]

这段文字当中，最有趣的是括号里的那句话"不管成不成功"。跟改善法律条款相比，与自己的支持者团结一心显得更为重要。与其成功一半，不如彻底失败。激进但团结的语言不带任何琐碎和妥协色彩，显得更加简洁，更加有力。

但这真是语言的问题吗？许多人认为，英国的医改之争完全是意识形态层面的。英国人在医疗等话题上越来越难达成妥协，这在美国的国内事务上是完全不可能出现的局面。之所以如此，是因为两国在政策基本原则上存在着很大差距。不过，这当然是带有绝对主义色彩的修辞手法让人产生的想法。几十年来，北爱尔兰政界使用的修辞手法让所有政党都相信新教徒与天主教徒之间的巨大鸿沟是无法逾越的。一旦双方政治领导人开始寻求一种能够让本方支持者理解的妥协方式，核心分歧就能在数月时间内解决。

在 2014 年 6 月的美国总统大选初选期间，共和党的一些官员面临着来自茶党的挑战，参议员林赛·格雷厄姆（Lindsay Graham）与众议院议员埃里克·康托尔（Eric Cantor）也深陷其中。人们普遍认为格雷厄姆将面临一场恶战，而康托尔相对安全些。结果，林赛·格雷厄姆没费多大劲就把挑战者赶走了，而当时在众议院地位仅次于议长约翰·博纳（John Boehner），被视为博纳接班人的康托尔却在弗吉尼亚州选区败得一塌糊涂。他的竞争对手是一名被政界认为毫无取胜希望的茶党人，甚至在茶党内部，领导层也不支持此人参与竞选。

人们一直认为康托尔比格雷厄姆更强硬，因此，分析人士起初还费尽心思地想解释他为什么落选，而格雷厄姆却会胜出。在初选开始前，人们以为现任共和党官员的立场越保守，就越不容易被选民抛弃并转而选择茶党竞争对手，但选举结果与这种假设背道而驰。移民改革是初选的一个重要话题（至少表面上如此），但这一结果还是让人很难理解。格雷厄姆参议员一直都公开支持

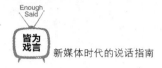

移民改革，并且遭到不少保守党人的猛烈抨击；相比之下，康托尔的立场要慎重得多，他从不支持那些比较激进的措施，比如让非法移民或"非在册"移民入籍美国，而尽管他此前曾以默认的方式支持较温和的改革，但在初选开始前，他已经明确表示反对这些改革。

当被问及如何看待埃里克·康托尔落选一事时，林赛·格雷厄姆给出的答案明显让我们回到了修辞的世界：

> 不管怎样，你总得保持坚定的立场……在选举中，最失败的举动就是立场模糊，而在移民问题上，我的立场很清晰。[13]

《纽约时报》不仅摘录了格雷厄姆的这段话，而且还刊登了一篇对弗兰克·沙利（Frank Sharry）的访谈内容。弗兰克·沙利是一个游说团体的执行董事，该团体支持移民改革的。他说，在有些问题上，"你只能100%支持或100%反对"，移民问题就是其中之一。按照沙利的说法，"康托尔想形成一个中间立场，但这种立场是根本不存在的，他最终两边都不讨好"。

我认为，这番话比任何一个关于政治极端主义的简单故事更能说明我们所处的尴尬境地。在某个特定问题上，一名政治人物（在其他政策领域，该政治人物是公认的保守派）所持的立场可以与众不同，但前提是他有着笃定的信念并持之以恒。这样，他就能够得到选民的支持，甚至连那些持不同立场的选民也会尊重他。另一名政治人物也许更信奉教条主义，而且更小心谨慎；但是，如果他的修辞手法表明他是一个立场多变之人，那他就会栽跟头。康托尔的错误并不在于政策本身，也不在于他在共和党政治派系中所处的位置，而在于"两边都不讨好"。

康托尔失败的原因可能是他内心不够笃定，也有可能是他太在乎别人的看法，或者太过顾虑政治现实，并依此调整自己的立场。意识形态、价值观和政治分歧依旧是这个故事的关键，尽管它们离不开公共语言这个大背景，但在很大程度上，激进主义已经进军修辞学领域。这并不是说政策中心地带已经消失，而是从修辞学上来说，一语多义和灵活性这个领域（几乎所有政治进程都发生在该领域）已经变得令人难以忍受。这种情况不仅发生在不同意识形态倾向之间，也发生在这些意识形态内部；不仅发生在传统务实主义政治中心地带，也往极端方向发展。现在，人们只能100%支持，或者100%反对。

本章参考文献

1　Speech to the Labour Party Conference, September 2013, http://press. labour. org. uk/post/62236275016/andy-burnham-mps-speech-to-labourparty-annual.

2　Report of the National Commission on Terror Attacks upon the United States, July 2004, http://govinfo. library. unt. edu/911/report/index. htm.

3　Mario Cuomo, interview in the *New Republic*, 4 April 1985.

4　Health and Social Care Bill, Clause 163, page 159.

5　http://www. guardian. co. uk/commentisfree/2012/mar/08/nhs-bill-libdem- defining-moment.

6　http://www. guardian. co. uk/commentisfree/2012/mar/16/who-righton-nhs-polly-shirley.

7　Quoted in the *Observer*, 11 March 2012.

8　Ibid.

9　Lewis Carroll, *Through the Looking Glass* (1871; Vintage edition, 2007), 254.

10　Ipsos MORI, Public Perceptions of the NHS tracker survey, 14 June 2012.

11　For example, Analysis column by Branwen Jeffreys, BBC News health correspondent, 4 September 2012, http:/www. bbc. com/news/health-19474896.

12　"Romney Advisor: No Obamacare Repeal", http:/www. redstate. com/erick/2012/01/25/romney-advisor-no-obamacare-repeal/.

13　Ashley Parker, "Cantor's Lesson: Hedging on Immigration is Perilous", http:/www. nytimes. com/2014/06/12/us/politics/cantors-lessonhedging-on-immigration-is-perilous. html.

Enough
Said

07

失语后如何弥补？

　　大多数用心思考这个问题的人都会承认,英语的现状不佳。不过人们普遍认为,我们无法有意识地对此做出任何改变。我们的文明颓废了,我们的语言——这也是有争议的地方——也不可避免地会跟着崩溃。

——乔治·奥威尔(George Orwell)[1]

"自1940年以来，每年2月，我都会想，今年的冬天将会一直继续着。"1946年，乔治·奥威尔这样写道。²然而这一年的冬天尤其黯淡凄凉。就在前一年的春天，当奥威尔在德国为《观察者报》报道欧洲战争的最后战况时，他的妻子艾琳在一场手术中去世。此刻他住在伊斯灵顿的一所凄凉的公寓里，陪伴他的只有现在正在蹒跚学步的理查德——他和艾琳在1944年6月收养的婴儿。理查德对他来说是个安慰，但是独自一人抚养孩子使得身负多项重任的奥威尔又增加了负担。他自己的身体也很虚弱，就在这一年的2月，他还经历了一次大出血。他的孤独已经到了难以承受的地步。这一年的冬天，他至少接触了四位女性并向她们求婚，却没有一次成功了。

　　他居住的城市也几乎没有给他任何慰藉。去年庆祝战争胜利的彩旗已经不见了，伦敦陷入了随之而来的漫长寒冷的黎明。战争可能是结束了，但是战时的配给制度和其他国内物资短缺的状况还在持续。英国已经累了，胜利的果实无迹可寻。国际环境也是一片惨淡。西方国家联盟与斯大林的苏联之间的战时同志情谊已成为过去，战前关于民族资本主义和共产主义的斗争又卷土重来。双方的外交温度计中的水银就像铅一样直线下降。

在很多方面,这就是《一九八四》书中所描写的那个世界:麻木、封闭的社会,百姓在家中冷得瑟瑟发抖,或是在烟雾缭绕、温度过高的酒吧里挤成一团。他们还没从战争的创伤中恢复过来,就已经对未来心怀恐惧。这个世界充斥着毫无人情味却不可阻挡的历史力量,社群变成了机器,个人被剥夺了在政府机构任职的可能性,但感受痛苦的能力却从未减弱。

尽管他过得无比悲惨,但属于乔治·奥威尔的成功时刻终于还是到来了。他的《动物庄园》于 1945 年 8 月在英国出版,随后于 1946 年在美国出版。这本书让奥威尔成了名人。很快,人们不再把他当作伦敦左翼文学的一个无名之辈,而是一位抵抗了思想分级的作家(让他不舒服的是,他很快就被吸收进了美国反共产主义右翼阵营),他的黑色寓言似乎超越了时间和政治背景。《动物庄园》讲的不仅仅是极权主义,还有我们人类是如何创造和毁灭社会的。

奥威尔的人生开始转变,他出名了。出版社和编辑为了请他撰写随笔和评论而展开了竞争,稿费也开始不断汇入,虽然不算发大财,但是比他过去赚的都多。也许是为儿子理查德的将来做打算,也许是为了转移对自己的孤独的注意力,也许是真的到了创作全盛时期,他文思如泉涌,他全身心地投入到了写作中。从 1945 年春天到 1946 年春天,他写了一百多篇文章、评论和随笔,还开始构思一本小说,也就是后来的《一九八四》。

这一年中,他写了一篇文章——《政治与英语》(*Politics and the English Language*),发表于 1946 年 4 月。这篇文章读起来就像是对那些狂乱评论的生理反应,就像某个人看过太多糟糕透顶的散文之后,把这些令人不快的东西扔到房间一角,并且下定决心要现在就实施严格的报复而发出的厌恶呐喊。但是尽管这篇文章简短又不正式,它却是 20 世纪用英语创作的最有名、最有影响力的对公共言论的思考。

这篇文章能够成功的直接原因是,在文章最后提出了一些如何写好文章的实用性建议。奥威尔建议人们在写作时不要使用陈词滥调,比如那些不必要的过长单词,夸张冗长和过度使用的被动语气以及造作的外来语或专业术语。当时有些人(当然现在更多)坚持认为说和写的方式没有"对错"之分,只是不同的表达方式,每一种都是正当合理的。奥威尔不遗余力地坚持说,他并不是提议"建立一种决不容许偏离的'标准英语'",更不是在推广所谓的"好的散文风格"。而且他在文章最后说了不要把他的建议太当真,打破规则要比说一些"骇人听闻的"话更好。

但是大多数读者却忽略了奥威尔以及批评他的人的意见。这篇文章能够在中学和大学校园中风靡一时,正是因为家长和老师们认为奥威尔真的可以帮助年轻的写作者形成一种"好的散文风格"。根据奥威尔建议的精神写出来的文章或求职申请,甚至是简单的邮件,都会比那些蔑视该精神的文字更容易获得青睐。而且他们是对的。任何以写作为职业或者教育他人如何写作的人知道——毫无疑问还要有适当的健康警示——奥威尔的基本原则是个很好的起点。

此外,很多人还认为奥威尔有力地揭露了修辞和公共言论的问题,因为他写的关于语言的一切内容现在依然符合事实。对现在的人们来说,如果此时发生了什么的话,那就是他当时的那些担忧已经发生了,而他在 70 年前就控诉的"现状不佳"的贫乏的古代英语现状则更加糟糕。在他们看来,《政治与英语》比《动物庄园》以及《一九八四》更有预言性。有一点是千真万确的,那就是乔治·奥威尔在他的散文和小说中对公共语言的看法至今仍然非常有影响力,尤其是他敏锐地感觉到了公共语言可能被有心人士霸占和误用的可塑性和容易背叛的特点。因此,2013 年 12 月,当美国上诉法院法官理查德·里昂(Richard Leon)在寻找合适的词语来谴责美国国家安全局广泛收集数据的行为时,选择了"几乎是奥威尔式的"这个词组,这也就不足为奇了。[3] 莎拉·佩林的"死亡陪审团"和"社会生产力水平"显然都得益于《一九八四》。但是评论家们难道不能指责这位前阿拉斯加州长自己也使用了奥威尔式语言吗?

有些文字永远也不能摆脱"奥威尔星球"的引力场。形容词"大"的使用总会让人联想到老大哥。如果像托尼·布莱尔(英国前首相)那样,建议所有人进行一场"大会谈",很多人就会把它当作你已经决定不顾他人意见,自己决定最后的结果。通过把它称为大社会,卡梅伦亲手毁了打造社区参与新时代的梦想,因为多亏了乔治·奥威尔,这个名字立刻就会让人想到它的对立面——小社会,在那里福利制度完全被毁灭,权力和财富都被精英掌控。在《一九八四》中,统治政权要求,如果是附加优先规定事项,公民应该接受黑就是白。实际上它使用了"黑白"这个术语来表示这种现实的颠倒和官方新语言——新话的含义。看过那本小说的所有人都无法完全消除一个猜疑,那就是我们的政治领袖是不是也为了他们自己的目的,秘密参加了一个类似的语义颠倒计划。

　　在整个西方世界里，无论是争论国家安全还是福利制度或其他问题，政治家们都会想方设法找到可以运用奥威尔宏大叙事的方法，并声称他们的对手或其他权力团体正在曲解语言，并把它当作工具来用，从而终止某场辩论或促进某项秘密议程。所有人都同意存在一个语言密谋，唯一的分歧在于谁是幕后主谋。然而促使奥威尔写出那两本小说和《政治与英语》的并不是对语言或政治整体的愤世嫉俗，而是一种具体的担忧，一种我们不应该放任自己广阔而有影响力的意识变得模糊的担忧。在"政治"方面，他担心的是公共话语权会被贬低，以至于无法支持正常的政治辩论。

　　他在《政治与英语》中用来展示糟糕的散文的一个例子，摘自马克思主义知识分子哈罗德·拉斯基（Harold Laski）的一篇散文《论出版资源》。这篇散文以拉斯基在 1944 年世界作家协会研讨会的演讲为基础，该研讨会是为了纪念约翰·弥尔顿（John Milton）为捍卫新闻自由而写的《论出版自由》出版 300 周年。（"我真的不太确定这么说是否正确，弥尔顿以前看起来完全像是 17 世纪的雪莱，却没有因为每年都变得更加痛苦的经验而与耶稣会士的派别更加格格不入，什么都无法引诱他去容忍这一点。"）奥威尔曾经参加过一些这样的庆祝活动，对他来说，它们代表的是他所鄙视的英国左翼的一切特征：它的混乱和追逐时尚，它可耻地不愿意正视苏联的本质真相。至于哈罗德·拉斯基，这位受人尊敬的教授和政治理论家曾经称赞过马克思革命，但是现在却是工党的重要活跃人物。在乔治·奥威尔看来，他本人似乎就体现了最近"政治"的忧虑：左翼人士会借助委婉语和冗繁费解的文字的烟幕弹来掩盖他们的真正意图，那就是将英国转变成苏联模式的受控制的社会。难怪奥威尔会跟他过不去。

　　但是对奥威尔的散文的欣赏总会面临一个尴尬的事实：这些担忧并没有变成现实。工党依然是左翼民主联盟，就连哈罗德·拉斯基都当过一段时间的主席。

　　如今我们也并不是真的生活在一个"奥威尔式的"世界中，虽然这么说通常对政治家和评论家来说很方便。大部分情况下，围绕着我们的错误信息和困惑是政府、谷歌或其他人的阴谋造成的。在西方世界中，政府或私人公司都没有开启这项有风险的事业的动机，而且，虽然世界上的确存在很多受控制的社会，它们撒谎而不被发现或者压制持有异议者的能力来得也并不容易。U

盘和智能手机成了对付审查手腕的无情颠覆者。

但是爱德华·斯诺登（Edward Snowden）在 2013 年揭露的事实——美国国家安全局、英国政府通信总部和其他西方情报机构进行的大规模监视不是证明了事实并非如此吗？它们至少证实了奥威尔的一条预言，那就是，技术会给将来的政府提供窥探公民隐私的新方法。是，又不是。今天当我们读《一九八四》的时候，我们意识到在温斯顿的公寓，海洋国用来控制他和其他人的东西是基于互联网、带有摄像头和屏幕的移动设备。这是对如今主宰了我们生活的技术的一种先见之明。

奥威尔没有预见到的是，在真实的未来中，海洋国公民最勤奋的监视者是公民自己，他们将会自由选择用文字、声音和图像来记录他们生活中的各种亲密行为，然后利用所有可能的方式将它发布给尽可能多的陌生人。现实中的温斯顿是个自我表现者。他想要被人注意。如果他的电视屏幕坏了，他就会感觉生活极其空虚。即使是隐私部分也表现得跟奥威尔预期得非常不一样。

然而这依然让《政治与英语》不偏不倚地指引着我们前进的道路。它的创作时间位于现代大众传播的起点，并且是我们理解语言的重要支点：这两项外部工作都需要几十年才能完成，但是乔治·奥威尔却已经提出了所有的正确问题。

《政治与英语》的论点是现代公共语言已经变得陈旧、做作、晦涩、含糊。带来的影响是"麻醉"读者的大脑，让连贯的思考或辩论变得困难或不可能。被贬低的英语与极权主义政权的语言之间的区别在于程度，而不是实质，如果任其发展的话，前者可能会成为后者。但是奥威尔拒绝承认这场斗争已经输了。尽管"一个人不可能立刻改变这一切"，他还是呼吁作家们抛弃二手且懒散的散文，并代之以简单、清晰、原创的散文。

在他的散文一开始，奥威尔就（跟我一样）说语言是一种可以变化的原动力和产品：

  现在，很明显一种语言的衰退归根结底肯定不仅仅是一两个蹩脚作家的不良影响，一定会有政治和经济原因。但是这种结果也可能会变成

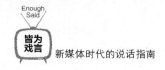
诱因,使最初的原因显得更为明显,并带来增强版的同样的结果,并且无限循环下去。

换句话说,反馈循环会增加最初导致那些语言的负面性的外部力量,那些力量反过来又会进一步引发语言的崩坏,衰退就会继续。不过奥威尔认为我们的写作方式的积极变化也有可能终止这种循环,并且让它逆向运转:

> 一个人应该认识到,现在的政治混乱跟语言的衰退有关系,从文字方面着手很有可能会带来一些改进。

《政治与英语》的核心是奥威尔对他所在时代的散文出现的问题的分析。他发现了两个明显的原因——"比喻陈腐"和"缺乏准确性",然后列出了能力不足的作家"逃避"创作那些清楚易懂的散文时采用的四种花招:套用短语、无意义的词语、做作的修辞和陈腐的比喻。他的期望似乎是通过消除这些糟糕的实践,不仅能改进"文字方面",而且还能解决他所看到的周围的"政治混乱"。

套用短语,或者他所说的"文字的义肢",是指那些一个简单的词语就能表达、却故意迂回地表达某个想法的方式:"致使不运行"而不是"停止","表现出一种倾向性"而不是"倾向于",等等。他还强烈反对使用被动语态而不是主动语态,用名词组合而不是动名词(用"……的检查"而不是"检查"),还有"从……来看"和"基于……的假设"这样的短语。

为了展示他所说的"无意义的词语"指的是什么,他指出了这种做法的两个特点:首先,在语境中使用抽象词语(他引用了一个特别的列表,包含浪漫的、可塑的、价值、人性的、过时的、多愁善感的、自然的、活力),例如文艺批评,它们"并不指向可发现的物体",因此"完全没有意义";第二,在政治话语中,大量关键术语(他举的例子是民主、社会主义、自由、爱国的、现实的、公正)具有"几个无法互相调和的不同含义"的事实。这立刻就促使奥威尔开始讨论苏联或天主教会等压迫势力以颠倒黑白的形式使用词语的倾向:"苏联新闻界在全世界最自由"就是一个例子。

"做作的修辞"的意思就是字面含义:其实一个简单的词语就能表达,却用那些短暂流行的、复杂而又听起来冠冕堂皇的词语,尤其是在政治和文学散文中。他给出的例子既有很恰当的,也有很古怪的,其中一个他强烈反对的词语是预言。

他对陈词滥调的处理方法——他专注于研究陈腐的比喻,意思是使用陈旧的比喻表达——同时表现了他在语言叙述方面的能力和局限。他兴致勃勃地发表了他对陈旧的短语的冗长的叙述(毫无私心、温床、变换花样),不过在一些"最近的例子"上,他宣布获胜为时过早。他声称"寻找各种途径"和"用尽一切手段"已经被"一些记者的嘲笑给毁了"。如果他知道这两个短语在 70 年后不仅活了下来,而且还非常健康,一定会很沮丧。

但是奥威尔对比喻和陈词滥调的观点比较狭隘。他把"阿喀琉斯之踵"(一般用来比喻致命的弱点)列为陈腐的比喻。实际上这个词组干脆利落地用六个字表达出了一种需要一整句话才能表述的意思,而且完全不涉及不合时宜的联想,因为它的隐喻用法太常见,不会再让人想到那个愤怒的青铜时代的英雄。比起"阿喀琉斯之踵",他更喜欢"钢铁意志"的想法——他声称这个词组已经失去了与字面意思的联系,因此可以接受——只不过是品位问题。

为什么人们会使用陈词滥调?奥威尔并没有提供他的观点,但是《政治与英语》给人留下的印象是,这一定是知识分子的装腔作势,是人们的惰性造成的。实际上,陈词滥调存活下来是因为它们使用起来方便,人们立刻就能理解它们的意思,对了,还因为你不用太费神去思考。它们是语言的一个有机组成部分,而不是像癌症一样多余的东西。它们当然有生命周期,从闪耀登场到无法忍受的暮年,但是它们更有可能被更年轻、更新鲜的套话式的达尔文式优胜劣汰所消灭,而不是被这样有意识的大扫除活动清理掉。

同样的情况也适用于奥威尔提出的其他"把戏"。我们都可以举出一些例子来代表荒谬而迂回曲折的说法、浮夸的词汇、不切实际的胡说八道和不必要的术语。对于这些,他的建议是尽可能地使用清楚具体的英语和原创连贯的语言形象意象,这显然是合理的。然而,虽然在《政治与英语》中表达得毫不妥协,但是它却像一条过于完美的建议,和人们平时说话与写作的方式并不相符。举个例子,作家努力追求细微差别是完全合理的,说"你不是不高兴"跟"你很高兴"的意思也并不完全一样。不是所有的术语都是一样的。他在给出的"做作的修辞"的嫌犯集合中引用了两个德语单词:第一个是 Weltanschauun,在英语中有完全对应的词,就是"世界观";不过第二个是 Gleichschaltung,特指 20 世纪 30 年代德国机构的纳粹化,这个意思显然并没

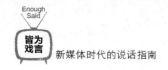

有在一般的英文翻译"协调"(coordination)中传达出来。

《政治与英语》不为人知的秘密是,尽管乔治·奥威尔声称他主要关心的是清晰度,但是实际上他最关心的是语言的美感。实际上,写得漂亮的必要性是他最后也是最重要的一条建议,虽然我们可以看到,他用否定形式对它进行了伪装:"尽快打破这些规则,而不是说一些完全缺乏教养的话。"这并不意味着这篇文章真的和政治无关,和审美有关,而是奥威尔将语言的美感与清晰度及表达方式联系在一起,而不是和阻碍思考联系在一起,这样做就可以支持真实有效的政治辩论。不管他是否意识到了这一点,当时他有了对修辞的经典理解,尤其是那种古老的信念,认为特定修辞种类的公民价值与它作为表达方式的优秀程度密切相关。

语言的特定情况

与奥威尔关于英语和政治之间的联系的全面观点一致,在奥威尔给出的五个固定套路的拙劣的写作例子中,只有一个与政治直接相关,第二个与心理学相关,第三个与文学和宗教相关,还有两个与语言本身相关,包括从杰出的科学家斯洛特·霍格本(Lancelot Hogben)的《格罗沙语》中节选的下列内容:

> 首先,我们不能玩"母鸭和公鸭"(play ducks and drakes,英文习惯用语,指挥霍),习惯用语"天生的电池"(a native battery),将这种极其糟糕的词语搭配规定为基本:put up with 指的是 tolerate(都是容忍的意思),或者 put at a loss 指的是 bewilder(都是使……不知所措的意思)。

尽管这段话带有疯狂而又显眼的不和谐("母鸭和公鸭"与"天生的电池"同时出现,或张口就来的"词语搭配"),很多读者在扫过这句话时,可能并不知道霍格本在说什么。

奥威尔也没有表示他对内在实质有兴趣。他用机关枪对准霍格本,在一句话中集中开火,先是嘲笑了"母鸭和公鸭与天生的电池"这些匆忙拼凑的意象,然后批评作者不愿意查字典弄清楚"极其糟糕"的意思,这并不是说霍格本对这个词的使用是极其糟糕的。

不过让我们再仔细看看。斯洛特·霍格本一生都是个动物学家和政治活动家,但是他还有另外一个兴趣:开发新语言。一开始,他是基本英语——"国际辅助语言"的爱好者,那是语言学家兼哲学家奥格登(C. K. Ogden)在 1930年发布的,为了促进在全球范围内将英语作为第二语言的教学工作,但是很多人也希望它能通过促进不同人民之间的理解,对世界和平做出贡献。不过,霍格本后来开始相信他自己能做得更好,在 1943 年出版了《格罗沙语:民主世界秩序的辅助工具草案》。格罗沙语也是一种新的语言,目标是推动世界和谐,不过最初它的目标是针对全世界的科学家的:

> 因为自然科学是地球范围内存在的唯一一种人类合作的形式,从事科学研究的人们需要借助使用各种语言的期刊来获得必要的信息,他们强烈地意识到语言的巴别塔是第一等级的社会问题。[4]

霍格本以经典的词根建立了格罗沙语的词汇,而不是英语的词根,他的依据是拉丁语和希腊语已经为全世界的科学家提供了一种共享的技术术语。奥威尔在《政治与英语》中引用的那个奇怪的句子是奥格登在试图论证格罗沙语比基本英语拥有更丰富的词汇。大概的翻译如下:

> 将英语作为世界通用语言的基础的缺点之一在于当你使用由简短的词语(为了限制初学者需要学习的词汇数量)组成的一个短语来取代已经从语言的有限词汇中排除的更复杂的短语时,你被迫使用了笨拙的惯用英语用法。比如说,查尔斯·奥格登(Charles Ogden)不想把 tolerate 和 bewilder 这两个词加入基本英语的词汇,因此最后建议,说基本英语的人应该用 put up with 和 put at a loss 分别替代这两个词。

表面看来,奥威尔选择霍格本的句子的原因可能只是这句话太乱,或者是霍格本的乌托邦思想让他感到不舒服。但是更早的时候,在 1940 年,奥威尔曾经写过一篇文章《新词》,在他死后才发表的这篇文章中,他也建议创建一个新的词汇来"处理那些现在的语言实际上无法处理的我们的部分体验"[5]。1942 年,他为英国广播公司制作了一个关于基本英语的节目,之后还与霍格本通信讨论该节目。[6] 而克罗沙语似乎隐藏在《政治与英语》的其他内容后面,比如说,奥威尔声称向基于拉丁语和希腊语的词汇的转变已经发生了:

> 蹩脚的作家,尤其是科学、政治和社会学领域的作家,几乎总是被一

种理念困扰，那就是拉丁语或希腊语比萨克逊语言更出色。

不过，对奥威尔来说，这样的结果导致的并不是由全世界科学家领导的国际和平运动，而是"懒散和模糊的增长"，也许还有更糟糕的情况。他继续给我们列出了要避开的拉丁语列表，包括预言以及其他似乎无害的样本，例如加速和秘密的。然后，在一个略微有些奇怪的脚注中，他声称金鱼草和勿忘我等英文花名也被阴险地替换成了希腊语的对等词语。这是乌托邦国际主义的对立面，担心遭遇灭绝①的陌生词语会排挤我们自己的词语，就像亚洲天牛和其他令人厌恶的病虫害会威胁稻草壮观的英国阔叶林一样。

但是奥威尔认为公共语言亟须复兴。实际上，他在《政治与英语》中引用的摘录文字本身似乎就代表"语言的巴别塔"——借用霍格本的短语，并会造成社会和政治后果，奥威尔认为它们加起来就成了"第一等级"的问题。不过，在对比了基本英语和格罗沙语之后，他似乎得出了结论，这些激进的治疗方法比疾病本身还要糟糕，因此并无选择，只能继续使用我们已经拥有的语言。当然，他在《一九八四》中创造的新语言不是被当作和平与理解的工具，而是压迫的工具。新语言的词汇被限制不是为了让它更便于学习或分享，而是为了限制人们的讨论甚至思考的范围。

人性既是理性的，也是可以改善的。目前，它处于无知和偏见的黑暗中，是被政治和宗教镇压数个世纪后愚昧传统的牺牲品。然而，只要向人们展示理由，这些人就能够走出监狱，拥抱光明。这场斗争大部分时间都在语言领域进行。利用他们依赖传统语言的弱点来传播他们的虚构故事和谎言。我们必须将他们妥协的语言替换成纯粹以理由和证据为基础的语言。

这基本上就是语言和社会的理性主义议程，它在启蒙运动中有了原动力，然后通过奥古斯特·孔德（Auguste Comte）等思想家们流传到了 19 世纪和 20 世纪。它在哲学实证主义中找到了最有力的表达方式。根据实证主义，真正的知识只能从经验观察及逻辑或数学推理中获得。虽然它出现的时间早于实

———————————

① 　按照奥威尔所说，这又是一个不可接受的拉丁语派生词。

证主义运动,在 1748 年,苏格兰启蒙运动哲学家大卫·休谟明确表明了实证理性主义对语言和文学的含意:

> 如果我们在手中放入任何体积的,比如说神性或学派形而上学,让我们来问一下,它包含任何与数量或数值相关的抽象推理吗？不。它包含任何与事实和存在相关的实验推理吗？不。那么将它付之一炬吧,因为它包含的只有诡辩和幻想。[7]

到了 20 世纪初期,一些哲学家已经开始相信,几乎所有的哲学问题实际上都是语言问题。一旦术语搞清楚,所有的不合逻辑、非实证研究的材料都会被删除,误解会消失,剩下的就是毋庸置疑的、有效的。关于这种立场最有名的说明可能是哲学家维特根斯坦的《逻辑哲学论》(*Tractatus Logico Philosophicus*),这本书于 1921 年在德国出版,英文版于一年后出版。在序言的最后,年轻的维特根斯坦写道:"因此我相信自己已经从本质上找到问题的最终解决方案。"[8]他所说的"问题"指的是所有可回答的哲学问题。

基本英语的初创者奥格登是英国实证主义的重要人物。他为维特根斯坦的《逻辑哲学论》英文译文版做出了极大的贡献,后来跟理查兹(I. A. Richards)一起创作了《意义的意义》(*The Meaning of Meaning*),在书中从实证主义角度探索了想法和语义,并且影响了英国哲学家阿尔弗雷德·朱勒斯·艾耶尔(A. J. Ayer)的实证主义经典著作——《语言、真理与逻辑》(*Language*, *Truth*, *and Logic*)。基本英语就是起源于奥格登和理查兹在《意义的意义》中提出的一些观念。

当用于公共语言时,实证主义方法表明,在亚里士多德的修辞三角模式中,逻辑论证(理念)是本质上最重要的东西,对信仰或其他形式的主观表达(道德)以及尝试理解那些倾听的人(感染力)则让人分心,并且有潜在的危险。在启蒙运动之前的那些与文化实践活动相关的语言可能会包含迷信和非理性,因此也可能存在危险性。理性主义偏好根据基本原则重新创建的哲学和社会科学,难怪它一般与左翼更有共鸣,而不是右翼。

《政治与英语》的一些段落中展示了实证主义不容置疑的影响力。我们已经看到了奥威尔前面的评论,他说艺术和文学评论中使用的一些词语"并不指向可发现的物体",因此"完全没有意义"。奥威尔暗示说,意义依赖于特定物体与代表它的词语之间的一对一的关系。在别的地方，他进一步做了说明。
"如果你简化英语，"他说，"你就会避开正统观念中最愚蠢的行为。""你不能用
任何必需的专业用语说话，而且当你发表愚蠢的评论时，傻气会非常明显，连
你自己都能看出来。"对奥威尔来说，简化意味着不使用欺骗性的、无意义的或
不必要的单词短语。就像实证主义者一样，他似乎在这里宣称这样的结果会
带来非常清晰的语言，类似"愚蠢"这样的特征一下子就能看出来。这些引人
注目的说法暗示了一些潜在的语言理论，就在他放弃使用准则时，奥威尔适时
地给我们提供了一条准则。

　　他说，词语是危险的对手，这与英国数学家兼逻辑学家刘易斯·卡罗尔
(Lewis Carroll)在儿童小说中塑造的矮胖子的看法一样。为了展示谁说了
算，很重要的一点是让"意义选择词语，而不是反过来"。他详细说明了这其中
的意思：

　　　　当你想到一个具体物体的时候，你会默默地思考，然后当你想要描述
　　你一直在想象的这个物体的时候，你可能会在大脑中搜索词语，直到找到
　　与它一致的准确表述。当你想到一个抽象的东西的时候，你更倾向于从
　　一开始就使用词语，而且除非你有意识地努力避免，不然现有的专业术语
　　会冲进来替你做事，代价就是模糊甚至改变你的意思。也许更好的办法
　　是，尽可能拖延开始使用词语的时间，通过图画和感觉尽可能清楚地表达
　　出意思。之后人们就可以开始选择，而不只是接受最能涵盖意义的短语，
　　然后调换词语，来决定一个人的言语会给另一个人带来什么印象。

　　在"具体物体"方面，人们差不多能理解它的意思。我饿了，然后一块水果
的形象出现在我的脑子里，然后开始查阅内心的水果百科全书。它是硬的还
是软的？它是圆的还是其他形状的？它是绿色的、橙色的还是黄色的？通过
排除法，我想到了"香蕉"这个词条，并且发现它完全符合我脑子里的那个软
的、弯的、黄色的物体。

　　不过这个过程也不太像人们感觉到饿了然后想到香蕉的真实体验。奥威
尔认为当我们看到或想到具体物体时，我们会"默默地"想，然后会经过寻找与
形象匹配的正确词语的过程，这种论断似乎是错的。并不存在什么有意识的
搜索，除非因为某些原因，我们不能立即想起某个物体或人的名字，只有在那

个时候,我们才会去拿我们的思想参考书。当我们转向抽象概念时,奥威尔的理论就会全部土崩瓦解。他在这里的建议是"尽可能拖延开始使用词语的时间,通过图画和感觉尽可能清楚地表达一个东西的意义"。以民主党表达对奥巴马医改方案发自内心的反对意见为例,使用图画和感觉来"尽可能清楚地表达一个东西的意义"对他们来说意味着什么呢?

我们的大脑处理有意识的意义的方式从本质上来说就是语言学的方式:词语跟意义一样快速进入大脑,并且两者不可分离。实际上,它们有时候似乎在意义之前出现,并提供建造新意义所需的材料。这正是奥威尔希望我们避免的过程。然而,它却是我们的大脑一般运行的方式。

到了1946年,之前的一些拥护者得出结论:实用主义无法持续。其中一个拥护者便是维特根斯坦。他后来创作的最重要的作品《哲学研究》(*Philosophical Investigations*)开篇就引用了圣奥古斯丁(St. Augustine)的一段话,展示了一种语言理论,跟奥威尔在他的文章中提出的理论多少有些类似。维特根斯坦说,圣奥古斯丁"给我们带来了人类语言实质的特别图画":

> 它是这样的:语言中的单个词语给物体命名,句子是这些名称的组合。在这种语言的图画中,我们发现了以下观点的根源:每个词都有意义。这个意义跟这个词紧密相关。它是这个词代表的物体。[9]

但是接下来维特根斯坦指出了这个体系内在的局限:

> 如果你以这种方式描述语言的学习,我相信你主要想到的是"桌子""椅子"这样的名词以及某些动作和属性,并认为剩下那些类型的词语能够融会贯通。

在维特根斯坦看来,语言毫无疑问远不止词语的集合,每个词语拥有从它们与一个"可发现的物体"的关系中得到的单个意义。在一系列巧妙的思想实验中,他展示了同一个词在不同环境下如何表示不同的东西。维特根斯坦认为,与之相反,词语从人类使用它们的语境中获得意义。因此,虽然实证主义者也许会认为任何关于上帝的谈话都毫无意义,维特根斯坦却把神学话语当作在一个社会和文化语境下进行的语言游戏,其中的"灵魂""上帝"和"原罪"等词语的确有意义。而且关于灵魂的宗教教育,他还说了下面

的话：

> 现在我理解这种教育了吗？我当然理解了。我可以想象跟它有联系的大量东西。这些东西的图画不是已经画好了吗？[10]

他并不是在宣称人们必须相信灵魂的存在，只是说提出"灵魂"这个词没有意义——就像很多实证主义者说的那样——显然是不对的。

维特根斯坦对实证主义的批评和对语言所在的社会背景的重要性的坚持，不仅很快得到了其他哲学家的支持，而且还得到了人类学家、心理学家以及语义学、符号学和其他战后出现的新的语言相关学科的学生的支持。我们如何学习和使用语言的问题还未解决，对立的方法强调环境和社会互动，或者生物学决定的人类基本语言能力，或者两者的组合。不过这些理论以及神经科学和发展心理学的最新进展都不支持奥威尔的语言模式，或者激发这种模式的实证主义思想。但是理性主义在这个语言问题中最纯粹的应用只会在不为世人所知的被遗漏的消息中，这些消息从未引起过大部分西方知识分子的注意，更不要说更广阔的公众意识了。

正如我们所见，与如今盛行的正统语言学说形成鲜明对比，奥威尔是一个规定主义者，认为讲故事的方式分为好和坏两种，换句话说，语言的不同用法和风格可以客观地分出等级。这是理性主义方法的特点，也是他的语言理论和信念，认为更简单的散文会让真相更加不言而喻。

另一方面，根据我们对他的了解，他会认为政治正确性和其他现代的语言令人厌恶又荒唐。他对乌托邦主义极度怀疑。当然，通过《一九八四》，他终于将简化语言与灭绝人性的专制联系在了一起。在《政治与英语》中，在语言的理论建构之后，他并没有呼吁建立一套新的词汇和语法，而是针对如何改进对现有语言的应用，提出了一组温和、实用的建议。

乔治·奥威尔在写作《政治与英语》时被语言的理性主义者们纯粹的想法所吸引，但是其中有些东西让他感到害怕。这种想法似乎威胁到了伴随他成长的直白而又人性化的英语，而且更糟糕的是，他感觉到英语具有被歪曲和滥用的可能性。就像只逛不买的人一样，他透过玻璃渴望地看着商品，然后离去。

鲜血与祖国

不过现在让我们来听一听另一种完全不同的公共语言。以下是 1936 年 9 月，阿道夫·希特勒向党派和政府领导发表的讲话：

> 一旦你听到一个人的声音，那个声音敲打着你的心，它就唤醒了你，你跟随着那个声音，多年来你苦苦追寻着它，却从未见过那个声音的主人，你只是听到了一个声音，然后跟随着它。当我们今天在这里会面时，我们所有人都感到这次聚会充满奇迹。并不是你们中间的每一个人都能看到我，我也不能看到你们每一个人。但是我能感觉到你们，你们也能感觉到我！对民族的信念让渺小的我们变得伟大，让贫穷的我们变得富有，让犹豫、沮丧、害怕的我们变得勇敢无畏。[11]

这不仅是让希特勒获得权力的欺骗性修辞的一个例子，而且更是历史上给演讲术带来最坏名声的公共语言。如果我们仔细阅读这段话，就会意识到，阿道夫·希特勒又是一个迫切想要传播一种修辞理论的人，而且是用他自己创造的理论。

整个过程是这样的：现代化很可怕，它的掠夺和破坏让我们所有人都变得贫穷而又害怕，它粉碎了我们的个人意义和价值观，然而这些感受还有可能通过一个所有人都能听到的"声音"被表达、对抗，甚至被完全战胜。

较小的奇迹是现代技术：麦克风、扬声器和无线电天线让希特勒的声音可以被那些他看不到也看不到他的人听到。更大的奇迹是在这个独特的声音和它的听众之间的合一感，一个基于共同经历以及德国人民是一个团体的共同信念而打造的联盟。希特勒宣称要努力实现的目标是：将道德和感染力融合到一种互相理解和认同的共享状态，几乎是一种普遍存在的状态。

在希特勒所处的权力等级中，几乎没有政治家拥有他那种才能，或者不幸中而又幸运的是，也没有人怀着他那种恶毒的意图。但是这种相互信任和认同的联系，或者类似的事物，就是人们在描述某个演讲者或某场演讲很真实时表达的意思。就像合理性一样，真实性听起来就像修辞中一种公认的优点。毕竟谁会喜欢不真实的公共演讲者呢？然而，跟理性主义一样，真实主义——

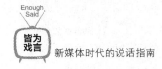

我指的是那种专一的信念,认为公共语言中真正重要的就是演讲者所谓的真实性——完全是一种比看起来更复杂的观念,而且也更危险。

阿道夫·希特勒似乎是一个有意识的真实主义者,他相信演讲修辞听起来越"真实",就会越有说服力。他用自己的故事——他的奋斗——作为叙述模板,让这个故事不仅能包含他面前的那些欣喜若狂的人群,还能包含所有德国人民。他对他自己所说的话以及在新闻短片和照片中塑造的形象都极为小心,让他看起来不像统治精英的一员,甚至不像希望加入那些精英的人,而是保持局外人的气质。这是一位赢得了多块勋章却从未成为军官的退伍老兵,他的"声音"不知怎么地同时出现在讲坛上和人群中。他不断地修改他的言语和动作来与面前的特别听众建立联系。"他一会儿用手摸索,摸索前进,感受氛围,"他曾经的朋友恩斯特·汉夫施丹格尔(Ernst Hanfstaengl)写道,"他又突然发出声音"。[12] 他甚至把他和爱娃·布劳恩(Eva Braun)的婚礼一直推迟到临死前,因为他害怕妻子的存在会打破将孤独的预言家与他的人民绑定在一起的那个魔咒。据说,真实性是所有的技巧和手段被剥离之后剩下的东西。在希特勒的例子中,它似乎由自然的共鸣和冰冷的算计构成。

真实主义并不是由阿道夫·希特勒创立的,而且也不像广为流传的那样,是欧洲痛苦的两次世界大战间隙的产物。跟现代修辞理性主义一样,修辞真实主义是启蒙运动的产物,实际上是对理性主义流派的直接反映。哲学家伊曼纽尔·康德(Immanuel Kant)的朋友格奥尔·哈曼(Georg Hamann)是第一批提出这种论点的人:当你把想法和词语从它们的行为和文化背景中拿出来时,它们会失去意义和关联。因为这个原因,有时候他被认为是维特根斯坦的《哲学研究》的先驱。维特根斯坦似乎只是为了理解语言,而哈曼则拥有一项议程,就是让人类信仰——最重要的是宗教信仰——恢复到启蒙运动之前的主导地位。

哈曼从未完整地形成他的观点,但是这些观点还是通过一系列影响进入了欧洲主流思想,从黑格尔、克尔凯郭尔(Kierkegaard)到尼采、海德格尔。有时候,对克尔凯郭尔而言,宗教以及当一个社会失去能够表达宗教信仰的语言时会失去什么的意识,是整个状况的核心。与之相反,对尼采来说,真实性包括抛弃虚假的宗教幻想以及依赖它的道德体系,并且发展出一种新的关于何为人类的意识。与哈曼同时代的哲学家兼诗人约翰·哥特弗雷德·赫尔德

(Johann Gottfried Herder)在语言、文化和国家意识之间建立了重要联系，并且语言的真实性的观点越来越多地跟另一个源自启蒙运动的强大观点联系在一起：民族主义。

在海德格尔于 1927 年出版的著作《存在与时间》(*Being and Time*)中，人类的存在被理解为由最真实的（此在——他的术语，包含人类个人和集体——能够最清晰、最深刻地理解自己及其在这个世界上的状况）和不真实的（会面临在常人以及无差别的"他们"中失去自我的风险）范围内的不同模式组成。非常重要的是，语言也可以被分为言谈和闲谈、纯粹的话语与不真实、无根的流言和众人的闲聊。

海德格尔正式将真实性和不真实性看作价值中立的，但是，即使在《存在与时间》中，未说出的意义是：真实的优于不真实的，前者是被定为目标和赞赏，后者则只是被记述。至于海德格尔的政治观点，更是毋庸置疑。到了 20世纪 30 年代，这个被一些人认为是 20 世纪最伟大的哲学家的人得出结论，阿道夫·希特勒是德国当时的化身，通过希特勒和他的革命，德国人民现在"处于重新发现他们自己的本质"和以"鲜血与祖国"为基础的"真实性的过程中"。[13]海德格尔一度既是纳粹党党员，又是该政权有影响力的拥护者。关于希特勒的演讲为什么会如此有力，他似乎与希特勒本人持有同样的观点：它的真实性直接来自领袖与国民之间的共同认知。

正如我们在第 2 章看到的，演讲的真实性与性格的真实性之间的联系回到了至少是莎士比亚时期的英语文学，尤其是"修辞"（巧妙地、善于操纵的演讲）是性格不真实的可靠迹象。这种联系当然在奥威尔所处的时代也继续存在。比如说，在下文中，艾略特(T. S. Eliot)对比了圣约翰福音的理念——基督作为"福音"或理性和秩序的最终基础——和现代世俗话语的危机：

> 语言在重负之下
> 损伤、破裂，有时破碎，
> 在压力之上，疏漏、衰落、灭亡，
> 因为措辞不当而衰败，不会留在原地，
> 不会保持不动。
> 尖叫声，斥责、嘲笑或只是唠叨，

一直攻击它们。

在荒漠中的福音

最容易受到诱惑之声的攻击。[14]

"只是唠叨"的声音与海德格尔的"闲谈"呼应,在人类日常生活中闲聊的嘈杂声中,真正的"言谈"必须与之区分开来,并且找到更深的含义。相对较新的词"名嘴精英"(chatterati)是由"闲聊"和"文人"组成的,目的在于让人想到嘈杂、自负的业余爱好,这个词表达出了同样的冲突。我们关于文化和政治的想法既有意义又深刻,他们的想法则乏味又令人不快。真实性被不真实性包围并努力斗争,想要被人听到;简单的国内真相对抗大量外来的谎言,这是真实主义者试图建立,然后建议解决的示范冲突。

跟理性主义者一样,真实主义者重视语言的简洁性,并不是因为他们重视理性的价值,而是因为他们将简单的表达与诚实的情感——至少表面看来愿意与选中的团体中最普通的成员交流——联系在一起。尽管理性主义者崇敬排除几乎其他一切的事实,真实主义者通常会觉得事实很可疑,称它们为仿真陈述或统计数据——这在反技术专家政治的真实语言中相当于同样的东西——从而将它们与他们倾向于推广的更大的"事实"区分开来。理性主义沉迷于辩证法。对真实主义者来说,最重要的不是论点,而是故事:他们的"事实"与他们关于团体的叙述技巧不可分割地紧密联系在一起。特定声明的真实性并没有它与叙述技巧的贴合度重要。如果有些东西让人感觉是真的,那么从某种意义上来说,它一定是真的。

考虑到20世纪极权主义的背景,那段时期显然是真实性最令人不安的时候。不过它会表现为多种形式,而且尽管它依然对各地的政客和宗教狂热分子具有吸引力,也增强了很多和平的民主党派人士的修辞技巧、策略和战略。如今,左翼政党和保守派人士都会利用真实性。

对于很多左派人士来说,一些保守派领袖的特权背景在定义上就让他们无法认同并说出普通民众的语言。老布什和小布什都是含着金汤匙出生的豪门子弟,英国首相卡梅伦毕业于贵族学校伊顿公学,2012年竞选美国总统的共和党候选人米特·罗姆尼(Mitt Romney)是做对冲基金出身的——别听他们说的,因为他们可能根本就不了解你。

但是民主右派人士同样也会耍真实性的把戏。很多民主党人士认为巴拉克·奥巴马(Barack Obama)总统的身份中有些方面就是不讨他们的喜欢。他们深信像他那样的人不应该入主白宫当总统,因此一次又一次质疑他的出身背景,希望最终某些东西会被证明成立,从而削弱公众对他的言语的信任。

在对奥巴马总统的众多指控中,有一条是说他是个不切实际的知识分子——对真正的真实主义者来说,所有的知识分子从定义上来说就是不真实的,尽管整个真实性的概念就是知识分子发明的。英国的保守派媒体也做了极其有效的工作,对工党领导人埃德·米利班德(Ed Miliband)提出了同样的控告,将他刻画成一个怪异又脱离群众的书呆子。埃德自己在可见的真实性方面的尝试则以惨败收场。在一段视频中,他看着一台摄像机并尝试了各种不同的表情,同时镜头外有个声音说着,"好了埃德,自然点儿,不对,自然点儿埃德,自然点儿"。这概括了当代政治真实性的矛盾处境。成功并不来自做真实的自己,而是来自遵从可接受的"真实性"的标准——在这个例子中指的是拥有在摄像机前面放松的本领——不过这个标准并不是由倾听和观察观众来决定的,而是主要由政治顾问和媒体来决定的。[15]的确存在一套为主流政客准备的标准版真实性策略:卷起衣袖,松开领结;表现出关心,或许可以有节制地流露出一丝怒意;可以稍微走动,但是别忘了拍摄清单——我们总是想看到投资者们坐在你身后。

当然,公众一眼就能看穿这套把戏。真正的真实性是一种让人汗流浃背的混乱无序的场面。你和观众都不知道接下来会发生什么。没有人的情绪是完全在控制之中。镜头不能像企业营销活动那样静止不动,而是得像体育活动现场一样,跟着场景走。这通常会很尴尬,偶尔还会改变历史的进程。

真实主义在西方政治中以离散的波动形式得以蓬勃发展,现在英国、美国和许多欧洲大陆国家正身处一次重大波动之中。英国退出欧盟就是一个明显的例子,这只不过是真实主义者对理性主义精英们超出传统党派、意识形态和利益的一系列混乱攻击中的一次。对于唐纳德·特朗普这样的反政治家来说,纯粹修辞上的"真实性"——他们拒绝采用已经确立的政治阶层的整套公共言论的能力——就是他们的与众不同之处。

不过真实主义在传统的政治结构中也会出现。不说别的，茶党运动就是民主党派内部的一次修辞上的真实派运动。但是这很难两全。在2016年的总统选举中，两位茶党主要人选泰德·克鲁兹（Ted Cruz）和马可·鲁比奥（Marco Rubio）曾经尝试着坚持声称他们跟那些华盛顿精英的轻松安逸的权力机构和不可信的修辞习惯并不一样，虽然实际上他们二人都是共和党参议员。但是他们对现有的政治语言的真实拒绝远没有唐纳德·特朗普来得猛烈。如果竞选的胜利将会属于那个离整个专业政治世界最远的候选人的话，那么这场角逐的结果就毫无悬念了。

在左派阵营中存在着一些难题。从马克思列宁主义的"科学社会主义"时代开始，激进的左派修辞一直追求的是一种乌托邦式的理性主义：基于证据来揭露资本主义内部的"矛盾"，劳动者的天堂即将到来的梦想以及如何实现这个梦想的可行方案。但是经历了20年的第三种道路中间路线以及全球金融危机之后，传统的强大的社会主义获得了一种与众不同的真实性气质。英国工党领袖杰里米·科尔宾（Jeremy Corbyn）、美国民主党总统候选人伯尼·桑德斯（Bernie Sanders）和希腊总理、左翼政治家阿莱克斯·齐普拉斯（Alexis Tsipras）等政治家在任何艰难困苦中都坚持自己的原则，这一点为他们带来了公信力，以及类似右派叛乱分子的那种打破旧习的力量。很多人已经忘了，年轻一代也许根本就不知道，这种言论本身曾经一度被认为是虚伪的正统观念，或者说在70年前，乔治·奥威尔并没有因为它说出真相而赞扬它，而是因为它理智上的模棱两可和不诚实而把它单独挑了出来。

理性主义者和真实主义者都觉得对方无法理解。2015年杰里米·科尔宾当选为英国工党领袖以及一年后唐纳德·特朗普成为美国民主党总统候选人的竞选活动，只有极少数民主党人能够理解这两件事的意义，他们会认为这两位的吸引力一定跟他们将要实行的政策的极端性有关。虽然很多现代"真实的"政客的确会支持激进的政策，这种分析还是有失偏颇。对于愤怒的公众来说，有吸引力的并不一定是类似这样的政策激进性，甚至也不是他们在左右翼阵营中的地位，而是演讲者的激进主义思想标志着彻底摆脱现状的方式。

2016年4月，我在马里兰州的切维蔡斯见到了一位支持伯尼·桑德斯的黑人长者，他密切关注着总统大选的进展。他说他知道桑德斯不太可能得到民主党的提名，于是我问他，如果最终要在希拉里·克林顿和唐纳德·特朗普之间选的话,他会把票投给谁。"唐纳德·特朗普也许很疯狂,而且他甚至可能是个种族主义者,"他说,"但是我可以应付这种情况。至少特朗普会说出他的想法。如果一个人一直撒谎的话,你就无法知道你的处境。"

虽然这种现象不应该被夸大,但是美国各地的记者都遇到了拥有类似直觉的选举人。当公众对政客的信任值很低时,对一些公民来说,能够感知到的真实性就会比其他一切更为重要——包括政策、政治关系,哪怕是在其他情况下会让他们完全放弃候选人的性格缺陷。

既然《政治与英语》宣称的目的是提醒读者,语言的薄弱性可能会导致陷入极权主义,读者可能会期待着乔治·奥威尔能够留出一些空间来研究一下他所处的时代的极权政府的语言,也就是德国、意大利和日本刚刚结束的极权政府,以及他自己深恶痛绝的苏联及其成员国。但是接下来的内容并非如我们所想。奥威尔以直白的猜测开始:

> 当整体环境都很糟糕时,语言必然会变差。我应该期望着发现——这只是一个猜测,我还没有足够的知识来验证——德国、苏联和意大利的语言在过去 5 年或 15 年内都有所退化,这是独裁主义造成的。

即使在他谈到具体语言时,他也回避了希特勒的演讲术这类问题,而是专注于尝试将委婉语的使用确立为正在恶化的英国语言和苏联语言之间建立联系。"在我们的时代,"奥威尔写道,"政治演讲和写作主要是为了保护那些无可辩解的东西。"因为真相太过残酷,无法与公众分享,很多国家的政治家们就求助于委婉语:针对平民的轰炸被称为"绥靖",诸如此类。

但是奥威尔引用的那些糟糕的写作例子实际上全都不是委婉语。他试图用一句大胆的叙述和一个精妙的比喻将这个例子跟一个真实的引证拼凑到一起:

> 夸张的文体本身就是一种委婉语。大量的拉丁词汇像轻柔的雪花一样落在事实之上,模糊了轮廓,并掩盖了所有的细节。

这种意象引人注目。地上有很多尸体,都是受虐致死或者脖子后面中枪而死的囚犯。但是雪花一直在飘落，让那些尸体变得模糊不清——雪花就是委婉语。这是给拉斯基（Laski）教授和其他人上的一堂大师课：用一句简短朴素的句子描述了一个原创的、完美控制的难忘画面，将想法变成了现实。

但是接下来我们会把自己掐醒。拉丁词汇？如果其他词源的词汇都不是委婉语，拉丁词汇就必然是委婉语吗？它们真的会在克里姆林宫守到深夜，试图利用恶毒的新方法来将拉丁语相关的语法结构渗透到真诚的英语散文中吗？比起那些他认为是后期从外国引入的词汇，乔治·奥威尔显然更喜欢那些他认为来自本国词源的词汇——大概就是源自盎格鲁撒克逊语和其他早期德国语言的词汇。他断言，外来语没有本国的原始词汇准确，但是同样是表示"预测、预言"的意思，predict 真的没有 forecast 和 foretell 准确吗？他在自己的文章中完全没有展示任何一个让他无比烦恼的因使用外来语而丧失准确性的例子。

他进一步断言，拉丁词源的词汇更倾向于委婉化。现代官僚的委婉依靠抽象概念而兴盛，英语则非常依赖拉丁词源的词汇来表达抽象的名词和动词，因此这显得奥威尔的论断更加可信。但是历史上一些最严重的委婉语绝对是用本国语言表达的。Special handling（特殊处理），一个是拉丁词，一个是撒克逊语，是纳粹用来描述屠杀欧洲犹太人的一个术语的英文译文，但是这个术语的德语原文 Sonderbehandlung 跟拉丁语并没有关系。它所执行的政策目标也是一样的情况：在英语中，final solution（最后解决）是拉丁词，但是其德语原文 Endlösung 还是纯德语词汇。在现实世界中，我们使用的词汇的根源都是混合的。难道就因为 climate change（气候变化）分别是古法语从希腊语、拉丁语和古法语从凯尔特语得来的，这个词组就是 global warming（全球变暖）的委婉语吗？词源学很有意思，但是在谈到政治和语言时，它并没有决定作用。

事实上，乔治·奥威尔偏爱那些他认为是"英语"的词汇，不管它们到底是不是，这么做更多的是出于本能，而不是理智：他在文化和情感上是个本土主义者。他认为，英国曾经拥有一套原始的语言，后来外国影响开始扭曲英语，花哨的词汇和表达想法的复杂新方式进入英语中，把它变得一团混乱，我们再也无法辨别诚实的演讲与谎言，也无法区分真诚的演讲者和不真诚的演讲者。现在我们的任务是清除语言中的这些杂质，这样我们就可以恢复以前习惯的那种直率可信的交流方式。

奥威尔对英语的欣赏要比语言的大概规划和文化净化复杂得多。尽管如此,假如他在文章中对外来词汇表现的本能的逻辑结论被采用的话,这些就是将会导致的结果。德国哲学家赫尔德在世的话,估计也会认可这种直觉。

乔治·奥威尔对真实主义的兴趣至少跟理性主义一样。但是如果据此把他当成一个赞同"血液与土壤"①的真实主义者,就太荒谬了。英格兰风格对定义他的特点具有重大意义,但是奥威尔的英格兰风格本身就是完全带有怀疑态度的。要是他有个人政治议程的话,这份议程应该是慎重克制的:通过去除传统中的社会和帝国不公正性,改造英格兰,同时保留价值观和态度中的精华;而且必须在民主制度内部取得胜利,从而实现目标,而不是粗暴地用其他制度替换民主制度。

尽管如此,不难推断出的是,奥威尔将语言的外来性与外国的理智主义和外国的思想联系在一起——尤其是那些跟马克思主义相关的——他认为这些对他珍视的一切造成了威胁。苏联修辞对他的影响,就像罗马教皇的声明和天主教神学言论对英国宗教改革的新教煽动者的影响一样。他无法摆脱对外国人的思想可能是正确的这种可能性的恐惧。几年前,他似乎还接受了改革的不可避免性,沉思之后说:"我敢说,英格兰的排水沟将会流着鲜血。"[16]但是他还是想努力阻止这种可能性,甚至在尝试中牺牲。在《政治与英语》中,这就意味着最终向政治学家拉斯基教授和其他人发出挑战,指责他们自命不凡,过度推崇理智主义的非真实性。他总结说,他们都是骗子,用复杂的胡言乱语来掩饰他们的真实目的。要打败他们,最好的办法就是直言不讳。

毫无疑问,这些与唐纳德·特朗普和其他反政治家的真实议程很接近。真实主义跟存在于"政治"中的理性主义完全不同,不过它的确存在。要是乔治·奥威尔能够看到后来将会上演的历史进程——民主制度胜利,一种新的空虚感,然后再次出现真实性那令人陶醉的声音——也许他会给它留出更多空间。

---

① "血液与土壤"是一种德国种族意识形态,指民族的生存依靠血液(民族的血统)和土壤(农业生产的基础),同时也强调了农业的重要意义以及农村生活的美德及传统价值。这一论点起源于19世纪末的种族主义和民族主义,是纳粹意识形态的核心组成部分。——译者注

失去的平衡

没有人物的争论是没有生命的,围观群众会渐渐离开。没有争论的人物是危险的。谁能知道,如果那些喝彩声被用来换取实际权力,这个让人着迷的人物会做出什么事呢?如果你忽视观众的情绪,他们也会反过来忽视你。如果你把观众的情绪当成你的磁石,你就会面临把自己和他们都带进沟里的风险。

调节得当的修辞会保持理念、道德和感染力的平衡,以实现批判性说服的目的——批判性指的是演讲者会合理地提出他们的理由,正视事实和争论,而不是对其回避,并吸引听众利用理智和情感能力来做出判断。无论是古代、文艺复兴时期还是后来的时代,人们都在研究修辞,学习如何实现这种平衡。跟乔治·奥威尔一样,他们也认为这是一种审美挑战,同时也是一种实际的政治必需品。但是启蒙运动中的理性主义认为传统的修辞既不受欢迎又不必要,纯理性的语言就足够了。对修辞的学术和大众兴趣,尤其是将修辞作为一种有用的技能的兴趣衰退了。

然而理性主义者对公共语言的备选方案被证明无法执行。在两个多世纪的时间里,全世界范围内对真实人类社会的语言推行理性主义议程的尝试屈指可数。这些尝试全都是在专制政体下实施的,这一点对乔治·奥威尔来说应该不足为奇。

在适当的时机,修辞理性主义的政治和哲学基础也会减弱。想要创造数学和逻辑的完美体系的启蒙运动被证明即使在理论上也是不可能的。后现代主义挑战了很多作为启蒙运动理性的神化依赖的其他设想,实际上一些后现代主义知识分子开始谈论理性主义,就像它只不过是另外一种类型的欧洲白种男性的压制一样。

然而规范的理性主义依旧潜伏在现代关于政治语言的辩论背景中。尽管几乎没有人再将它作为一种乌托邦方案提出来,它依然存在于很多人的思想中——尤其是实际上负责制定政策、在西方政府或其他机构执政的受过教育的精英人士。专家治国制度本身就是一种理性主义事业的产物,因此当现代政策专家将他们基于证据、超级理性的讨论世界与零售式竞选活动的非理性语言世界进行对比时,我们也就不必大惊小怪了。无神论公共知识分子讨论起宗教语言时，就好像英国哲学家阿尔弗雷德·朱勒斯·艾耶尔（A. J. Ayer）依然在当家做主，而路德维希·维特根斯坦从未出生过一样。政治正确性的灵感来自理性主义者的坚定看法：如果你制止人们说带有歧视或伤人的事情，随着时间的过去，他们也不会再有歧视性的想法或行动。这种未经证明、在心理学上不合情理的推测，一定会受到新话（模棱两可的政治宣传语言）的虚幻制造者的强烈支持。

由于渴望能够确保道德和感染力在追求纯粹争论的过程中不被忽略，修辞理性主义的反对者采取了另一种方式。正如我们所见，真实主义曾经拥有自己的哲学基础，但是到了 20 世纪中期，这些基础也被削弱了，并且被很多人当作是在为煽动性言论、顽固偏执以及在谈到希特勒和其他欧洲独裁者时所说的谋杀式政治所做的站不住脚的理智辩解。

如今真实主义再次蓬勃发展，但是一些过去的诱惑——蛊惑人心、公然无视事实、完全极端的逢场作戏——也卷土重来。它们的拥护者们跟他们的祖先一样，对有条理的、基于证据的争论充满敌意。他们喋喋不休地谈论着主流政治家们破损的修辞，然而在他们自己针对我们的公共语言问题的补救措施中除了愤怒和谩骂，就没有别的什么了。他们至少跟如今的理性主义者一样，没有看出有种平衡状态已经遗失，能够让我们的公共言语恢复健康的唯一办法就是将争论、真实性和同理心再次整合成一个整体。

在《政治与英语》发表 70 年后，理性主义者与真实主义者之间的理解分歧比以往任何时候都要更大。尽管我们可能会钦佩奥威尔从"言语方面"出发为读者提供实用建议的决心，但是我们似乎不可能仅仅通过挑选短的词语，不用长的词语这种方式，就扭转局面。莎拉·佩林和唐纳德·特朗普等人的确经常使用短的词语，而且他们还遵守了奥威尔提出的一些其他建议——积极的语气、不用行业术语、避免使用源自拉丁语或希腊语的词汇——但是这些几乎算不上解决方案。存在的问题以及可能的补救措施都存在于更深的层次。

在后面的章节，我们将会探讨这些问题如何在关于科学、战争以及将我们区分开来的价值观和信仰的讨论中出现。但是在那之前，我想回到语言的一个分支，乔治·奥威尔在《政治与英语》中并未提及这一点，但是在形成我们如今互相交谈的方式的过程中，它的影响力是最大的。

本章参考文献

1 George Orwell, "Politics and the English Language", *Horizon*, April 1946. Quoted throughout this chapter.

2 George Orwell, "Some Thoughts on the Common Toad", *Tribune*, 12 April 1946.

3 Quoted in "Judge Questions Legality of N. S. A. Phone Records", *The New York Times*, 16 December 2013.

4 Lancelot Hogben, *Interglossa: A Draft of an Auxiliary for a Democratic World Order* (Penguin Books, 1943), 7.

5 George Orwell, "New Words", believed to have been written in 1940, first published in *The Collected Essays*, *Journalism and Letters of George Orwell*, vol. II (Secker & Warburg, 1958); quoted in Alok Rai, *Orwell and the Politics of Despair* (Cambridge University Press, 1988), 123ff.

6 Alok Rai, *Orwell and the Politics of Despair*, 125.

7 David Hume, *An Enquiry Concerning Human Understanding* (1748), Section XII.

8 Ludwig Wittgenstein, *Tractatus Logico-Philosophicus* (1921; first English edition 1922; Routledge and Kegan Paul, 1961), Author's Preface, 5.

9 Ludwig Wittgenstein, *Philosophical Investigations* (1953; Basil Blackwell, 1976), Part I, i, 2.

10 Ibid. , Part II, iv, 178.

11 Adolf Hitler, Appeal to Political Leaders, 11 September 1936. See http://nsl-archiv. com/Buecher/Fremde-Sprachen/Adolf％ 20Hitler％ 20-％ 20Collection％ 20of％ 20Speeches％201922-1945％20(EN,％20993％20S. ,％20 Text). pdf.

12 Ernst Hanfstaengl, *Unheard Witness* (J. B. Lippincott Co. , 1957), 266.

13 Martin Heidegger, Address to the Freiburg Institute of Pathological Anatomy, August 1933. Quoted in Emmanuel Faye, *Heidegger: The Introduction of Nazism into Philosophy*, trans. Michael B. Smith (Yale University Press, 2009), 68 (German text at 351, n. 35).

14 T. S. Eliot, "Burnt Norton" (1935), V.

15 https://www. youtube. com/watch? v＝8mqFsVUIQrg.

16 George Orwell, "My Country Right or Left", *Folios of New Writing*, autumn 1940.

Enough Said

08

销售金句

优秀的销售顾问应该尽可能少说话。任何不能促成销售成功的词语都会造成危害。因此,要使用"电报式"语句让每个字都发挥作用,因为没时间讲"信件"式的长篇大论。学会让你的"销售金句"魔法奏效。

——埃尔默·韦勒(Elmer Wheeler),1937 年[1]

在《修辞学》中，亚里士多德将公共语言分为三种类型。前两种是辩论修辞和协商修辞，从过去到现在都一直存在。辩论修辞是法庭语言，协商修辞则是政治家在议会、国会和代表大会内外陈述他们的政策提案，评论他人提案时使用的语言。亚里士多德告诉我们，辩论修辞处理的是过去的事情——发生了什么？谁是罪魁祸首？它的根本目的是公平。它并不寻求对个人的谴责或赦免，而是为了支持或反对不同的政策和意见而争辩。它的目的是帮助公民辨别哪一方对社会有利，哪一方对社会有害。亚里士多德说，协商修辞比辩论修辞更富有挑战性，因为未来是未知的。但是它也更值得政治家投入，因为它处理的是公共事务，而不是普通公民的私事，更不容易出现偏袒和欺诈行为。

　　乍看之下，亚里士多德的第三类修辞总体上没有那么吸引人。他将其命名为宣德（epideictic）修辞。这个希腊单词意味着展示，有时被称为示范修辞，这是用于某个特定正式场合的公共语言，比如说葬礼上的演讲（悼词），或者赞颂某个著名的人物或机构的演讲（颂词、赞词）。跟辩论修辞和协商修辞一样，示范修辞也试图劝说，但是不同之处在于，它达成目的的方式并不是通过争辩。你可能认为希腊政治家伯里克利（Pericles）自命清高才导致了希腊的灭

亡,但是他的葬礼必然不是提起这些的正确时机。亚里士多德告诉我们,示范
修辞处理的显然是当下,而且它的重心和存在的理由是"那些美丽的和值得赞
美的"[2]。它的主要内容是赞美和责备,尽管实际上以赞美为主。

有些示范修辞的种类已经淡出现代世界的视线。出于之后会仔细探讨的
一些原因,我们对战争的意义感到太过矛盾,以致或多或少舍弃了为阵亡者在
纪念碑上雕刻悼文或爱国箴言这个流传千年的传统。现代纪念碑上唯一可见
的文字通常是亡者的姓名,设计师依靠石碑、光线和水的中性几何形状来反映
和表现我们的悲伤和感谢。但是其他形式的正式示范修辞依然存在:第 3 章
为宇航员在太空牺牲的情况准备的总统悼词就是例子,还有那些现任总统在
以他们的前任命名的图书馆开馆仪式上无意中造成滑稽效果的演讲,因为他
们不得不对他们往往极度憎恶的政敌极尽溢美之词。然后还有毕业典礼致
辞、奥斯卡获奖感言以及对不管宗教信仰是否与你一致,依然是葬礼核心的逝
去的朋友和亲人的怀念演讲。

但是另外一种非常不同的示范修辞已经席卷了我们的世界。我们醒来就
会碰到它,在吃饭喝水时都会接触它,最后它会让我们再次平静地入睡。虽然
它可能与亚里士多德当时定义这个修辞分支时的想法并不是完全一致,但是
它非常贴合他的定义。没错,我指的就是营销语言。

营销专家也许会对下面这条建议挑起眉毛表示怀疑:营销是一种修辞形
式,它的很多效果可以用一个词来总结——说服。举个例子,在影响深远的
1999 年学术领域研究调查《广告如何运作:我们到底了解什么?》(*Advertising
Works:What Do We Really Know?*)中,伦敦商学院[3]的德米特里·瓦卡茨斯
(Demetrios Vakratsis)和蒂姆·安布勒(Tim Ambler)发现了被他们称为广告
"说服层级结构"的模式,认为消费者被说服购买特定产品的过程遵循认知(被
告知并思考该产品)、随之产生情感(因而对产品感觉良好)、最后行动(外出购
买该产品)的特定顺序。不过他们也描述了另外一种概念模式,情感和行为先
于认知,或者让认知显得不必要。

在他们的框架中,"说服"概念是留给那些优先考虑信息和认知的模式的。
这完全合理,但是到目前为止,应该可以清楚地看出我将说服看成是由认知
(或理念)、情感和经验(可以类比为道德和感染力)产生的,不论何种顺序和比
例。按照我的定义,特定主体无声的、纯情感的吸引力可能比对围绕该主体大

谈特谈的吸引力更有说服力。瓦卡茨斯和安布勒的广告模式与亚里士多德的修辞模式之间的家族相似性本身就很引人瞩目。也可以对此提出反对理由，那就是广告和其他营销形式经常通过视觉和非语言的方式产生影响。不过再次申明，我对修辞的定义从词汇扩展到了图像和其他感官效果。

营销对政治修辞的影响在本书中已经提到多个案例。不过目前为止，我们都把它看成是一种外部力量，影响着政治家们表达语言和媒体做出反应的方式。现在我想从内部来探究营销语言。

商业信息早就存在——在庞贝古城挖掘出来的街道上，你可以看到专有的男性生殖器标志指明妓院的方向——但是如今我们身边的营销是现代化的产物。批量生产、分销和传播意味着有史以来第一次可以将同样的产品和服务提供给大量潜在顾客。企业给自己和产品打造一致的名称和视觉形象是有意义的，这样他们就可以在海报和报纸上进行推广。命名和设计发展成了品牌推广准则，广告牌和报纸推广则发展成了广告。

但是竞争对手当然也会为他们的产品做品牌推广和广告，因此企业开始寻找能够让他们的产品在竞争者中脱颖而出的方法。某个特定产品可能是同级产品中质量最优的，或者性价比最高，或者价格最便宜，或者可能包含创新，又或者拥有目标市场的消费者最为看重的其他特点。

为了良好地运作，需要制造差异来影响关于产品设计和制作的上游决策以及关于定价、推销和广告混合的下游判断。大公司——例如汽车制造商或者大众消费品制造商——很快就会发现自己拥有了品牌和子品牌组成的整个家族，这些品牌之间要有差异，同时还要与竞争对手存在区别。随着科技加速产品开发，竞争促进市场细分和产品多样化，广告和公共渠道也成倍增加，最初只有一个像样的商标、几份传单和受过一点培训的销售团队，到了20世纪末，已经变成了现代战略家所说的立体战场。

现代营销可以通过社交媒体、即时消息或精彩的现场活动来传播信息，不过它还是经常依靠说服性的公共语言来实现目的。跟其他形式的示范修辞一样，它会进行大胆无畏的宣传，目的就是推广"那些美丽的和值得赞美的"，并

说服它的受众相信正在谈论的产品或服务体现了那些优良品质。

　　亚里士多德的术语增补（amplification）是示范修辞的一个必不可少的属性，几乎总是代表着突出正面信息。亚里士多德说，如果你想赞扬某人，为何不告诉你的听众，他比实际上更加勇敢、聪明、善良和谦虚，从而为他树立好名声呢？这样做还是担心你会低估他的能力？那你可以把他比作历史神话中的英雄人物。重点在于选择能够尽可能从好的方面来表现主体的描述和比喻。同样地，如果这个人有强劲的对手，最好完全不要提起那些人；亚里士多德建议，示范修辞应该避免负面的对比、批评、限定条件，以及任何可能会削弱主体的正面描述的内容。市场营销会紧密遵从这条建议。如果它会提到竞争对手的产品——一般情况下它会避免这么做，尤其是它想将特定产品展示为市场领先产品的时候——它只是为了强调这些竞争产品跟它正在推广的产品之间的差距有多大。

　　它也经常会寻求脱离主体的语境。在超市里，某袋食物写着"不含反式脂肪"，另一种食物则写着"无糖"，第三种食物则写着"低钠"。听起来这些都极其健康，直到我们提醒自己，不含反式脂肪的食物也许依然含糖，而无糖的那种可能全是猪油。营养选择中的权衡和妥协并没有完全被隐藏，但是它们都被尽可能地弱化了。政府坚持要求包装袋上准确地标出"营养成分"，因为它知道，如果放任不管，很多食品制造商会把这些难处理的事实全都省略掉。

　　并非所有的营销活动都是如此。在处理重大安全故障时，一家公司可能会向消费者清楚告知问题，从而重建信任。另一家公司则可能会决定完全公开产品成分或过度消费该产品的危害，如果这一点本身是一个有价值的差异点的话。公司可能会以超出甚至违背他们的商业利益的方式来接受社会职责和生态职责。尽管如此，与增补策略相结合的去语境化就是我们看到的大部分营销的规范，而且现有的规章制度——比如说香烟盒上强制标出的健康警示，或者美国要求处方药物的广告必须同时伴有关于副作用的适度可怕的提醒信息——也清楚地承认了这一点。

　　紧迫性一直都是商业营销的一个关键要素——现在购买，促销即将结束，点击获取详情。即使是关于遥远的未来的信息——你为你的退休做好准备了吗？一般都会以一个立即行动的召唤作为结论。不过总有例外：有些品牌营销活动是为了一段时间后人们会改变对某个公司或产品的看法——比如说，一家投资银行在次贷危机的创伤后试图修复声誉。但是我们见到和听到的大部分营销活动都有一种急迫性，将它与公共语言更为庄严的形式区别开来。

那种急迫性会用另一种方式来表现自己。在第 2 章中，我们注意到，演说家一般比哲学家更着急，因为他们不想失去听众的注意力。这种情况对营销人员来说无比真实，他们与消费者的接触只是短暂的，而且周围还充满了噪音和竞争对手在分散注意力。因此信息传递的速度也很关键。这就要求简洁明了。所以增补化的重要性与紧迫性共同作用来强化传播的各个方面：数字横幅广告文字的选择和数量、电视广告的节奏、呼叫中心的销售话术。

"增补化""去语境化""强化"，完全就是乔治·奥威尔警告我们要提防的那种又长又难看的拉丁语派生的词汇。我把营销描述得好像一个复杂的行业精炼厂，利用这些和其他"××化"将未加工的语言转化成另外一些更加纯净和集中的内容。虽然现实中会有更多的创意成分，但是我相信以上描述就是它的基本过程。

在实践中，营销被证明是一种时好时坏的事情：重于理论，但是有时却缺乏成果。正如我们所见，营销人员往往会循环利用少数不变的基本思路，根据新客户的需求、市场状况或者新的数据类型提供的新机会，为这些思路披上闪亮的新伪装。尽管如此，考虑到它的巨大商业价值，营销语言是第一种成为大规模、系统化研究主题的公共话语，目的是对它的运作原理以及如何使它更具有说服力进行实证研究，也就不足为奇了。大部分人都知道，现代数字营销非常依赖数据和分析，但是科学营销的理论和实践早在很久之前就开始了。

你所说的前 10 个字

1937 年，美国普伦蒂斯霍尔出版社出版了埃尔默·韦勒的著作《久经考验的销售金句》(*Tested Sentences That Sell*)。这既是一本实用读物，也是一种宣言，代表销售语言的系统化方法能够为销售人员个体和雇佣他们的公司实现的目标。书中有韦勒那句最有名的营销金句："不要卖牛排，要卖烤牛排的滋滋声！"他说这句话的意思是，你应该始终关注"你的提案的最大卖点——你的潜在客户想要购买的主要原因"。不过这本书的大部分内容的重点在于，即使是微小的语言调整也会带来极大的销售差异。

在"简单五个字卖出一百万加仑汽油"一章中,韦勒(Wheeler)讲述了一个相当于早期营销顿悟的故事。这是故事的开头:

> 销售话语比价格标签更为重要。通过话语我们可以控制别人。就因为听了加油站的那个人说的经受考验的话,每周都会有 100 万人购买汽油和石油。[4]

当时年轻的韦勒在他父亲位于纽约州曼彻斯特市的加油站帮忙,一位美孚石油公司不具名的销售员问他对那些来加油的司机到底说了些什么,他回答道:

> 我没有什么特定的话术,所以就告诉他:"有时候我问他们加 5 加仑还是 10 加仑,有时候我只问'今天加多少?'"这位销售员说:"下一个加油的人来的时候,问他这句话:'要加满吗?'"我问了这句话,然后那个司机告诉我把油箱加满。平时只卖 5 或 10 加仑,这次却一下子卖了 15 加仑。

> 加满油箱真是个确定有效的办法! 那句话起了作用,而且在至今为止的 20 年里一直成功有效。

在行为经济学开始发展的半个多世纪之前,埃尔默·韦勒就发现了"温和劝说"的基本原理,换句话说,就是利用潜意识暗示来促使个人或集体给出说话者想要的答复。

韦勒花了多年时间来发展他的这些想法,并利用它们帮助很多公司解决了实际的销售和营销难题。在时机成熟的时候,他创立了韦勒词汇实验室,打算大规模研究最有效的销售语言。他在书中宣称已经分析了超过 10 万个销售词汇和技巧,并且已经在至少 1900 万人身上进行了试验。这两个数字听起来都有些言过其实——《久经考验的销售金句》这本书实践了它所宣扬的增补法——但是显然韦勒早在 1937 年就明白了,现在被我们称为大数据的信息可以在优化传递给公众的营销信息方面发挥核心作用。他引用神探夏洛克·福尔摩斯(Sherlock Holmes)的话:"虽然个体也许是难以解释的难题,但是作为整体时,他们就具有准确的必然性。"并进一步解释说:"这句话的意思是,你永远也无法预测一个人会对特定的销售话语做出什么反应,但是你可以带有科学准确性地说出一般人会怎么做。"[5]

那么所有这些数据让埃尔默·韦勒了解到了说服性语言的哪些内容呢？他最重要的发现之一是关于对急迫性的需求：

> 人们会做出"草率判断"。他们会在看到你的前 10 秒内形成观点，这会影响他们对你告诉他们的事情的整个态度。在前 10 秒钟给他们一份简洁的"电报"，这样他们的看法就会为你所用。让这份电报"唱歌"，这样你就能得到机会进一步"跟进"。[6]

他所说的"电报"的意思是用最简短的言语来表达你的信息。在本章最开始的引语中，韦勒区分了信件和电报，前者是正常的英语散文或口语；后者是简练的语言，立刻就能揭示所谈论的产品的独特卖点。无论是销售人员、父母还是牧师，不管他们要推销的是什么，"他们的前 10 个字比接下来的 1 万个字都更重要！"

对牛排的"滋滋声"目不转睛的专注意味着去语境化——聚光灯集中在核心卖点上，其他的一切，包括所有难处理的不利条件和限制，全都隐藏在暗处——但是韦勒说他完全不赞同故意隐瞒。最好直截了当，使用他的方法来充分利用你的现有条件。实际上，《久经考验的销售金句》的语气一点也不愤世嫉俗；韦勒拥有单纯的热情，那种热情类似于发明家偶然发现了一种会令全人类受益的新技术的感情，而他发现的，就是将伟大的产品和满意的顾客集合到一起的更有效的办法。

他对争论也有一些清晰的建议。"绝对不要对提出反对意见的客户表示不同意"：

> 如果客户说："看起来很重。"你不能说："重吗？完全不重。"相反，你应该说："看起来的确很重，不过你试试，它可能挺轻。"看起来同意了客户的看法，但是婉转地把潜在顾客带进你的思考方式。[7]

标题为"赢得决策，而不是争论"（Win Decisions-Not Arguments）的这个章节展示了这种语言方法与我们对辩论的一般看法之间的彻底差异。尽管哲学辩证和协商修辞都在努力找寻争论的实质，但是遵循埃尔默·韦勒建议的销售人员最需要做的就是让潜在顾客专注于产品的"优点和好处"，反对意见自然就会消失。我们可以看到这种方法在简洁性和影响力方面的优势。而且

回避整个痛苦的对抗辩论过程的这个决定,意味着演讲者获得了更多的自由,可以决定说什么以及怎么说。他们能够获得最强的说服效果,不是通过在复杂的争论中磨炼,而是在实际中跟客户尝试很多不同的信息,并利用结果来选取最有希望的信息,并优化该信息的表达方式。

如果听众要面对的问题只是决定购买哪款吸尘器这种不是那么严肃的问题的话,我们也许不用太担心这种方法。但是如果有人把它用到哲学或政治领域呢?

在《久经考验的销售金句》问世 2500 年前,柏拉图就宣称,在当时的雅典有一群人正在做同样的事情。他担心的是被称为诡辩学者的那些四处巡游的修辞和哲学教师。在《高尔吉亚篇》(Gorgias)中,他展现了苏格拉底与一位知名诡辩家之间的机智答辩。苏格拉底论证说,虽然辩证哲学尝试理解对它所考虑的问题的真正含义,但是修辞——至少诡辩家高尔吉亚(Gorgias)的修辞版本——仅仅试图"奉承"它的听众:

> 高尔吉亚,(修辞)在我看来,完全不是一种艺术的有效准则,而只是一种欺骗公众的狡猾和勇气。如果要给它命名的话,我认为它是一种奉承术。奉承术有很多形式和规模,其中一种是烹饪,可能在有些人看来是一种艺术,不过在我看来不过是一种技能。修辞只是另一种形式的奉承……如果你问我它是哪种奉承,我会说,就是某种政治的虚假版本。[8]

对苏格拉底来说,烹饪是一种"技能",而非艺术,因为它所要求的就是了解人们喜欢哪种烹饪材料或做法。在他看来,高尔吉亚对词语做的是同样的事。苏格拉底说的"技能",柏拉图在希腊语原文中用的是 empeiria(经验),这个词给我们带来了empirical(经验主义):他指责诡辩家利用试错法来确定人们想听的内容,然后向人们呈现这些内容,不管这些内容是不是真实的、富有洞察力的。柏拉图对系统性利用数据来优化语言的做法有种不祥的预感,并且立刻意识到了它对符合规则的旧式争论的威胁。

不过,虽然他的对手对他进行了不满的描述,高尔吉亚还是通过他的修辞课程聚敛了足够的财富,在一座寺庙里给自己打造了一座黄金雕像,而且据说还安详富足地活到了 108 岁,这么长寿真是不太可信。与之相反,直言不讳的苏格拉底最后却被送上了审判台。

一些重要结论

如今高尔吉亚的方法越来越被人信服,不仅在零售营销领域,而且还有公共语言领域,直到不久前,它才被认定为太过严肃,只适合基于证据的辩论。一个绝佳的例子就是现代政治、企业和机构活动的核心内容——战略演讲。

本书大部分内容都是关于政策制定之后是如何被人们讨论和辩论的。在接下来的几页中,我们将会看到香肠是如何制作的——换句话说,就是在最终完成和采纳之前,那些最终成为政策的提案是如何在政府部门、企业以及其他类型的机构中形成、被分享和精炼的。为了帮助我们理解,我们将会浏览另外一份基础操作指南。

你"害怕在一群人面前演讲吗?"或者说"只是想提高你的技能?"不管是哪种情况,《哈佛商业评论——有说服力的演讲指南》(*Harvard Business Review：Guide to Persuasive Presentations*)对你都会有所帮助。封面本身就是一张幻灯片范例:在书名下面是这本书承诺能够帮助你做到的三件事,排成三行带有编号的简练文字:"激发行动,吸引听众,推销你的想法。"

当我们看到苏格拉底、柏拉图和亚里士多德这三个人时,就知道来到了熟悉的领域。这本书讲的是修辞,而且是最先进的修辞。

《哈佛商业评论——有说服力的演讲指南》这本书的作者南西·杜瓦特(Nancy Duarte)开篇就提出反对苏格拉底的观点,认为说服的确是一种艺术,而且是一种真正的付出能够得到回报的艺术:

> 我们在初稿制文化中工作。打出一封邮件,发送;写出一篇博客,发布;快速做出几张幻灯片,开讲。
>
> 但是正是在制作和修改制作的反复和排练中,最好的才会出现。
>
> 当你还有很多其他紧急任务要做的时候,为什么要为了成为一个优秀的沟通者而担心呢? 因为它会帮助你把那些事情做完。
>
> 因此,当你构想、视觉化、展示你的信息时,准备过程不能敷衍,哪怕只是一个简短的谈话。将你的想法提炼成一些重要结论,这实际上要比

创作一个一小时的演讲付出更多精心策划……而且还要收集大量反馈，这样当你再次开始这个过程时，会更有效率。[9]

我们立刻就能看出这跟埃尔默·韦勒的方法多么接近。现在的目标不是推销一些外部的物品或服务，而是推销"一些重要结论"，换句话说，就是推广演讲本身包含的一些重要观点。但是两者的方法非常相似。其核心就是循环的经验主义式优化：在准备演讲的过程中需要"制作和修改制作"，一旦完成演讲，演讲者应该征求"反馈"，并让它成为下次演讲的一部分。

扩大化是贯穿全书的一条线。在一开始，我们就被告知"通过对比来增强你的信息"，因为"有经验的沟通者会通过制造对比元素之间的矛盾来抓住听众的兴趣，然后通过解决这种矛盾带来轻松"。作者列出了对比项目的便利清单——过去/未来、停滞/增长、需求/满足，等等。扩大化会让观点更令人难忘，同时也更戏剧性，因此，如果可能的话，事实应该能够吸引眼球："如果数据很糟糕，不要略过不谈，要把数据扩大。"在可能的情况下，应该将语言加以增强：

> 再举个例子。如果你说你的演讲跟"佛罗里达州湿地"相关，那只是一个题目。加入你的观点和利害攸关方。例如："我们需要限制佛罗里达州湿地的商业和住宅开发，因为我们正在破坏那里的生态系统，杀光濒危物种。"[10]

南西·杜瓦特告诉我们，人们"会从痛苦转向快乐"，因此你应该用"破坏""杀害"这样的词语来"刺激他们"，这样他们就会对保持现在的状态感到不适。

另外一章讲的是金句。由于它们的影响力和易于记忆，"在每场谈话中插入静心撰写的金句"必不可少，不过说到这个部分的时候不要"大肆宣扬"也很重要，因为它们应该显得"即兴"。她给出了史蒂夫·乔布斯（Steve Jobs）利用节奏重复的例子来让我们理解这样的表达方式。乔布斯曾经紧急召开过一次新闻发布会，为了处理 iPhone 4 的一个问题：有些消费者发现，如果他们以某种方式握着手机，接收天线就会不起作用。不过，他想传达的信息却不是这个问题的实际操作，而是苹果公司与消费者的关系：

> 来自数字营销公司 Hubspot 的社交媒体研究员丹·萨雷拉（Dan

Zarrella)指出,乔布斯在演讲中多次重复了"我们想让所有用户都开心"这句话。在演讲中间,乔布斯展示了一页幻灯片,显示天线问题仅影响了一小部分用户。很快,屏幕底部出现了一条信息:"我们在乎每一位用户。"几页之后:"我们爱用户。"然后"我们爱用户"在下一页再次出现,还有下一页以及下一页。"我们爱用户,我们爱他们,"乔布斯总结说,"我们这样做(提供一个免费的手机壳来解决这个问题)是因为我们爱我们的用户。""爱"就是在场媒体从他的这场"危机沟通"中得到的信息。[11]

杜瓦特并没有完全忽略辩证——她建议进行仔细研究,以便识别那些可能被你的听众拿来对抗你的观点的任何"逻辑论证"——通过"平衡分析和情感吸引力"和"加入情感特征"来进行强调。而且该书的核心观点是"故事":"利用讲故事的原则和构造来吸引你的听众",在一开始应该设定你的演讲打算解决的问题或矛盾,结束时"你要描述如果他们采纳你的想法,他们的世界会有多幸福"。[12]读者留下的印象是,在大多数情况下,故事要比争论更安全也更有效,因为它的幻灯片组合可以以任意顺序组合,可以促进印象派的讲故事,而不是结构化的论证。

《哈佛商业评论——有说服力的演讲指南》是一本富有思想的著作,作者对亚里士多德学派和说服听众的最佳现代观点都非常熟悉。不过上面提到的演讲者必须用来吸引听众的那个"幸福的"世界,恰恰突出了我们与协商修辞世界的距离多么遥远。跟营销语言以及其他形式的示范修辞一样,这本书的目标是美丽的和愉悦的事物。结论不是通过辩证论证得到,而是作为一场情感上令人满意的叙述最后的包袱被抖出来的。埃尔默·韦勒告诉我们,要"赢得决策,而不是争论";而现在杜瓦特再一次建议我们,通过一个戏剧性、引人入胜的故事,将听众顺利带进预先设定的情绪状态中,而不是向听众展示一系列逻辑关联、可以进行考验和质疑的观点。在现实中痛苦或精妙平衡的选择将会被展示为不可避免的,甚至是显而易见的。兴趣和关系将会被削减到基本的人类情感本能和那些原始的对立组合:需求—满足、牺牲—回报、停滞—增长。

在很大程度上,政策的制定已经从人物肖像变成了风景画,从散文变成了要点和图表,从争论变成了故事。如果这就是政策形成的方式,那么它的沟通

方式进行类似的转变,是不是也就不奇怪了? 我们爱用户,我们爱他们。让他们想太多是不对的。

重要的不是你说了什么,而是他们听到了什么

考虑到他们面临的竞争压力,政治家们是天生的营销人员,而且他们时刻注意着如何能够把他们的消息传递出去,让他们占据优势的新方法。自大众媒体兴起,能够用来做新闻标题、帮助普通选民理解复杂的政治立场的简短语句就是政治传播的一个特征。以"黄金十字架"为例,这个短语出自威廉·詹宁斯·布赖恩(William Jennings Bryan)1896 年的一次演讲"你不应该把人钉在黄金十字架上",并且很快成为反对金本位制的通用简写。还有"他让我们远离了战争",是伍德罗·威尔逊(Woodrow Wilson)1916 年总统竞选的核心命题。那次竞选中,两个党派都开展了声势浩大的营销活动,以致第二年美国国会首次考虑管理政治广告事务。[13]

1930 年,《广告时代》杂志宣称"政治竞选在很大程度上是一种广告活动",到了 1940 年,专栏记者多萝西·汤普森(Dorothy Thompson)在美国哥伦比亚广播公司的广播节目上指责打算进行"强行推销"的广告人员渗入美国政治:"他们的意图在于先制造恐惧,然后再提供带有品牌的解救办法。"[14]

汤普森告诉听众,她将会把票投给罗斯福,因为跟罗斯福的共和党竞选对手不同,他没有找广告专家来帮他。与之相反,埃尔默·韦勒则在《久经考验的销售金句》一书中称赞"推销员罗斯福"在 1936 年的总统竞选中利用"词汇魔术"获得了选民的信心。他引用了一段罗斯福的优秀演讲词:

> 四年前,白宫就像一家急救医院。商人们因为头疼和背疼来找我。除了老大夫罗斯福之外,没有人知道他们有多难受。
>
> 他们想通过打针来快速缓解当前的疼痛,并尽快痊愈。我满足了他们的这两个要求,他们采取了行动。实际上,我们如此快速而又高效地治愈了他们,所以现在同一批人又回来了,把他们的拐杖扔到医生脸上。[15]

韦勒总结说,罗斯福"知道有些话能说服人们,有些话不能,而他确保他只使用经过考验的语言,并把它直接快速地印在选民的心中,而且永久保留"。

在二战后的数十年中,政治营销变得愈发系统化和普遍。早在开始部署电视广告和海报之前,广告公司就被引入,为信息传递提供战略性建议。越来越多的拥有广告和营销工作背景的人被总统和其他政治领袖选为全职员工,在尼克松的白宫团队中就不下五位,他的幕僚长霍尔德曼(H. R. Haldeman)就来自智威汤逊广告公司。与此同时,政治营销本身也成为一个竞选议题。在 1956 年的民主党全国代表大会上,得到总统候选人提名的阿德莱·史蒂文森(Adlai Stevenson)宣布民主党将会发动营销教材上的所有招式:"认为可以把候选人像早餐麦片一样推销到高层办公室——可以像机顶盒一样聚集选民——的想法是对民主程序最大的侮辱。"[16]他忘了提及,民主党刚刚与位于美国广告业中心地带麦迪逊大道的一家广告公司签订合作协议。

到了 20 世纪后半期,政治营销人员可以利用关于不同需求和活动的快速增长的大量理论和实践经验,它们构成了新出现的营销准则:市场调查、营销策略、品牌营销和定位、直接营销和客户关系管理、广告、公共关系和企业传播。

心理学和行为学领域在 20 世纪初形成的观点被迅速应用于商业和企业问题。比如说,现代公共关系发展的一位关键人物——爱德华·伯纳斯(Edward Bernays)曾经借用过精神分析的概念(西格蒙德·弗洛伊德刚好是他的舅舅),而苏联生理学家伊万·巴甫洛夫(Ivan Pavlov)利用动物和人类的条件作用创造了他自己关于大众行为以及商业机构或政府如何在美国这样的现代化工业社会"策划许可"的理论。[17]

其他营销分支的理论家也从社会科学各个领域中吸收观点和实验发现。即使在早期,就像我们看到的埃尔默·韦勒一样,他们拥有强烈的直觉,认为最深刻的见解将会依赖各个部分的组合,包括高级概念模式识别、有效的案例分析和海量统计数据——大创意、引人入胜的人物故事以及来自世界上最伟大的侦探关于"准确的必然性"的诱人承诺。

在适当的时候,营销会从新出现的社会心理学和社会人类学中吸收大量其他方法和理论。这些准则也要求将理论建立在经验证据之上,不过证据的性质多种多样:人类学家偏爱的对相对较小的人类群体的长期观察研究(这就带来了一个营销类别的诞生——人类学田野调查,指的是研究者沉浸在消费者的生活中),尤其是在社会心理学与经济领域重叠不断增多的情况下,心理

学家则常常更加依赖大规模的定量研究和数据分析。这些都称不上严格的科学,研究人员在解读这些数据时的判断和"感觉"依然被认为非常关键。但是它们共同为营销人员提供给客户的见解增加了深度和广度。

对于绝大部分民主党政治家来说,这都是一笔难以抗拒的交易。因此政治营销开始缓慢而又必然地向上发展:营销人员不再等到最后阶段才被引入,为传递预先存在的政策和人格特质制订广告活动方案,而是开始应邀加入早期的政治战略讨论,甚至是庄严的政策规划领域。现在,调查、焦点小组以及其他市场研究方式都被用来协助确定特定党派的政治议程应该包含哪些内容,而不是仅仅用来确定应该如何推销议程。

过去几十年来,政治领袖们一直依靠民意调查来帮助他们跟踪公众情绪,但是这些调查结果和见解难以避免地都是回顾性的——它们会告诉你上个星期或者上个月公众说了什么,或者可能会投票给谁。新的营销专业人士宣称,他们能够建立具有足够深度和先进性的听众模式,从而具备预测性。这正是政治领袖们真正在意的——如果用某种方式宣布这项政策,公众将会做出什么样的反应。在实践中,实际情况往往会固执地拒绝遵从研究结果,公众会拒绝接受数据表明他们应该接受的政策和候选人。但是也有成功案例,而且在对外宣布政治观点和信息之前,能够在营销实验室进行测试和调整,这对很多政治家来说也是很难无视的诱人机会。

新一代政治营销人员引进的方法之一是市场细分。店主和制造商们很久以前就知道,要把潜在顾客分成不同的群体,并按照不同的群体来定制产品——男性和女性、老年人和年轻人、富人和穷人等。到了 20 世纪 50 年代,这些高层次的人群区分依然存在,不过营销专家开始开发一种更复杂的原则。以下内容节选自美国市场学家温德尔·史密斯(Wendell R. Smith)于 1956 年发表在《市场营销杂志》(*Journal of Marketing*)上的文章:

> 市场细分包括根据不同的喜好,将一个由不同种类组成的市场看作多个同类组成的市场,这可以归因于消费者渴望自己的不同需求得到更为准确的满足。[18]

从理论上来说,营销人员可以将一群人分为相似消费者组成的各自独立的团体,并且为每个团体提供相应的产品及产品相关信息。也没有必要将这些团体限定在传统的年龄、性别等类别范围内。营销人员可以研究数据,并基于共同的兴趣爱好、态度或生活方式来建立全新的细分类别:热爱运动的单身人群、经济状况正在上升的家庭、勤俭节约人士。与简单的人口结构类别不同,这些新的细分类别是估算出来的非现实结果,因此它们让人感觉有些虚假、带有倾向性。不过它们能够赋予听众活力,不仅能激发广告创意团队的灵感,还能激发产品团队,甚至是公司高层实现伟大成就。

如果你可以将消费者分组,为什么不能将选民分组呢? 在适当的时机,政治竞选经理甚至候选人自己都会带着饥渴的销售总监的那种渴望来仔细研究细分模型。举个例子,在 1956 年的总统竞选中,比尔·克林顿(Bill Clinton)和鲍勃·多尔(Bob Dole)的竞选团队都决定集中关注一个被称为"足球妈妈"的细分群体。顾名思义,这个词语指的是那些开车送孩子去足球比赛的妈妈,不过它也暗示着这是一位在社区表现活跃的郊区妻子和母亲,她要全力应对忙碌的生活,同时对自己的家人期望很高。最后一点,也是对两个党派都很重要的一点是,她关心时事,但是在政治方面是个温和派,如果能够被说服,投票给民主党或共和党都有可能。

这个短语特别突出,因此美国方言协会将它评选为当年的年度词语。[19]不过虽然报纸和电视公司很容易找到"足球妈妈"的样本并进行采访,她们并不是一个类似非裔美国人或者五岁以下儿童那样的具体类别,而是一个由定性数据、定量数据和直觉混合构成的概念。尽管如此,这个概念拥有一种清爽感和人性成分,这是另外一个描述更为准确却又不太容易产生共鸣的细分类别("中产阶级女性温和派")所缺少的。两个党派明白,它们可以将这个概念当成一块有创意的试金石,适用范围既包括政治广告,也包括政策选择。在此次竞选中,只要有她们存在的选区,足球妈妈们全都果断地决定投票给整体上更富有同理心的克林顿,而不是严肃阴郁、不太自然的鲍勃·多尔。

对定性研究、定量研究以及其他营销方法的深度了解很快将会成为任何想自称政治顾问或经理的人的必要条件。在美国,共和党在 20 世纪 90 年代和 21 世纪初期占据该领域的领导地位,但是接下来奥巴马的竞选团队将市场细分和用户定向带到了新的高度。

肯·斯特拉斯玛(Ken Strasma)是一位民主党政治顾问,拥有一家名为战略遥测(Strategic Telemetry)的公司。他认为,尽管有些客户可能还在寻找灵丹妙药,并且想知道"到底是养猫群体、喝波本威士忌的人,还是一些好听的漂亮口号管用",但是真相取决于"几百个不同数据点之间的互动——很少会看到单个指标出现"。[20]不到十年,"足球妈妈"这样的分类就成了过时的说法,它们对信息的微观定向标准来说不够准确,对大部分预测用途来说太过宽泛。因此奥巴马团队放弃了"美好"短语这块舒适的毯子,转而开始寻求大量数据的交叉点。他们希望数据科学能够带领他们获取当代营销的圣杯——精心调整的信息不是针对 100 万人,也不是针对 1000 或 100 人,而是针对一个人。

就像早期政治信息的推广一样,新的营销方法也传播到了大西洋彼岸。20 世纪 90 年代中期,英国首相托尼·布莱尔(Tony Blair)接受了来自菲利普·戈德(Philip Gould)和其他专业人士关于当时最先进的战略听众的建议。而且正如我们所见,2010 年大选后,当选为首相的戴维·卡梅伦聘请史蒂夫·希尔顿(Steve Hilton)为顾问,后者在职业生涯中一直表现出对营销的兴趣和天赋。现在他充满了各种想法,不仅要利用数字技术、社会心理学和行为经济学来获得对全体选民史无前例的了解,并在政策制定过程中使用这些信息,而且还要与选民建立更亲密的关系。新式政治营销专家们也拥有与埃尔默·韦勒一样的梦想,那就是基于对公众态度和渴望进行实证分析和概念解构,创造一种新的有力的说服性。现在他们相信自己拥有技术和经验来实现那个梦想。

在该领域的所有当代实践者中,最关注如何把最有效的政治语言设计细化到单个词汇和短语的人,可能就是美国政治和商业顾问弗兰克·伦兹(Frank Luntz)。他出版了《说话的力量》(*Words That Work*)等多本面向政治和商业领袖的著作,他的辩论观点跟韦勒一样,那就是成功的公共语言不需要由机会或者个人直觉来决定,而是可以通过全面和循环的听众测试来实现。以下内容来自他于 2011 年发表在《赫芬顿邮报》(*Huffington Post*)上的文章:

> 言语很重要。最有影响力的言语已经协助发动了社会运动和文化革命。最有效的言语已经促进了公共政策的重大变革。在恰当的时机,恰当的言语真的可以改变历史。[21]

弗兰克·伦兹在其研究的基础上,进一步给读者列出了 2011 年政治家和其他领袖应该使用的 11 个关键词语和短语,大部分都非常简单。显而易见,"想象"依然很有影响力,这不出所料,"正直"也是如此,尤其是在"毫不妥协的正直"这个短语中。他还着重推荐了"我明白了"这个短语:

> 这不仅说明了自己完全了解当前的情况,而且还表现了处理或解决(问题)的意愿。这句话简短、动听,而且很有效——只是很少有领袖用到它。[22]

弗兰克·伦兹推荐"我明白了"并非出自直觉,而是因为他见证并估量过听众对这句话的反应。他有一种方法,叫作"即时反馈焦点小组",就是让一组被选中的调查对象听一个人的演讲或其他刺激因素,并且使用手持设备持续不断地测量他们的反应,并将这些反应混合,建立一个实时变化的活动图形。伦兹经常使用的这种技术,跟埃尔默·韦勒为了帮助广播公司给不同政治家的口才分等级,在 1930 年发明的"心理肌电反应计"存在极大的家族相似性。2005 年,我们在英国广播公司的《新闻之夜》(Newsnight)栏目中同时采用人和机器来观察特定选民群体对一些竞选保守党领袖的议员的反应。当天晚上,在手持设备上得分最高的是戴维·卡梅伦,他后来的确当选了该党首领。后来间或有人提出,他的这场胜利部分归功于他在即时反馈焦点小组中明显占上风。[23]

对伦兹来说,找到恰当的言语是一种行为学的挑战。因为人类受到情感的驱动比智力更为显著,对特定政策或政治想法的一种表达方式可能明显比另外一种方式更具有说服力,在情感上也更容易被人接受。没有提前仔细测试措辞的演讲者可能会发现听众的反应完全不同于他们想要的效果。最好先做调查,通过系统地试错来找到效果最佳的措辞内容。伦兹的公司格言是:"重要的不是你说了什么,而是他们听到了什么。"

伦兹认为,答案通常是使用响亮而又简单的英语词汇。跟乔治·奥威尔和南西·杜瓦特一样,他认为使用行业术语和技术官僚语言永远都是个错误。而且跟埃尔默·韦勒一样,他相信关键在于演讲者的真实性和演讲内容的完整性。他认为他的方法并不是帮助不择手段的演讲者误导和哄骗听众的黑魔法,而是让政治家和企业总裁与他们的听众建立信任和共鸣的一种方式。

虽然清晰度很重要,特定表达方式的强度对弗兰克·伦兹来说尤为关键。在 20 世纪 90 年代中期与美国有约[①]运动期间,作为当时的国会众议院议长纽特·金里奇(Newt Gingrich)的民意调查专家,伦兹大力推行"死亡税"(death tax)这个短语,它是由保守派活动家詹姆斯·L. 马丁(James L. Martin)最先提出的,作为房产税的一种更有感染力的说法。他推荐这个短语并非出于直觉,而是基于听众对并列出现的对立词组"死亡税"和"继承税"的反应的系统测试。"遗产税"也许对十五年后莎拉·佩林(Sarah Palin)的"死亡陪审团"具有一定影响。

不过有时候,重要的是给气球放气,而不是打气。正是弗兰克·伦兹建议乔治·沃克·布什(George W. Bush)政府不应该使用"全球变暖",而是用听起来更为中性的"气候变化":对词汇做出哪怕是一毫米的调整,你就能改变争论的措辞,而且还不会引人注意。本书中重复占据重要地位的简练而又巧妙调整过的政治语言是众多不同趋势和力量的产物。

我们也可以把它看成是一种新准则的顶点——通过系统的实证检验来优化语言,这是 20 世纪创造的方法,用来帮助销售商业产品和服务,但是现在经常被弗兰克·伦兹这样的专业人士用于政治言辞。

无论是他还是其他践行者都不会承认他们的方法是以系统性的争辩和说明为代价的,给予同理心和影响力以优待,但是考虑到政治和现代媒体的残酷现实,这往往就是结果。尽管柏拉图费尽心血,但是现在在争论中占优势的是高尔吉亚,不是苏格拉底。现在这位诡辩家的活动不再仅限于雅典市场,他繁忙的日程安排还包括麦迪逊大道、硅谷、华盛顿以及世界上其他权力中心。

但是现在驱动营销活动的技术让弗兰克·伦兹的联网焦点小组都显得过时了。如今越来越多的首席营销官得意地展示着计算机科学学历,并且期望

---

① 这是一份共和党政策竞选纲领,发布于 1994 年,主要由纽特·金里奇(Newt Gingrich)和迪克·阿米(Dick Armey)执笔。——作者注

他们的大部分决策以数据为导向。数据科学家们利用机器学习——一种人工智能的形式以及更为传统的数据分析，在充满信息的服务器群中进行筛选，寻找可以用来预测未来行为和偏好的消费者行为模式。在数字平台上进行的不同营销信息和执行的检验不再需要调查问卷或面谈，而是按照用户群比例实时进行和评估。而且再一次得到证明的是，看似微小的表达变化——用于鼓励消费者购买的具体措辞，甚至是产生吸引力的颜色或字体大小——都会极大地影响结果。A/B 测试和多变量测试——向不同的用户群体展示一个数字网站的多种变量，并将结果进行对比——不可避免地被政治家及其营销专家加以采用。谷歌浏览器前工程师丹·西罗克（Dan Siroker）曾经担任 2008 年奥巴马总统竞选的分析主管。西罗克通过利用 A/B 测试和其他网站优化手段，极大地增加了奥巴马网站（通过提交电子邮箱）转化为订阅用户的访客比例。这相应地带来了竞选捐款金额的极大飞跃。西罗克后来和别人联合创立了科技公司 Optimizely，他们的软件已经被用于 2016 年杰布·布什（Jeb Bush）、马可·鲁比奥（Marco Rubio）、本·卡森（Ben Carson）、伯尼·桑德斯和希拉里·克林顿等候选人的竞选活动。

测试更多地被用于优化特定网站更广泛的用户体验，确定是放一段视频好，还是在背景中放一张静态图片好，或者是"我同意"或"捐款"按钮应该用多大的字体、哪种颜色。但是有些候选人也会测试哪种"标题"，也就是说，哪种竞选信息或承诺最能引起用户共鸣，最有可能让他们订阅或捐款。有时候对特定政治信息的表达方式会和竞争对手的表达方式放在一起进行测试。这些自动测试对候选人更广泛的言辞有多大影响目前还不清楚，不过很难相信它们完全没有影响。

候选人也不需要等待传统民意调查、回顾研究和学术性臆测的结果来估计公众对他们的竞选活动的反应。基于社交媒体和网络搜索的数据进行的实时情感分析，可以展示公众对新品发布、总统辩论或者任何事情的当前反应和变化的反应。

与此同时，社交媒体就在手边，可以进行一种非正式的语言优化。莎拉·佩林本可以聘请弗兰克·伦兹来帮她找出攻击奥巴马医改计划的最佳短语，不过她不需要这么做。互联网和推特、脸书等平台已经把所有的线上人类转化成了一个巨大的政治语言实验室。一个评论员或政客一天可以发布几十句

话。大部分沉没得毫无踪影,但是不时会有某句话特别吸引眼球,或者发人深省,或者非常有趣,几分钟之后,它就会得到不断扩大的人群的转发。随着时间流逝,公众人物认识到了在各个数字环境中最能发挥作用的是哪些内容,因此就有了我在第 1 章开头引用的,莎拉·佩林自己创造的修辞艺术的精华——"死亡陪审团"和"不要撤退,乘胜追击!"

而且正如我们谈到过的,报纸和传统电视台着迷一般地关注着这些平台,尤其是推特,一条推文或帖子可以跨越各种传统媒体渠道,并得到进一步增强。一场达尔文式的词汇和短语的自然选择正在上演,按照定义来说,在这个过程最后出现的唯一一种语言,就是能够发挥作用的语言。你听到了,理解了,并把它继续传递下去。说服的艺术曾经是人类最宏伟的成就,只有那些天才——狄摩西尼、西塞罗、林肯、丘吉尔——才能到达它的最高峰,但是现在它正在获得很多计算机科学的特征。修辞不是艺术,而是运算程序。

一个关于判断的问题

目前为止,听起来似乎所有的办法都对公众不利。如果营销语言对其他形式的公共语言具有决定性影响,如果神探福尔摩斯说的是对的,我们对它的集体回应会接近"准确的必然性",那么我们注定要像巴甫洛夫实验中的狗一样,一听到信号就流口水吗?还是有别的办法让我们可以保持批判性距离,对正在考虑的问题做出自己的决定?

要回答这个问题,让我们先看一看传统的商业营销。既然所有的商业信息都具有功服力,为什么我们没有把超市货架上的每一样商品都买下来呢?营销学的教授可能会给出两个理由。第一个理由是竞争。每一条营销消息都要与对手进行竞争。你看了一段宝马汽车广告之后,可能有一瞬间深信世界上最好的轿跑车是宝马。但是几秒钟之后,你又看到了奔驰跑车的广告,接下来是奥迪的广告。每个品牌的广告都有不同的说法,而且更重要的是,它们会引发不同的氛围:奔驰汽车也许代表的是你在人生中的成功;而宝马可能吹捧你的良好车技;至于奥迪,恰恰因为它既不是奔驰,也不是宝马,它可能赋予你独立、不随波逐流的特质(至少跟那些昂贵的德国汽车的买家相比)。

第二个理由是实证反馈。当人们消费商品或使用服务时,能够对营销承诺进行检验。一家电影公司也许会在营销资料中声称它的某部电影作品是有史以来最好笑的电影,但是,一旦观看首映的观众发现这部电影一点儿都不好笑,第二天早上,这个严峻的事实就会出现在烂番茄和 IMDb 这两个著名的电影评论网站上,所有网民都能看得到。很多商品属于经济学家所说的信息产品(information goods)——只有在消费之后,你才能评价这个商品的质量——但是如果购买者对购买的商品不满意,他们就不会再次购买,而且可能还会告诉他们的朋友不要购买这种商品。

但是竞争和实证反馈都依赖人类的一种能力来按照当下可得的信息和更广阔的人生经验(这也是最好的、最可信的),根据临界辨别过程来做出消费决定和反问评论,并进行评估。希腊人将这种能力称为实践智慧,是一种实际的智慧或判断,他们将之与智慧区分开来,后者指的是与科学和抽象知识相关的智慧。西塞罗在拉丁文中将它称为 prudentia,英文单词 prudence(谨慎)就是由它转化来的。

正是谨慎让我们免受无保障的营销主张的伤害,因为它让我们对任何听起来好得让人难以置信的东西都进行理性检查,对任何类型的劝说也是如此。在成熟、运行良好的政治和语言环境中,意识到公众的谨慎能力会让那些原本可能会受到诱惑而空口许愿的政治家保持一些克制。

但是这种能力的力量有多大? 这是古典世界的一个争论话题,至今尚无定论。很多古代的观察者强调了实践智慧的易错性以及由此带来的人们轻信不诚实或误导性劝说的弱点。对于那些曾经见证过政治机构和社会秩序瓦解的人来说,实践智慧的这种内在弱点足以让他们拒绝接受民主的优点。希腊历史学家修昔底德曾经讲过一个故事:有一天,煽动动乱者克里昂(Cleon)——"最暴力的公民",说服雅典公民大会派遣一艘三层划桨战船去平定米特里尼岛上的一场叛乱,屠杀那里的人民。[24]在 24 小时之内,狄奥多图斯(Diodotus)说服公民大会撤销决定,又派了一艘船去追第一艘船。两个对立的演说家、两艘快速前行的船,众人意见先倒向这边,又倒向那边。修昔底德似乎想表达的意思是,这就是你的民主。

这种对人类的实践智慧的悲观情绪也不限于古典世界。英国哲学家托马斯·霍布斯（Thomas Hobbes）既翻译过修昔底德的《伯罗奔尼撒战争史》（*History of the Peloponnesian War*），也翻译过亚里士多德的《修辞学》，还见证了激烈的宗教和政治差异在17世纪前半叶导致英格兰四分五裂的场面，之后他开始相信，大部分个人的一己之见都非常易受影响，而且善变，因此他们对公共讨论或者决策制定起不到一点儿帮助作用。"大部分辩论者除了添麻烦，能用他们的无能观点给政策做出什么贡献？"霍布斯问道。[25]

那么现代人对实践智慧持何种态度呢？这个问题跟我们对修辞的感受紧密相关。如果你还对一般民众抱有信心，相信他们能够利用常识和辨别力来看待政治家对他们所说的话，你就不会相信营销演说能征服一切，也不会相信修复公共语言的任务已经没有希望。最简洁地表达这种态度的格言出自林肯（尽管并没有证据表明他真的说过这样的话）："最高明的骗子，可能在某个时刻欺骗所有的人，也可能在所有的时刻欺骗某些人，但不可能在所有的时刻欺骗所有的人。"[26]对公众的批判性信仰和对民主的更广阔的信仰之间存在关联。在英语国家的司法体系中占据核心地位的陪审团制度也是以公众整体的谨慎能力的信心为前提。

但是如果你认为一般公民都很容易受骗，不思考，那么，你可能会跟柏拉图和霍布斯一样，认为政治家和营销大师在所有的时刻欺骗所有的人是有可能的，或者说太多人会受骗，无所谓了。目前，对实践智慧的悲观迹象越来越多。

对笨蛋化各种形式的恐惧，本质上是害怕那些不如自己聪明或者受教育程度低的人如果凭借自身的力量，不能或不愿意提出正确的问题，或者做出正确的文化决定。后面章节将会更多谈及的呼吁审查通常会泄露对能力缺乏信任，当然不是对即将进行的审查缺乏信任，而是对一般公众对有价值的、虚有其表或具有破坏性的想法或意见的辨别能力缺乏信任。而且，请弗兰克·伦兹和很多人见谅，敦促大家要简化言语，不要相信你的听众能够理解政治家和政策制定者每天都要应对的复杂性和模棱两可，这也是对谨慎能力不信任的标志。

你可以在相信实践智慧是一种普遍的官能的同时，依然认为我们的言辞进入了歧途。但是除非你相信人类的谨慎能力，否则什么都无法让你相信，回归正途的办法是存在的。当我们考虑补救措施时，我们对信任自己的同胞的准备程度将会成为核心问题。

在前面这四个部分中,我们已经探讨了我们的公共语言突然出现的这些危机的根本原因。首先,西方政治的特征不断变化,尤其是在冷战后,之前基于阶级和其他形式的传统群体认同的从属关系已经让位给一个更为复杂和不确定的前景,政治领袖们都在努力争取清晰度和差异化。其次,制定现代政策的专家与一般公众的世界观和语言之间的差异不断增大。再次,数字技术的影响以及它给新闻记者和政治家们带来的混乱和竞争。最后,理性主义者和真实主义者关于良好的公共语言的组成成分的争论,这场争论已经持续了两个多世纪,却依然没有定论,而且还在继续困扰和歪曲今天的语言修辞。

我们终于描绘了销售和营销相关的语言是如何取代传统的协商修辞,塑造和影响整体(至少是部分)公共语言的。这些影响包括给政治语言增加了一些简洁性、强烈性和紧迫性,这些都会让我们想到最优秀的营销语言,不过它也减少了政治语言的解释和辩论能力。而且面对公共语言的这些以及众多其他压力,我们引入了一个脆弱的观点,那就是人类拥有天生的谨慎能力,可以用来决定相信哪些人和哪些话。

本章参考文献

1   Elmer Wheeler, *Tested Sentences That Sell*（Prentice-Hall, 1937）, 7.

2   Aristotle, *Art of Rhetoric*, I, iii, 5.

3   "How Advertising Works: What Do We Really Know?", *Journal of Marketing*, Vol. 63, No. 1, January 1999.

4   Wheeler, *Tested Sentences That Sell*, 110.

5   Ibid., 25.

6   Ibid., 7.

7   Ibid., 62-63.

8   Plato, *Gorgias*, 463-464.

9   Nancy Duarte, *Haruard Business Review: Guide to Persuasive Presentations*（*Harvard Business Review Press*, 2012）, xv.

10   Ibid., 28.

11　Ibid. ,59-60.

12　Ibid. ,73.

13　Stephen Fox, *The Mirror Makers : A History of American Advertising and its Creators* (*University of Illinois Press* , *1997* edition) ,307.

14　Ibid. ,308.

15　Wheeler, *Tested Sentences That Sell* ,129-130.

16　Quoted in Fox, *The Mirror Makers* ,310.

17　See Edward Bernays, "The Engineering of Consent", *Annals of the American Academy of Political and Social Science* ,1947.

18　Wendell R. Smith, "Product Differentiation and Market Segmentation as Alternative Marketing Strategies", *Journal of Marketing* , July 1956. See https://archive. ama. org/archive/ResourceLibrary/MarketingManagement/documents/9602131166. pdf.

19　http://www. americandialect. org/woty/all-of-the-words-of-the-year-1990-to-present♯1996.

20　Quoted in *Salon*,16 July 2008. See http://www. salon. com/2008/07/16/obama_data/.

21　http://www. huffingtonpost. com/frank-luntz/words-2011_b_829603. html.

22　Ibid.

23　See, for example, Nick Cohen, the *Observer*, 10 December 2006, http://www. theguardian. com/commentisfree/2006/dec/10/comment. conservatives.

24　Thucydides, *History of the Peloponnesian War* ,III,xxxvi.

25　Thomas Hobbes, *On the Citizen* (originally published in Latin as *De Cive* ,1642; Cambridge University Press,1998,ed. and trans. Richard Tuck and Michael Silverthorne), 123.

26　See David B. Parker, *You Can Fool All The People : Did Lincoln Say It?*, History News Network: http://historynewsnetwork. org/article/161924.

Enough
Said

09

付之一炬

　　我有一个理论,这个理论有些人相信,那就是疫苗接种。我的意思是说,我们以前从来没有见过这样的东西,现在它却四处蔓延。过去十年来它的使用率增长得很快,过去两年内更快。你知道,当你带着体重大概 12 磅(约 5 公斤)的宝宝来到医生的办公室,他们会同时给他注射很多疫苗——我完全支持疫苗接种,但是我觉得当你把这么多疫苗都注射进去,然后 2 个月之后,宝宝会变得很不一样,会有很多不同的事情发生,我真的,知道一些案例。

——唐纳德·特朗普,2012 年[1]

在美国电影导演斯坦利·库布里克(Stanley Kubrick)1964 年执导的电影《奇爱博士》(*Dr. Strangelove*)中,脾气暴戾的美国空军将领杰克·瑞朋(Jack D. Ripper)派遣 B－52 轰炸机对苏联发动袭击,试图挑起核战争。就在举枪自杀之前,他向英国皇家空军上校莱昂纳尔·曼德雷克(Lionel Mandrake)解释了自己的动机:

瑞朋:你知道饮用水氟化是从什么时候开始的吗?

曼德雷克:不,我不知道,杰克。不知道。

瑞朋:1946 年,曼德雷克。一种外来物质被引进我们珍贵的体液中,我们却都不知道,当然也别无选择。

曼德雷克:杰克……杰克,听着,告诉我,嗯……你是什么时候想到这个理论的?

瑞朋:这个嘛,我,嗯,我,第一次想到这一点,曼德雷克,是在用身体行动表达爱意的时候。[2]

50 年后,很多看似精神正常的人也被一种非常类似瑞朋将军的恐惧控制

195

了，他们担心以促进健康的名义被引进的儿童疫苗像自来水氟化一样，本身实际上是造成流行病的原因。

跟其他药物一样，疫苗也有副作用，而且大家早就知道，在几百万个接种疫苗的儿童中间会有几个出现负面反应，在少数人中后果会非常严重。跟其他药物不同，疫苗一般用于健康的儿童和成年人，而不是病人。这种看起来不正常的情况——医生或护士把针头扎进一个非常健康的宝宝的身体，让他或她大哭起来——总是会引发一些家长心中的返祖性恐惧。在历史上对疫苗接种方案的反对存在大量例子，尤其是在政府强制推行的情况下。但是目前关于疫苗接种的恐慌有它自己的流传病学。

1998 年，一个名叫安德鲁·韦克菲尔德（Andrew Wakefield）的英国医疗研究人员，在发表于英国著名的医学杂志《柳叶刀》（*Lancet*）的论文中声称，他和同事发现麻疹疫苗（可以预防麻疹、腮腺炎和风疹）跟一种肠病和自闭症之间存在联系。该领域的绝大多数专家一开始就对韦克菲尔德的结论持怀疑态度，其他研究团队也未能再现他的研究结果。显而易见的危险也很快就被指出，那就是如果对这个在科学上站不住脚的麻疹疫苗安全性的问题过度关注，可能会导致一些家长不给孩子接种疫苗，进而影响整个国家的人口健康。

但是在最初几年，在英国等地新闻中对这个故事的报道显得好像争论双方实力均衡。英国广播公司的议题式电台节目《今日》，孜孜不倦地报道这个故事，并组织了多场直播辩论，疫苗压力团队的非专家代表和代表政府的科学家和、医生的发言时长相同。[3] 对韦克菲尔德理论的重视带来了影响。《今日》节目在 2001 年进行的一项民意调查发现——毫无疑问这项调查是由该节目自己的倾向性报道促成的——至少有 79％的调查对象认为应该对该问题进行公开调查。[4] 正如预料的一样，不仅在英国，其他国家的疫苗接种率都有所下降，数年后，英国和其他国家的麻疹发病率开始上升。

科学和职业问责的车轮前进得缓慢，但是到了适当的时机，韦克菲尔德的论文被证实既有错误又存在欺骗，名誉扫地。另外一份专业医疗杂志将它描述为"可能是……近 100 年来最具有破坏性的医疗骗局"[5]。2010 年，韦克菲尔德因严重违反职业操守被吊销行医资格。那篇论文的联合作者早在几年前就否认了与那篇论文及其理论的关系。

有人也许会以为这样就结束了。但是早在关于麻疹和自闭症观点证据确凿的判决结果出来之前,反疫苗接种运动就已经聚集了自己的力量。他们并没有放弃对这种联系的信任,而且还提出了关于疫苗可能是造成自闭症和其他疾病与残疾的原因的大量猜测。其中一种就是"太多,太快",或者叫"疫苗过量"理论。这就是本章开头节选的唐纳德·特朗普接受福克斯新闻(Fox News)节目 *Fox & Friends* 的电话采访时提到(甚至可能会主张这是自己首创)的理论。

这种理论并没有医疗或科学证据支撑,甚至没有概念模型来表明它为什么是真实的。儿童接种疫苗的日程安排过去会,以后也将会继续经受密切监控。就像吃甘蓝菜一样,我们没有理由相信婴儿接种疫苗会导致自闭症。但是对那些真实信徒来说,这些事实并不是事实,而是阴谋和掩饰的证据。小罗伯特·肯尼迪(Robert F. Kennedy Jr.)就是一名反疫苗接种活动领导者,他们指责美国政府和医疗机构掩盖危险的真相,举行"秘密会议""串通"大型制药公司,并且在对外援助促进并资助发展中国家的疫苗接种方面,让美国面临全世界指责毒害他们的儿童的危险。[6]这位反疫苗接种人士利用典型的现代修辞倒装,一开始就把医疗机构本身定义为"反疫苗安全的游说团体",并把他自己描述为非反对人士,而是支持儿童健康的运动参加者。浏览一下反疫苗网站样本(childhealth-safety. wordpress. com),你就会发现疫苗接种守卫者被他们称为"网络暴徒和流氓"。"这些禽兽,"该网站写道,"令人讨厌,就是讨厌。"[7]

在安德鲁·韦克菲尔德丧失信用后,大部分媒体调整了对这个故事的态度,不再给疫苗怀疑者同等时间或同等处理方式(在采访特朗普时,《福克斯和朋友》(*Fox & Friends*)节目的主持人想方设法讲清楚,大部分医生并不相信疫苗接种与自闭症之间存在联系)。但是它的诱惑力依然存在,即使是出于新闻和道德安全的原因,这些观点后面至今还跟着一个问号。以下是2012年每日邮报网站(Mail Online)的一则新闻标题:

> 麻疹:一个母亲的胜利。大部分医生都说三次接种疫苗与自闭症没有联系,但是这个意大利诉讼案件是否会重新燃起这场存在争议的辩论?[8]

媒体持续关注这个问题的原因之一,是很多大力提倡疫苗怀疑论的人

的身份：他们都是名人。以真人秀电视明星克里斯汀·卡瓦拉瑞（Kristin Cavallari）为例：

> 你知道，说到最后，我只是个母亲。现在有很多非常吓人的统计数据，是关于疫苗的成分还有它们导致的问题——哮喘、过敏、耳朵感染等。我们觉得我们是在为我们的孩子做出最好的决定。[9]

然后是身兼模特、电影和电视演员，性格多面的詹尼·麦卡锡（Jenny McCarthy），她可能是最著名也最执着的反疫苗名人：

> 我们做母亲的不是在治疗自闭症，而是在治疗疫苗伤害。当你把疫苗伤害治好了，自闭症也自然会痊愈。[10]

"1983年，接种次数是10，"她告诉《早安美国》（*Good Morning America*）节目主持人，"当时自闭症的比例是一万分之一。现在接种次数是36，自闭症的比例是一百五十分之一……所有的箭头都指着一个方向。"[11]就像瑞朋将军说的那样，再明显不过了吧，是吧？

开明的喜剧演员兼HBO电视访谈节目主持人比尔·马赫（Bill Maher）告诉他的观众，他并不相信健康人容易受H1N1（猪流感）病毒的影响，并且反对任何人——尤其是政府——"把疾病戳进他的胳膊"。[12]事实上，健康的儿童和成人的确容易受H1N1病毒的影响，这一点是毫无疑问的，很多人都感染过，还有人死于这种病毒。预防这种病毒的疫苗也不含活的病毒，跟马赫想的并不一样。

非常有趣的问题首先在于，比尔·马赫为什么会认为他拥有足够的专业知识来提出关于流感疫苗接种的大胆判断？这是因为他相信病毒学不如其他科学原理专业，任何人都能对特定疫苗对谁有益、对谁无益的问题增加有用意见，不管他们对这门科学的了解有多么肤浅，也不管他们获取的信息多么有限吗？在他为了回应最初的评论引发的公众骚动而发表的博文中，他给出了一条线索：

> 我的反对者说有很多人比我更有资格来评论这件事，这一点我同意，只不过主流媒体很少采访那些代表不同观点的医生和科学家。[13]

他的辩论似乎是这样的：当权派（政府、大部分医疗科研团体）在试图消除非正统的——但是很有可能是正确的——关于疫苗安全的看法。"主流媒体"胆怯地服从这场镇压活动,结果不同观点就没有得到传播。是的,我,比尔·马赫,也许不够资格来谈这个问题,但是至少我有一个平台可以提起它。而且关于疫苗的讨论,有当然比没有好。

这是在呼吁思想开明和言论自由,描写了一场以弱战强的英勇竞赛,竞赛双方为:持有不同意见但是也许会说真话的"科学家和医生"(当然也包括马赫自己)以及缺乏特征的国家权力机构和药物学行业联合体。这种呼吁超越了传统的左右派政治倾向:保守的自由主义者本来就对类似美国疾病控制中心的邪恶联邦机构怀有意识形态上的怀疑,他们可能会与马赫结成统一战线。

比尔·马赫的辩论引发的问题很有意思,那就是:当医疗和科学发现受到持不同意见者和非科学家的反驳时,如果辩论和媒体报道真的可以放弃正常的平衡惯例的话,他们会做到什么程度?我们后面会谈到这个问题。但是他在这个情况中的论点并不正确。在那篇博文中,他将疫苗接种描述为一门"存在细微差别的学科"。实际上,先不说这种言论是否愚蠢,疫苗接种在很大程度上毫无差别,科学和统计数据都很清晰,而且,就算存在细微差别,也需要经过科学训练才能理解。而事实上真的受过训练的人全都认为进行比尔·马赫支持的这种辩论毫无必要,这样就像要把安德鲁·韦克菲尔德捏造的理论和詹尼·麦卡锡的胡言乱语当作真正的科学来严肃对待一样。

那么现代疫苗怀疑论者对公众的态度和家长给孩子接种疫苗的意愿有什么影响呢?2011 年发表在《儿科》(*Pediatrics*)杂志上的一篇论文(不过提到的是 2009 年进行的调查研究)表明,我们在上一章中讨论过的谨慎态度并未消失。[14]调查对象(包含 2500 名家长的代表样本)被问道,他们会相信谁提供的疫苗安全信息时,76% 的人说他们"非常"相信孩子的主治医师,22% 的人则说他们"部分"相信孩子的主治医师。根据预测,政府疫苗专家和官员得分较低,不过整体得分还是比较高的:23% 选择了"非常相信"他们,61% 选了"部分相信",16% 选了"完全不相信";至于名人,2% 选了非常相信他们,24% 选了"部分相信",有 74% 或者说 3/4 的调查对象说完全不相信他们。

那么名人排在第三位,主治医师排在首位。但是考虑到即使是极小比例的家长拒绝给他们的孩子接种疫苗也会带来的潜在影响,选择"非常"或"部

分"相信名人关于疫苗安全的建议的四分之一调查对象还是令人不安。而且同一基本调查还表明,更普遍、无根据的疫苗怀疑已经站稳脚跟:25％的调查对象认同"有些疫苗会导致健康儿童患上自闭症"这一说法,还有 11.5％的调查对象说,他们实际上曾经拒绝过为孩子接种医生推荐的一种疫苗。[15]

这些发现表明,在 2014 年 4 月撰写标题为《不管话题是自闭症还是总统政治,名人都能打败权威,消除学识》(*Whether the Topic is Autism or Presidential Politics*, *Celebrity Trumps Authority and Obviates Erudition*)[16] 的专栏文章时,我的《纽约时报》同事弗兰克·布鲁尼(Frank Bruni)太过悲观了。至少只要疫苗还受关注,战斗就未成定局。但是到底为什么要有斗争?为什么会有人关注那些名人和完全不是专家的人对这个问题的看法?难道没有办法改变类似疫苗的话题的讨论方式,以便让简单的科学真相被知晓,公众不再被愚弄吗?

严肃、理性、公平

在整个西方史中,几乎所有系统地思考过我们理解事物过程的人都赋予了科学特殊的地位。受到特别优待的并不是显露出来的科学理论实体,而是支撑它们的方法论:首先是在数学和抽象科学问题上应用逻辑和演绎推理;其次是"科学方法",换句话说,就是系统地使用经验证据来检验关于可观察得到的宇宙的假说。大卫·休谟(David Hume)的警告,即我们应该把所有不是来自"关于数量或数字的抽象推理"或"关于事实和存在的实验推理"的观点和主张全部烧掉,可以概括为上面两条特别的观点。

在 20 世纪大部分时间内,大部分政治家和公共知识分子在讨论与科学相关的问题时,都会遵从盛行的科学共识,尽管他们知道民众的科学知识水平一般都不高,而且很容易煽动大众的困惑和恐惧,这有时候可能会带来政治益处。

经济学、社会学及其他社会科学领域的专家一般很少达成共识,因此政治家可以挑选在特定政策领域与他们自己的观点或思想偏好一致的专家。尽管如此,这些专家一般会获得并互相致以极高的专业上的和个人的尊敬。这些都很重要,正如我们在第 6 章指出的,随着世纪交替,公共政策规划逐渐变得技术官僚化,而且如果这些政策本身就是为了指挥公众的话,协助起草这些政策的科学家、医生、经济学家及其他专家的地位就更为关键。

在20世纪90年代,跟其他很多形式的言辞限制一样,这些惯例开始瓦解,现在已经荒废。关于疫苗的争论并不是一场单独的爆发。同样的现象——为了追求一己观点而忽略或者反驳科学与事实的意愿——在很多其他政治辩论中也已经明显出现,气候变化、转基因作物和能源政策都是重要的相关例子。在社会科学领域,混淆和完全否认那些所有专家都认为不容置疑的事实的现象也很普遍。

比如说,在为2014年苏格兰独立的全民公投和2016年英国脱离欧盟的投票做准备的政治活动中,事实证明公众辩论在可能带来的经济和宪法后果上是不可能达成共识的。双方都忽视了他们恰好不赞同的经济学家的观点,类似英国央行行长这样的理论上独立公正的专家人物的明确声明也被那些认为会引起麻烦的人无视了。在英国脱欧的全民公投中,宪法专家警告过《里斯本条约》(Lisbon Treaty)设定的关于脱离欧盟的狭窄框架,却被那些害怕这种法律现实会吓跑公众的政治家完全无视,他们想把这些条约条款表现得不具有约束性,还有谈判的余地。就好像不存在事实或法律,只有看法,而且公众可以自由选择相信他们播放的任何内容。

很明显,权威在当代公共语言中的表现方式已经变得混乱无序,不仅在于争论中的使用方式,更重要的在于公众倾听和评价的方式。在本章中,我们将会审查具体原因。科学将会是我们的主要关注点:它对客观权威的要求特别明确,因此如果这种权威未能占据优势,也会特别明显。不过适用于自然科学和医药的要求也同样适用于社会科学、城市规划等很多其他领域,专业知识与现代敌对政治发生了冲突。

我们先来看一个成熟的反对科学的案例,之所以用"成熟"一词,是因为它并没有在自己的领域里跟科学的权威唱反调,而是争论说,在谈到公共政策辩论时,科学需要了解自己所处的位置:

> 女士们先生们,气候变化辩论并不仅仅是一场关于科学理论和环境数据的争论。它的核心问题是在应对将来某个时候可能会成为真正问题的严重隐患时,我们的社会应该采取什么方法。理智的社会和政策制定

者需要提出的问题是：什么政策最合理又最具有成本效益,既不忽视可能在遥远的将来成为现实的潜在问题,又不忽略这样的政策在当下的实际经济成本。从根本上来说,这些问题涉及社会、道德和经济,仅靠科学是无法回答的,需要经济学家和社会评论家认真考虑。[17]

演讲者是一位社会人类学家——班尼·派泽(Benny Peiser)博士。他是全球变暖政策基金会的总监。全球变暖政策基金会是一个英国智囊团兼压力团体,由前任保守党财政大臣尼格尔·劳森(Nigel Lawson)担任主席。当时派泽博士正在进行 2011 年基金会年度演讲。

我们来仔细看一下这段话。一开始它给人的感觉是语气很明确。气候变化是可能会变成"真正问题"的"严重隐患"。"理智的社会和政策制定者"需要做的是找到既"合理"又"有成本效益"的政策来回应——严肃、理性、公平。

然而如果我们再仔细看一下,就会发现一点言辞的蛛丝马迹:不到两句话,"严重隐患"就在语言上被三合一的限定条件从我们身边推走了——原来它只是个在遥远的将来可能会发生的潜在问题,然而摆在我们面前的是马上就会出现的另外一个三合一问题——我们必须当下就支付实际的经济方面的成本。这种对比的三体式是一种几千年前就为人熟知、广泛应用的修辞。

就这样设定了上下文,并"确定"了气候变化之后,班尼·派泽接下来转到了科学在制定对策中的作用。第三个三合一出现了:"从根本上来说",这些是"社会、道德和经济"问题,因此"仅靠科学是无法回答的","需要经济学家和社会评论家认真考虑"。"从根本上来说"这个词组很重要,其暗含的意思是,解决社会、道德和经济问题的政策思考层面因为某种原因比科学层面更重要,或者说更关键。就好像科学是真正的辩论必需的却又不够重要的先驱一样。为了支持这一论点,请允许我引用派泽博士在上文引用的段落之前几个月发表的一些评论:

> 全球变暖的话题终于结束了。我们是怎么知道的? 因为所有相关的指标——民意调查、新闻报道、政府态度的彻底改变和政策制定者明显缺乏兴趣——都表明公众对气候变化的关注直线下降。[18]

有相当多的民意调查结果支持派泽博士的这种看法,到了 2011 年,公众对气候变化的关注的确有所减退。但是引用的第二段话再次暗示了关于气候变化的论述有两个层面：一个是科学层面，"相关的指标"包括大气温度等；另一个则是公众认知、政策和政治及其类似科学的指标——民意调查、新闻报道和（可能更难衡量的）"政策制定者明显缺乏兴趣"。至少在派泽博士看来，好消息是第二层面的指标是支持他的看法的。但是那些指标当然没有一个会告诉我们关于第一层面的信息。即使公众对气候变化的兴趣降温了，地球依然可能继续升温。

派泽博士的第一段演讲引文中的"从根本上来说"暗示的从属关系，似乎不仅适用于关于气候变化的科学，而且适用于科学整体。当谈到政策讨论和对可能的回应和消除办法的评估时，任何科学发现都需要"经济学家和社会评论家认真考虑"。

现在我们都知道经济学家是哪些人，不过这些"社会评论家"是什么人？你需要具备哪些培训经历和资格条件才能成为一名社会评论家？还是说社会评论家就像另外一种现代媒体后备人员——社区领袖一样，是个带有自封意味的头衔？如果通读一遍全球变暖政策基金会的董事会名单以及该基金会的一些报告的作者名单，你会得到这样的印象："社会评论家"实际上指的是退休的政治家和公务员、社会科学学者以及——实在没有更委婉的方式来说——记者。

让我们试一试替换一下派泽博士的最后一句话。"这些问题……仅靠科学是无法回答的，需要记者认真考虑。"说不通，对吗？那是因为专家和记者之间存在明显的权威差异。英国领先的市场调查公司益普索莫里（Ipsos MORI）跟踪了英国各行各业公众表现出的信任水平。在 2005 年的调查中，89％的调查对象说他们一般相信医生说的是实话，选择相信科学家的百分比为 79％。但是只有 25％的人相信记者，而首相和政治家作为一个阶层，信任率分别只有22％和 21％。[19] 然后在科学家和记者信任度的直接对抗中，记者被大批调查对象淘汰，退休政治家的票数更低。让他们都下跪，接受骑士佩剑在肩上轻拍之后，以未受玷污的崭新的权威类别——社会评论家的身份站起身来，这样要安全得多。

派泽博士的评论全都跟权威有关，具体到在谈论衡量公共政策抉择时，哪个权威具有优先权。实际上全球变暖政策基金会的网站本身就是一种权威神殿，或者说至少是一个模拟物。该网站告诉我们，这个基金会主要是为了"重建气候辩论的平衡和信任"，这句话听起来还是足够克制和成熟的。毕竟，谁会反对"平衡"和"信任"呢？对于像我一样在传统公正的新闻环境中长大的人来说，"平衡"这个词表示对一个话题不偏不倚的讨论方法，但是这当然不是全球变暖政策基金会的创立者们的想法。他们的网站是直接彻底的气候怀疑主义合集，很多内容来自熟悉的声音。抽出其中一位作者和他的文章标题就足够有代表性了：克里斯多夫·布克（Christopher Booker）和他的《BBC 和气候变化：三重背叛》（*The BBC and Climate Change: A Triple Betrayal*）。[20] 我想说："只有三重吗？"标准绝对下滑了。

　　不过在某种意义上，我认为全球变暖政策基金会的确是重建辩论平衡的一种尝试。面对众多强大的科研机构[政府间气候变化专家委员会（IPCC）、英国皇家学会、美国国家科学院等]都支持危险的气候变化几乎确定会发生的现状，该基金会尝试着把砝码压在天平的另一端，聚集起一群坚定的气候怀疑论者，他们很多都拥有政府、商业或学术方面的辉煌事业。最好将派泽博士的评论看作一种要求，即这些其他派别的权威人物应该得到更多重视，而且在谈到政策制定时，也许对他们的重视应该多过科学家。当这些重要的社会和经济问题遇到危险时，把科学——尤其是科学的政策含义——全都交给科学家来决定，难道不是极其危险，并且在政治上也不太现实的安排吗？

　　我们应该如何看待这个开局让棋的策略呢？我先说一下我自己的看法。跟大多数与我的社会和教育背景相似的非科学家们一样，我认同科学是目前为止帮助我们了解物质世界的最佳方法。当出现争论时，我几乎总是本能地站在主流科学这一边。我这么做并不是因为我本人检查过支持达尔文的《物种起源》的那些证据，也不是因为我推敲过薛定谔的方程式——我并没有完成这两件事需要的专业知识。不是的，我支持科学是因为我觉得哲学家卡尔·波普尔（Karl Popper）对科学方法[①]的描述引人入胜，而且还因为在基本常识

---

　　① 在《科学发现的逻辑》（*The Logic of Scientific Discovery*）（1934）一书中，波普尔争论说，让科学理论与众不同的是它们是可以被证伪的，换句话说，它们总是可以被质疑，而且如果必要，还可以根据新的证据进行反驳或修改。正是这种对归纳和演绎质疑永久的开放性（而不是相信特定理论的真相不能改变，或者相信永恒不变的科学事实的可能性）赋予科学方法认识上的可信性。——作者注

层面,科学的解释性和预测性胜利是如此势不可挡。还有,我跟科学家们相处了足够长的时间,我相信科学的文化和实践真的是以真相为目标的。

与此同时,我知道,说科学总是马上就正确无误,太过简单化了。有时候数据不足,或者数据代表的含义谜团还没有解开,或者整件事还在发展中,科学就是——或者至少看起来是未完成的。还有的时候,科学家持有异议,存在对立的解释说明,或者对某个候选说明,有些科学家支持,有些科学家反对,在这些情况中,科学是有争议的。还有在一些情况中,有人可能会质疑科学家的诚意,他们领取政府或大公司发放的薪酬,或者从事某项事业,因此他们的工作可能会缺乏公正性以及可靠性,我们也许会把这种称为不可靠的或者至少是妥协的科学。我们也知道,在极少数情况下,在科学史上出现过戏剧性变革,一个普遍观点被一种激进的新理论推翻并取代。

因此当我们听到特定的科学辩论时,原则上任何数量的怀疑都可能会出现。是的,我们当然还相信好的、完成的、诚实的科学的权威性,但是也许在这种情况下,它还没有做好准备,或者我们正处于众说纷纭的争吵阶段,也许这份报告的薪酬支付方式有些可疑,也许我在广播中听到的这位孤独的科学家是对的,其他99%的物理学家的观点最终会被证明是错误的。在怀疑和不确定普遍存在的时代,害虫很容易就能发挥作用。

另外还有一些其他情况。我们来想象一下两个人物的对话。我们可以把他们当作刻板印象,但是我们当中的很多人在现实生活中也遇到过很多这两种人。我们把第一种人称为管理人员。她并不反对环保议程,但是她认为这个议程附加了很多无意义、政治正确的东西,并且对一些建议的解决方案中涉及的成本和官僚作风感到害怕。对她来说,全球变暖政策基金会所说的可能很有道理。第二种人,我称之为环保人士。他相信人类正在破坏我们的生态环境,并且担心这种破坏的各个层面,从实际层面到道德层面。他害怕的不是政策制定者做得太多,而且做得太少,又太晚。

双方的谈话以气候变化开始。毫无意外,管理人员说她非常怀疑全球变暖背后所谓的科学。英国东英格利亚大学的那些科学家不是弄错了吗?就连政府间气候专门委员会不是也在喜马拉雅冰川的数据上犯了明显的错误吗?"你是科学家吗?"环保人士问道,"不是?那你有什么资格怀疑压倒性的大多数世界气候学家群体得出的结论?"

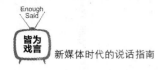

然后谈话转到了转基因食品上。现在是环保人士表达了对科学的怀疑："也许它还没准备好，我们还不了解潜在的风险。或者说，也许是因为涉及商业利益，科学并不是真正独立的个体。"这次轮到管理人员解释支持专家的理由。

换句话说，我们的成见，甚至包括我们的世界观，在决定我们是准备好接受科学的权威性，还是转向所有可找到的怀疑方面，这一点至关重要。我们如何预测一个人是否相信关于人为气候变暖的科学案例？是看他在学校花了多长时间学习科学还是看他看过多少书，或者听过多少科学家谈论这个问题？实际表明，一个强烈的迹象就是看他如何投票。英国和美国的大量民意调查表明，在政治看法上支持左翼的人们比支持右翼的人更有可能相信那些科学案例。[21]举个例子，2014 年 1 月在美国开展的一项佩尤民调表明，42％的民主派选民认为解决全球变暖是"政策的当务之急"，然而只有 14％的共和派选民认同这一观点。[22]一个人对一个自然技术科学理论的反应，在很大程度上跟他的思想偏好相关。

跟其他人一样，我们倾向于按照自己的看法和偏见来看待科学。正如我们在疫苗安全性问题中见到的那样，而且尽管科学的不确定性本身是需要科学专业人士来控制的话题，我们自己很容易把特定的科学观点的可靠性问题当成其他问题，以为我们自己和别人的外行意见跟专家意见一样好。而且我们还会任意改变我们对自己的权威性的看法。当牙医告诉我们，她给我们拍的口腔 X 光片显示有一处脓肿时，我们可能不会跟她进行无谓的争执。但是当一位科学家说明支持或反对屠杀獾的理由时，我们却可能会深信自己能够增添一些有用信息：我们在网上看到的信息，常识认为的獾的好处，对喜欢的动物童话《柳林风声》的回忆。

如果我们能考虑到科学在提出一个公共理由时需要应对的这些背景——成见和期望、害怕和偏见，就更容易解释为什么科学证据和判断经常被当作另外一种普通观点的谜团了。但是我们需要加上困扰争论本身结构和特点的另外一个因素。

关于科学的现代公共辩论通常代表着一种混乱的冲突,交锋双方不仅存在差异,而且利用的是截然相反的争论方式:科学辩论与倡导。

科学辩论——如果我们把它想象成完美的科研论文那种理想状态的话,寻求的不仅是尽可能清楚地说明它的理由,而且还要以尽可能微弱的方式来说明。任何反对、任何怀疑的地方都应该标记出来。假设存在一种我们打算用论文反驳的敌对理论,就应该把这种理论以最引人注目的形式表现出来。它的所有优势都应该被陈述,然后再摆出支持这篇论文自己的假说的证据。

倡导则完全相反。它更偏好忽略或回避它的论点中的缺点,关注对手的不足。它在清晰度和完整性方面承担的责任较少,并且非常乐意依靠修辞效果来取胜。倡导本身可以作为对真相的系统探索的一部分,比如说在法庭背景下,诉讼双方可以陈述自己的理由,并质疑对方的论点,但是倡导是一种完全不同的寻求真相的方式。

那么,如果把科学和倡导混合在一起,会出现什么结果?我们来看一个涉及英国最著名的科学机构——英国皇家学会的例子。2007 年,第四频道播放了一部名为"全球变暖的大骗局"(*The Great Global Warming Swindle*)的纪录片,从名字就能看出,片中播放的是强烈怀疑的观点。[23]这是怀疑论浪潮中最高调的部分,很多科学家担心可能会使公众观点转向反对人为气候变化。同年 6 月,英国皇家学会借助一篇论文加入了这场论战,标题为"气候变化争议:一份简单的指南"(*Climate Change Controversies:A Simple Guide*)。论文开头部分是这样的:

> 英国皇家学会制作了这份关于气候变化的科学认识现状的概述,旨在帮助非专家人士更好地了解在这个复杂的科学领域展开的一些辩论。[24]

然后英国皇家学会把底牌亮了出来。它说,这篇论文并不是为了"给那些试图扭曲和破坏气候变化的科学以及否认全球变暖潜在后果的严重性的人提出的每一个存在争议的论点提供全面的回答。与之相反,作为英国国家科学学会,皇家学会要在此回复现在流行的八个重要论点,陈述科学证据的重要地位"。

接下来读者看到了一系列针对气候怀疑论者提出的八个论点进行的简洁有力的反击,标题分别为"误导论点 1""误导论点 2"等。

这一段几乎是班尼·派泽在介绍全球变暖政策基金会的年度演讲的修辞镜像。现在"科学证据的重要地位"和"英国国家科学学会"可能是清楚地被用来反对"那些试图扭曲和破坏气候变化的科学"的人。唯一给出的真正警告是"全球变暖的后果"只是"潜在的",还要注意其中撤回了对诚意的假设。这并不是诚实正直的两个人之间的一场辩论,而是开明的科学与敌对势力之间的一场较量。同样的声明也出现在 2010 年由几百名美国国家科学院的成员写给《科学》杂志的联名信中:"由气候变化否认者近期发起的很多针对气候科学,更令人不安的还有针对气候科学家的攻击,一般是受特殊利益或教条驱动的,而不是为了真正努力来提供一种符合可靠证据的替代理论。"[25]

我们被告知,两个案例中的证据都没有这种伤害的意图。关于否认者怀有不可告人的、不诚实的动机这条结论并不是通过休谟的"实验推理"获得的,因为它很好推测,这种通过人身攻击来得分的方式,我们通常会跟政治联系起来,而不是科学论述。这是英国皇家学会的指南的结尾:"我们也必须为气候变化的影响做好准备,其中一些已经不可避免。"[26]并非可能不可避免,而是确定的不可避免。作为倡导,这是直截了当的内容。它完全利用了英国皇家学会的特权,用平实的语言清楚地说明了自己的理由,并较少使用人们一般期待在科学家的交流中看到的那些状况和条件。

而这就是问题所在。接下来的情况是可以预见的:有 43 位英国皇家学会成员抱怨《气候变化争议:一份简单的指南》的语气,尤其是"尖锐"和未能完全承认科学中存在"不确定的"领域。因此,英国皇家学会又委托创作了一份新的指南,并最终于 2010 年秋季发布。[27]

第二份指南的言辞特色完全不同于第一份指南。它的标题为"气候变化:科学总结"(*Climate Change:A Summary of the Science*),而且至少在我这个外行看来,它的内容也的确如此。这次科学的不确定性问题得到了充分说明。实际上这份指南的部分内容是围绕确定性领域的,包括"存在广泛共识却又持续辩论和探讨的气候变化的方面"和"未得到充分理解的方面"部分。

在我看来,两份指南依赖的基本科学证据几乎一模一样。我非常确定,签署第二份指南的大部分科学家和第一份指南的作者深信的东西是一样的,那就是这些证据能够表明重大的人为导致气候变暖的可能性极高。两份指南的区别在于论证的特点:第二份远离倡导的技巧和语言,转向更为接近直截了当的科学阐述的方式。

但是第二份指南的发布并不代表英国皇家学会退出了关于气候变化的政策辩论。该学会的高级代表,包括历任会长,都在这场辩论中表现活跃,敦促国家层面和国际层面的政府行动,同时持续反击气候怀疑论者。从科学作为科学的辩证,修辞领域转向倡导的辩证和修辞领域的命运性转变也是在美国发生的。"作为科学家,我们的职责不是告诉人们他们应该做什么,或者必须相信什么",美国科学促进协会(AAS)在 2014 年 3 月这样说道,但是紧接着他们就完全照做了:超越科学知识的传播,敦促减少二氧化碳排放的行动。[28] 这就是科学和政治之间的界限,这个界限不仅存在于两个行业和原则之间,而且还存在于两个论述和争论领域之间,英国皇家学会和美国科学促进协会都选择了跨越这条界限。

正如我们看到的,班尼·派泽在 2011 年声称全球变暖的"歇斯底里"已经结束了,或者更严肃地说,公众和政治对这个话题的关注度和紧迫性正在减弱,这个说法是有事实基础的。在英国,由 Populus 调查公司组织的民意调查表明,在 2009 年秋季到 2010 年春季期间,说自己不相信全球变暖正在发生的人数比例从 15% 激增到了 25%,而认同这个说法——"人为的气候变化是环保人士的政治宣传,证据很少"的人数比例从 9% 上涨到了 14%。[29] 在美国,认为各种变暖存在"可靠证据"的调查对象比例从 2006 年的 70% 下降到了 2014 年的 62%。[30] 在 2013 年,当美国人被要求为全球危险划分等级时,气候变化被提及的比例(40%)低于朝鲜和伊朗的核项目(分别为 59% 和 54%),更不用说"国际金融动荡"(52%)。[31] 怀疑主义在其他西方国家和很多发展中国家的声势没有那么高,不过最近这个问题也进入了其中一些地区的政策议程,尤其是在全球金融危机将政治家和民众的注意力从环境问题转到恢复经济稳定和增长之后。

我们将其与世界上的大多数气候科学家的观点做个对比。一项调查表明,超过 97% 的大气科学家相信人为的气候变化正在发生。[32] 怀疑主义在气候学家中间并非无人知晓,只不过知道的人非常少。一项研究查看了 2013 年至 2014 年期间同行评审期刊上发表的关于全球变暖的科学论文,发现在所有的 69406 篇论文中,仅有 4 篇反对人为原因造成气候变暖。[33] 这份研究报告是由一位反对气候变化怀疑论的运动领导者编写的,而且其结论得到了很多研究

的支持,那就是不仅地球正在变暖,而且工业活动是主要原因,并且会给地球上的人类生活带来严重后果,这个结论在从事该领域的绝大多数科学家之间并不存在有意义的"科学争议"。

专家和公众判断之间的这种鲜明对比让很多科学家得出结论:在大众对重要的科学问题的普遍了解方面,全世界遭遇严重失败。这种失败意味着在支持对气候变化采取有意义的行动方面缺乏社会共识,由于政治家受到公众情绪的太多影响,这反过来会破坏该问题的国家和跨国进展。那么,问题就不是出在科学知识本身,而是出在那些知识在公共领域的传播。换句话说,这是一个沟通问题,而科学家们决定利用传统的修辞手段来加以解决:公开表示支持;在论述中尽可能少用告诫;向敌方宣战。2006年用于竞选活动的纪录片《难以忽视的真相》(*An Inconvenient Truth*),基于美国前副总统戈尔著名的幻灯片,汇编了关于严重的人为变暖的科学证据,正是这种更激进的方式的一个具有影响力的例子。

考虑到他们相信的东西面临危机,很容易就能理解为什么这么多气候学家会感到为全球变化发声是他们的责任,以及为什么这么多并非气象专家的科学家会受到鼓舞,加入他们的行列。当专家担心事实未能得到了解,需要多做一些事情来说服听众时,他们就会转向倡导,但是这种策略的效果如何呢?并不是非常有效,至少以气候变暖为参照的话。跟任何直率的宣言一样,《难以忽视的真相》可能会召集到那些本来就相信危险的气候变化正在发生的人,但是几乎没有证据表明它说服了众多怀疑论者,或者在犹豫不决的人群中取得了巨大进展。也没有证据表明政府间气候变化专门委员会(IPCC)或国家科学机构更有力的语言对公共观点带来了巨大改变。那些针对恶意的倡导和争论正好给了气候怀疑论者可乘之机,他们宁愿进行这种辩论,也不愿进行事实本身的辩论。科学家说话越像带有议程在身的政治家,他们说的话就越没有说服力。

意义的污染

媒体是如何设法了解这种复杂状况的意义的?坦诚的回答是:困难重重。主要原因应该在意料之中:主题太难,人生太短暂,影响力和争议通常会胜过证据和解释。然而，在科学和媒体的问题上，还是值得在细节上花一些时间的。

首先，除了著名的《纽约时报》之外，媒体的专业科学记者数量都比上一代少得多，新闻业经济形势的衰退已经表明了这一点。最终负责报道科学故事的通才型记者、编辑和评论员们，关于这个主题的知识和辨别专业的科学"观点"与未经过训练的活动家和政治家的直觉的能力，比起普通大众来通常也强不到哪儿去。在社会科学领域也同样存在这种特定学科专业知识的缺失。

其次，这些新闻从业人员和读者经常会陷入对科学的陈旧叙述和文化定式，这有利于新闻从业人员撰写简单的新闻标题，却会阻碍而不是帮助读者理解内容。

在名为"知识、文化和力量"的关于欧洲佛兰德斯地区的生物技术及大众媒体报道的研究中，[34] 皮特·梅斯勒（Pieter Maeseele）和迪米特里·舒尔曼（Dimitri Schuurman）列出了一个非常有趣的表格，收录了 2000 年至 2004 年期间，佛兰德斯地区大众媒体用于描述不同类型的生物技术的 400 个比喻：

> 转基因生物（GMO, genetically modified organisms，包括食品）：使用"科学怪人弗兰肯斯坦"的比喻——22 次。
>
> GMO 是污染物——4 次。
>
> 对抗 GMO 的斗争就像十字军东征——2 次。
>
> 克隆是"侏罗纪公园"——6 次。
>
> 克隆意味着永生——26 次。
>
> 基因操作是纳粹实践——10 次。
>
> 基因操作是"美丽新世界"——6 次。
>
> 基因操作是萨达姆·侯赛因（Saddam Hussein）进行的活动——1 次。
>
> ……

虽然有些是正面的说法，但是绝大多数比喻都是负面的，而且很多都如同噩梦。通过使用"科学怪人弗兰肯斯坦""侏罗纪公园"和"纳粹"等词语，让人联想到科学出了问题，或者堕落到了异端，这些有力又易于理解的叙述制造了危险和恐慌的新闻氛围,但是对读者判断支持或反对转基因生物的客观证据和理由并没有什么帮助。"永生"的承诺属于另一个科学流派,主要卖的是奇妙的药丸和神奇的治愈,也就是对早期的医学发现加以荒诞的夸张,大部分都没有什么实际效果。然而这种类型的神话和传说却被广泛传播,而且它们的影响力还常常会排挤科学事实。梅斯勒和舒尔曼总结说,在佛兰德斯地区,"科学产业复合体"在"解释的斗争"[35]中要么已经失败,要么就是败局已定。

即使是那些比较成熟、不屑于玩弄科学怪人这种手段的科学记者也还是会受到关于人性、科学和自然的深度描述的影响。蕾切尔·卡逊(Rachel Carson)在 1962 年出版的关于杀虫剂的使用的书——《寂静的春天》(*Silent Spring*)涉及大量经验证据,但是让这本书引发共鸣的还是它认为工业时代人类的狂妄已经成为自然世界的主要威胁,以及它不祥的、伤感的语气。"明天的寓言"一章是对自然被毁灭之后的一个想象出来的美国城镇的反乌托邦式的描述,她写道,"这个社区被下了恶咒"。这种关于自然世界的脆弱性、人类的放纵和贪婪及肆意挥霍的管理工作的近乎宗教化的感觉影响了此后有关环境问题的新闻报道。

国际性民间学术团体罗马俱乐部 1972 年发布的著名报告——《增长的极限》(*The Limits to Growth*)成功打造了经济增长和世界自然资源枯竭的典范,并且至今还在影响着这些话题的新闻报道,尽管它的模拟条件基础依然存在争议,被当时的媒体当作预言的很多设想已经被证明太过离谱。[36]媒体和公众从《增长的极限》(*The Limits to Growth*)中得到的是一个简单的故事,而那个故事被困住了。

再次,记者和编辑要应对很多不同的权威。医生和科学家显然都是权威人士,而且一般都被如此对待。但是在我们所处的时代,受害者也会被给予很高的权威地位:他们的痛苦以及在失去亲友的情况下的个人损失,都让人们觉得给他们说出想法的权利是合乎情理的,而不是咄咄逼人地对其进行质询。因此在特定医疗程序的安全性辩论中就出现了不对称现象:一方是冷静的专家;另一方是并不了解专业知识,但是承载了那些具有同样经历的支持者的巨大信誉的某个个体,并且双方的陈述被视为对等的不可避免的风险。

我们可能不喜欢这样,但是从媒体的角度来说,名人也具有一种权威——无论对错,很多人真的对他们的看法感兴趣,而且就像我们在疫苗的案例中看到的那样,一些名人自己或者他们认识的人就是他们控诉的问题的受害者,因此他们也拥有一些权威性。詹尼·麦卡锡的一个儿子就有自闭症。就连唐纳德·特朗普都告诉我们,"我知道一些案例"。

至少在编辑们自己看来,他们经常试图在讲故事或演播室探讨中兼顾和平衡不同类型的权威。这并不代表对科学权威公然失敬,而是在很多现代媒体中,它并没有被授予相对于其他观点的特权地位,但大部分科学家以及很多考虑周到的非科学家又认为它应该得到这种地位。从很多方面来说,这就是媒体面临的难题的核心:如何最好地将科学及其特殊的科学语言与他们擅长的大众话语融为一体。

2011 年 7 月,BBC 管理机构发表了一份关于 BBC 报道科学的公正性和准确性的报告,撰稿人为著名的英国科学家史蒂夫·琼斯(Steve Jones)。[37] 这是一份经过深思熟虑的严肃作品,在 BBC 几乎受到了全面的欢迎和认可。不过如果你看过这份报告的话,就会发现琼斯教授和一些他在 BBC 的对话者之间的一场争论——必须说这是一场非常礼貌的争论,但是毕竟还是争论——谈到了我们应该如何考虑公共争论中的权威的问题核心。

在谈到公正性的时候,BBC(以及整个媒体行业)应该在什么程度上将科学与其他一切——政治、宗教、艺术等——平等对待,又在什么程度上因为科学独特的知识论主张而对它区别对待?夸张地描述两种极端情况的话,第一种会建议科学像其他利益团体一样登上拳击赛场,遵从对抗性辩论的所有规则;第二种则相当于播音员的角色,当科学家想发言时,就在开始时打开麦克风,最后说声谢谢。我认识的很多科学家都强烈支持第二种。套用我在第 7 章介绍的观点的话,他们就是启蒙派修辞理性主义者,相信基于证据和逻辑的辩论总是会一举成功。因此他们为很多明显不符合这种想法的例子找的证据是,要么是媒体不正常,要么就是大众可能会集体发疯。

史蒂夫·琼斯声称在 BBC 工作的一些人告诉他,公正性原则含有"意见平等"的意思。对于力争政治公平性的播音员或其他新闻供应者来说,意见平等的概念差不多是政治选举报道的强制原则(不同党派的播出时间可能会基

于选举支持来分配,并用秒表来监测),也更为宽松地适用于所有党派的政治辩论,甚至可能扩展到政治家和公共人士关于广泛问题的探讨,包括移民、安乐死、同性婚姻,这些问题都有广泛的意见分歧。

但是这并不适用于所有的情况,BBC的编辑准则实际上主张适当的公平性,我把它理解为考虑到争论的特定语境来追求辩论的公平性的方法。公众对很多道德问题的看法是接近一致同意的,比如说谋杀、恐怖主义和其他严重的犯罪活动,在这些情况中,"意见平等"会被大多数人视为不合时宜和冒犯。

平等的时间和平等的注意力也不适用于关于事实的辩论,因为那些事实已经毫无争议或者广为人知。抽烟对人体健康的危害已经被清楚地证实,因此,给予抽烟爱好者和首席医疗官或卫生局局长平等的辩论时间就不是公平,而是不负责任;或者说未能告知观众用来判断访谈的非常不同的背景条件——少数派观点、缺乏医疗知识或确凿的证据。在气候变化的问题上,政府间气候变化专门委员会和类似的机构不断发现的新成果表明,科学界对全球变暖的共识不断增长,BBC根据这些变化逐步改变了报道的平衡以及辩论双方可获得的播送量。尽管BBC在麻疹和自闭症争议的早期犯了错误,但是它也在那个问题的报道上进行了逐步调整。

负责任的媒体机构都不会死板地将公正性解读为任何情况下的"意见平等",而且,如果任何BBC编辑告诉史蒂夫·琼斯,在类似气候变化这样的科学争议中,那样的平等是适合的,他们的说法都是错的。

当然这些都不会阻止怀疑论者要求平等性。在本章中,我们见证了比尔·马赫争论说,如果那样不行的话,鉴于科学没有传统观点那么明确,至少应该给疫苗怀疑主义者更多发言机会。不过,正如我们所见,马赫只是搞错了大众对科学的怀疑程度。事实上,考虑到科学的明确性,疫苗怀疑主义的发言机会可能依然过了,而不是不足。很多气候变化否认者同样夸大了与科学相关的不确定性,从而为他们的观点争取更多播出时间。虽然全球变暖政策基金会经常这么做,就像我们看到的班尼·派泽的例子,他们还有第二个更为有趣的主张,也就是对气候变化的政策含义要求进行更广泛的辩论,因为气候问题不可避免地会影响到更广泛的社会和经济问题。

这个论点不可能被驳回,而且它还表明了媒体面对的是一项多么困难的任务,既要在类似气候变化这样的话题上秉行公平,同时还要在辩论的各个层面保持适当的公平：在基础科学层面，反映出专家观点的平衡，并准予怀疑论观点不到 10％（打个比方）的播出时间或话语，同时还要基于"意见平等"来控制不同党派之间关于正确的政策回应的辩论。要想符合所有政党，尤其是怀疑主义阵营在科学问题和政策问题之间不断来回变换的利益，这个任务就变得更加困难了。

下面是一个很有代表性的例子。2014 年 2 月，在《今日》节目中，全球变暖政策基金会主席劳森爵士（Lord Lawson）和格兰瑟姆气候变化与环境研究所所长布莱恩·霍西金斯（Brian Hoskins）探讨了气候变化和英国最近出现的一连串洪水和其他极端天气事件之间的联系，BBC 因此收到了大量投诉。这些投诉一开始被驳回了，但是到了 2014 年 6 月，这些投诉在上诉中又被受理了，原因是电台记者未能更正劳森爵士关于科学事务的错误论述，这不符合该公司对准确度和适当公正性的要求。以下是其中的一份特色投诉：

> 很不幸，BBC 一开始想证明自己对劳森爵士的采访是合理的，因为他是气候变化"怀疑者"的运动组织——全球变暖政策基金会的主席邀请来讨论气候变化的经济和政治影响的。然而，在之前的采访中，劳森爵士将他的大部分播出时间用来质疑气候变化的科学。这次采访是 BBC 的一些节目为了气候变化的新闻报道而采取的混乱而又错误的方法的症状表现。史蒂夫·琼斯教授在 2011 年为 BBC 信托基金会做的审查中建议，节目组应该更加谨慎，避免创造科学家和气候变化"怀疑论者"之间的虚假平衡。[38]

尽管有时候用的方法"混乱而又错误"，但是在普通直播媒体的真实世界中，不可能用分界线来解决隔离科学和政策辩论的挑战。显然，很多科学家认为最好的解决办法就是完全把怀疑主义的观点排除在媒体之外，有些媒体机构也采用了这种方法。《洛杉矶时报》不再刊登对全球变暖表示质疑的信件。[39] Reddit 网站的科学论坛的编辑也采取了同样的做法。[40] 但是这些举动不可避免地导致了人们对审查制度的哭诉，而且可能会让人们相信怀疑论者利用的那些阴谋理论。

一个人可以在同情沮丧的科学家及其支持者的同时，依然怀疑是否有人通过制止对手发表观点而赢得争论。如果你对自己的理由有自信的话——科

学在气候变化问题上完全有理由自信——就应该欢迎所有的辩论机会。审查则表现了软弱,也许还有一点绝望,不确定公众是否能辨别科学的有效观点和怀疑论者实质上虚假的说明。

但是耶鲁法学院的丹·卡汉(Dan Kahan)教授在《自然》杂志上发表的关于气候变化辩论的评论中认为,成功将科学信息传达给公众的困难不在于公众的推理能力(我们在上一章探讨过的实践智慧),而在于一个决定性的"科学沟通环境"。他接着写道:"解决这种两难困境需要集体策略,从而保护科学沟通环境的品质免受引起分歧的文化含义的污染。"[41]因此现在我们拥有一个语言本身的生态环境,以及取代蕾切尔·卡逊所说的杀虫剂、那些有害的疫苗和来自"引起分歧的文化含义"的污染。

然而,尽管我们可能会同情卡汉教授的沮丧,那些"引起分歧的文化含义"确实是后启蒙主义多元化和开放式民主辩论不可避免的一部分,而且就算我们能够想象出可以保护我们免受污染的"集体策略"——卡汉教授建议说心理学和人类学都可以派上用场,我们真的想利用它们吗?而且在任何事件中,谁能够决定哪些文化意义会引起分歧?它可能最终也会成为分歧的一个来源,因为在一个努力接受任何原则或专长都具有特殊地位的世界里,诉诸权威可能只是徒劳。

尽管如此,卡汉教授的确指出了问题所在。如果你想找到我们的公共语言正在陷入危机的证据,只需要看看关于气候变化的辩论就够了。科学理应是决策者,一种超然于一切的知识,它的声明应该被倾听并立即执行。但是现实与之相反,它也受制于我们在本书中遇到的各种定义不清和界线模糊的问题。

而且如果科学权威不再占上风的话,我们为什么就应该接受其他专业知识的分支呢?为什么我们就应该相信经济学家、社会科学家和其他专家告诉我们的东西呢?或者接受法庭的判决?毕竟,如果知识没有任何价值,一切都是观点问题的话,我们就都成了专家,没有人能够说服我们。

本章参考文献

1 Donald Trump in a telephone interview with Fox News, *Fox & Friends*, 2 April 2012.

2　*Dr Strangelove Or: How I Learned to Stop Worrying and Love the Bomb*, 1964. Co-written and directed by Stanley Kubrick; http://www. lexwilliford. com/Workshops/ Screenwriting/Scripts/Adobe%20Acrobat%20Scripts/Dr%20Strangelove. pdf.

3　BBC Radio 4, *Today*, 4 February 2002.

4　ICM Research/Today MMR poll August 2001, http://www. icmresearch. com/pdfs/ 2001_ august_today_programme_mmr. pdf.

5　*Annals of Pharmacotherapy*, http://www. theannals. com/content/45/10/1302.

6　Robert F. Kennedy Jr, "Vaccinations: Deadly Immunity", article posted on rollingstone. com, July 2005, quoted here: http://www. globalresearch. ca/vaccinations-deadly-immunity/14510.

7　http://childhealth-safety. wordpress. com/2011/08/26/new-surveyshows-unvaccinated-children-vastly-healthier-far-lower-rates-of-chronicconditions-and-autism/.

8　http://www. dailymail. co. uk/news/article-2160054/MMR-A-mothersvictory-The-vast-majority-doctors-say-link-triple-jab-autism-Italiancourt-case-reignite-controversial-debate. html.

9　Bravo, *Watch What Happens Live*, 18 March 2014.

10　Fox News, *On the Record*, 6 June 2008.

11　*Good Morning America*, 4 June 2008, http://abcnews. go. com/GMA/OnCall/ story? id=4987758.

12　HBO, *Real Time with Bill Maher*, 9 October 2009.

13　Bill Maher, "Vaccination: A Conversation Worth Having", blog posted 15 November 2009. See therealbillmaher. blogspot. com/2009/11/vaccination-conversation-worth-having. html.

14　"Sources and Perceived Credibility of Vaccine-Safety Information for Parents", *Pediatrics*, first published online 18 April 2011, http://pediatrics. aappublications. org/ content/127/Supplement_1/S107. full. pdf.

15　"Parental Vaccine Safety Concerns in 2009", *Pediatrics*, first published online 1 March 2010, http://pediatrics. aappublications. org/content/early/2010/03/01/peds. 2009-1962. full. pdf+html. It is worth noting that the survey was conducted before the final official verdict was delivered on the Wakefield MMR/autism paper and before the first outbreak of H1N1 (swine flu).

16　Frank Bruni, *New York Times*, 21 April 2014.

17　Benny Peiser, Introduction to Global Warming Policy Foundation Annual Lecture

2011,October 2011.

18　Benny Peiser,"Climate Fatigue Leaves Global Warming in the Cold", Global Warming Policy Forum website. See www. thegwpf. com/bennypeiser-climate-fatigue-leaves-global-warming-in-the-cold/.

19　Ipsos MORI Trust in Professions Opinion Poll,22 January 2016.

20　Christopher Booker/GWPF,7 December 2011,http://www. thegwpf. org/christopher-booker-the-bbc-and-climate-change-a-triple-betrayal/.

21　See,for example,Pew National Survey,15 October 2012,Guardian/ICM poll,25 June 2012.

22　Pew Research,"Top Policy Priorities",January 2014,http://www. pewresearch. org/key-data-points/climate-change-key-data-points-frompew-research/.

23　Channel 4,8 March 2007.

24　Royal Society,*Climate Change Controversies:A Simple Guide*,30 June 2007.

25　Reported in the *Guardian*,6 May 2010,http://www. guardian. co. uk/environment/2010/may/06/climate-science-open-letter.

26　Royal Society,*Climate Change Controversies:A Simple Guide*,30 June 2007.

27　http://royalsociety. org/uploadedFiles/_ Society _ Content/policy/publications/2010/4294972962. pdf.

28　AAS,*What We* Know,March 2014,http://whatweknow. aaas. org/wp-content/uploads/2014/07/whatweknow_website. pdf.

29　http://news. bbc. co. uk/nol/shared/bsp/hi/pdfs/05_02_10climate change. pdf.

30　Pew Research,2006 and 2014 polls,http://www. pewresearch. org/topics/energy-and-environment/.

31　Pew Research,International Survey Conducted March to May 2013,http://www. pewresearch. org/key-data-points/climate-change-key-datapoints-from-pew-research/.

32　John Cook et al. ,"Quantifying the consensus on anthropogenic global warming in the scientific literature",*Environmental Research Letters*,Vol. 8,No. 2,15 May 2013.

33　Research by James Lawrence Powell, http://www. jamespowell. org/methodology/method. html.

34　Pieter Maeseele and Dimitri Schuurman,"Knowledge,culture and power:biotechnology and the popular press",in Sigrid Koch-Baumgarten and Katrin Voltmer (eds),*Public Policy and Mass Media* (Routledge,2010),86-105. The table I refer to is Table 5. 1 on page 101.

35　Ibid. ,102-103.

36　*Foreign Affairs*,Vol. 91,No. 4,July/August 2012,24ff.

37　Steve Jones,*BBC Trust review of the impartiality and accuracy of the BBC's coverage of science*,July 2011.

38　Bob Ward,Policy and Communications Director,Grantham Research Institute on Climate Change and the Environment,http://www. lse. ac. uk/GranthamInstitute/news/response-to-decision-by-bbc-editorialcomplaints-unit-about-interview-with-lord-lawson-on-climate-change/.

39　http://www. latimes. com/opinion/opinion-la/la-ol-climate-changeletters- 20131008-story. html.

40　http://grist. org/climate-energy/reddits-science-forum-banned-climatedeniers-why-dont-all-newspapers-do-the-same/.

41　Dan Kahan,"Why we are poles apart on climate change",*Nature*,15 August 2012.

Enough
Said

10

论　战

他用富有节奏的语言来应对重大问题,并且很快受制于他自己的措辞。他欺骗自己,以为自己拥有开明的见解,然而他的思想却局限在问题极小的一个方面。

——伊舍勋爵(Lord Esher)评价温斯顿·丘吉尔(Winston Churchill),1917 年[1]

战争是对修辞的最大考验。要说服一个国家参战或者在战时鼓舞民众的勇气和乐观精神，全都看你是否有能力说服那些听你说话的人，让他们为了一个更崇高的公共目标而冒着牺牲他们自己以及孩子生命的风险。这是言语与生命之间的对抗。

　　在你解释战争的正当理由时需要足够的篇幅和细节，还要简洁并对情绪产生影响，同时考虑真实性、合理性、权威性以及利害攸关的鲜血和财富，要寻找一种听起来不像，也不可以像营销的说服能力——当我们考虑战争的修辞时，目前为止我们在本书中讨论过的所有要点就都集合在一起了。这种挑战规模之大——它的必要性、崇高性和惨重代价，是历史上的众多著名演讲都跟战争有关的原因，从雅典政治家伯里克利（Pericles）在纪念雅典战亡英雄的集会上的演讲、美国总统林肯的葛底斯堡演说，到丘吉尔在 1940 年至 1941 年英国处于危急存亡之际所做的多场演讲和广播讲话。还有很多小说中的知名修辞段落也是如此，包括亨利五世在阿金库尔（Agincourt）战役中的演讲，还有《指环王》中的阿拉贡在黑门之战的演讲。

　　近些年发动的战争规模可能比不上 20 世纪前半叶的那些剧变，但是也展现了各自在政治和修辞方面的挑战。发动战争的原因明显更有争议,战争本身也没有那么决定性的作用,开战初期的优势让位于僵持状态、国内的互相责难和不确定的结果。即使是风险相对较低、最初很流行的干预——不出动地面部队,只发动空中轰炸——也常常会以失败告终:医院被轰炸;当地那些表面上的好人被证明其实没有那么好;在耗费了大量时间、金钱之后,只能在少量情况下取得某种胜利,在其他情况下,得到的是无政府状态以及我们参战想要清除的那些威胁的转移。

然后还有影子战争,无须发动实际的战争行动,但是应该发表一些声明:为了停止对南斯拉夫、卢旺达和叙利亚的无辜人民的屠杀,为了阻止伊朗得到核武器,为了帮助乌克兰对抗俄罗斯。做了该死,不做也该死,而且有时候这些指责来自同一群评论家。

特定军事干涉行动的抗议者通常认为他们的国家领导人启动这项行动是为了个人的政治利益或者虚荣心,至少从《战争与和平》(*War and Peace*)问世以来,这种指控就在众多小说和电影中得到了积极呼应。

我们可以确定的一点是,除了曾经在 1990—1991 年的海湾战争中获胜的撒切尔夫人(Margaret Thatcher)(曾参与马岛战争)、老布什总统(George H. W. Bush)、约翰·梅杰(John Major)以及联盟的其他领袖之外,过去 30 年来,那些寄希望于凭借军事行动来增强名誉的西方领袖最后都极为失望。最近几十年来,战争更有可能破坏领袖的声誉,而不是锦上添花。

那么我们混乱的政治语言在这个最令人担忧的公共政策领域能起到什么作用呢?让我们以一个战时演讲的基准开始这个问题的探讨:

> 若问我们的政策是什么,我的回答是:在陆上、海上、空中作战,尽我们的全力,尽上帝赋予我们的全部力量去作战,对人类黑暗、可悲的罪恶史上空前凶残的暴政作战。这就是我们的政策。

> 若问我们的目标是什么,我可以用一个词来回答:胜利。不惜一切代价,去夺取胜利;不惧一切恐怖,去夺取胜利;不论前路如何漫长、如何艰苦,去夺取胜利。因为没有胜利,就不能生存。[2]

当时是 1940 年 5 月 13 日,温斯顿·丘吉尔上任英国首相刚满三天。这是他作为国家领袖首次在下议院发表演讲。那一天也是德国入侵法国北部的第四天。就在丘吉尔演讲的时候,法国的色当防线失守,敦刻尔克在距离那里不到两周的行程的地方。

丘吉尔的这段演讲具有十四行诗或祈祷文的结构清晰度,分为两部分——我想把它们称为诗节,第一节提出并回答了"我们的政策是什么",第二节提出并回答了"我们的目标是什么"。第一节由重复出现的"作战"这个词掌控,第二节则由重复出现的"胜利"这个词掌控,不过整个段落中最重要的词可能是其他所有词的基础——生存。这段摘录的文字充满丰富的技术性修辞效果:反问句、尾韵(作战)、列举(先列举了必须采取的各种方式,然后列举了获取胜利必须面对的挑战)、三联句(原文中三句关于胜利的句子逐渐变长,并突出强调语气)等。然而这段文字却毫无研究和设计的痕迹,只有迫切、自然、流畅的感觉。重复、尾韵和精巧的短句都推动着演讲者和听众的思路向前。

其中一个短语"人类黑暗、可悲的罪恶史上空前凶残的暴政",让我们想到了那种就连与丘吉尔同时代的人都觉得过时和浮夸的洪亮的声音。在这个上下文中,它却令人感到安心,因为丘吉尔这个自学成才者把当前的威胁放在过去的范围中进行权衡,并且让我们确信,至少在这种情况下,道德风险一清二楚。

这也是这段话以及整个"鲜血、辛劳、眼泪与汗水"演讲最打动我们的部分。首先,它并不是一种参战的道德呼吁。丘吉尔是在号召下议院和民众面对真实世界的紧急战况。敌人正在穿过法国,向着英吉利海峡挺进。国家被侵略和破坏并不是遥远的理论上的威胁,而是迫在眉睫的可能性。然而面对应急的紧急性,敌人又明显是非正义的,道德迫切性就显得很恰当,因此这一次,表示道德和实践必要性的应该和必须就成了一个意思。这是个特定时刻——正如我们看到的,丘吉尔在修辞方面并非无知之辈——但是非常壮观。

这次演讲的清晰度投下了漫长的阴影。后继的英国首相要想发表同样将国家的自身利益与道德必要性结合得如此密切的参战演讲,难度极高。我们来听听其中一个尝试者的演讲。地点还是在英国下议院,时间是 2002 年 5 月 18 日,主人公托尼·布莱尔正在启动英国是否应该加入美国和其他同盟国入侵伊拉克的辩论:

在一开始,我要说,议院对这个问题进行辩论并做出判决,是对的。

这是我们的民主权利,却也是其他人奋斗而不得的。我要再说一次,我会尊重那些与我对立的观点。这的确是个艰难的抉择,但是也是一个无法回避的抉择:是现在就让英国军队停下并返回,还是坚守我们已经确定的进程。我强烈认为我们必须坚守进程。[3]

这段话带有亲切的语气,而且整场演讲都是如此:正如布莱尔在几句话后面陈述的那样,承认"在其他事情上持赞同态度的人们会反对这件事",然而"那些在其他事情上从未表示过赞同的人们"会觉得这是"共同事业"。在开场词中,我们立刻就听到了道德争论:尽管英国是一个公民拥有质疑和辩论政府的所有提案的权利的国家,伊拉克人民却没有那么幸运。接下来,他承认了这是一个"艰难的抉择",并不像丘吉尔所说的那种决定一样直截了当,并且在执行过程中会要求做出牺牲,而是一个难以做出的决定。这也是一个"无法回避的抉择":要么"让英国军队停下并返回",要么"坚守我们已经确定的进程"。

但是我们指的是谁?第一个"我们"出现在"我们已经确定的进程"中,显然指的是托尼·布莱尔自己和他的内阁。但是接下来他继续说道:"我强烈认为我们必须坚守进程。"第二个"我们"不仅包括他的内阁成员,还包括他的听众、下议院所有将要投票的人员,并且扩展到全体人民。听众很容易忽略这个区别,将听到的话理解成这样的意思:我们——所有人——必须坚守我们——所有人已经确定的行程。劝说犹豫不决的听众做出一个痛苦的决定的方法之一,就是让他们相信,他们本质上已经做出了这个决定,现在拒绝将会带来不合逻辑的危险让步。通过模糊处理"我们—政府"和"我们—人民"之间的关系,布莱尔建立了这个含蓄的语境。

但是"我强烈认为我们必须坚守"这个短句的简洁性和影响力引人注目。并没有男子气概的暗示,实际上"坚守"这个词暗示着防御——英国和世界的安全,而不是进攻。"我强烈认为"这个词组也很重要。这是一个国家首领的表态,同时显然也是一种个人支持。托尼·布莱尔明白他所在的政党和国家处于怎样的分裂状态,因此在用他的政治判断和名誉来冒险。跟丘吉尔一样,布莱尔也要规划实际的政策和目标,但是"我相信我们应该坚守"这句话告诉我们,这也是一个是否具备个人信念的问题以及原则问题。

但是他陈述的情况比温斯顿·丘吉尔的情况更为复杂和微妙。这并不是英国的盟军受袭，而且谁都说不准，也许很快英国本土也会出现遭受直接袭击的故事，而是一个关于联合国决议、武器核查人员和外交策略的滑稽故事。它试图回答的问题并不像"我们的政策是什么"或者"我们的目标是什么"那么简单，而是"我们已经用尽了所有外交手段来确保萨达姆·侯赛因遵守 1441 号决议吗?"和"他不遵守决议的后果严重到需要对他使用武力吗?"当然，托尼·布莱尔对这两个深奥的问题的回答都是坚定的"是"。

尽管如此，在这场煞费苦心的解释中间，还出现了丘吉尔的影子。萨达姆·侯赛因是另一个阿道夫·希特勒吗? 2003 年反对参战的那些人跟 20 世纪 30 年代的那些绥靖主义者们一样吗? 托尼·布莱尔的回答是，他们之间存在细微的差别。他通过忽略被他称为"与 20 世纪 30 年代的肤浅、愚蠢的对比"，进行了自我保护，并且清楚地表示"在场的所有人都不是绥靖主义者"，但是紧接着又相当详细地谈到了 20 世纪 30 年代的绥靖主义。他声称那些现在反对军事干涉的人跟他们的前辈存在一个重要的区别:尽管那些绥靖主义者可能没有意识到希特勒有多么危险，与他们对应的现代人并没有这样的借口，因为萨达姆·侯赛因在侵略和发展大规模杀伤性武器方面的劣迹无可争议。然后他加上了这个丘吉尔式想法:

> 世界需要再次学会，在暴君面前的软弱并不是带来和平的最正确方式，很不幸，这只会带来冲突。[4]

对 20 世纪 30 年代的引用不容忽视。但是目前的状况非常不同。西方世界已经对萨达姆发动了一次战争，之后还对他施加了严苛的条件和制裁。关于这些制裁，当然已经进行过一场激烈的辩论，一些人认为它们太过严苛，另外一些人则认为不管多么严苛，它们都不可能奏效。不过西方世界对希特勒在莱茵兰地区再度推行军事化、吞并奥地利和入侵捷克斯洛伐克时的不作为在现代并没有对等物。在萨达姆的案例中，不可能争论说绥靖主义在西方政策中占过上风。无论如何，提出应对战争"最正确的方式"就是不要参战的建议都很荒谬。应对战争最正确的方式就是直接参战，这正是托尼·布莱尔现在提出的主张。

80 年来的事后领悟、修正主义和现代怀疑主义完全没有减弱或破坏温斯顿·丘吉尔的言辞的影响力。才过了十几年之后，托尼·布莱尔的演讲就无

法按照当时的意图来解读了。他的论点围绕着，实际上几乎都是关于萨达姆·侯赛因的大规模杀伤性武器及其造成的众多威胁：如果与他勾结的恐怖分子得到这些武器，对他的邻国和中东地区以及英国的直接威胁；还有如果我们不对付萨达姆，并解除他的武器，就会带来间接威胁，那就是其他邪恶的政权也会保留或获取他们自己的武器。"大规模杀伤性武器"这个词组在整场演讲中出现了 14 次，而单项大规模杀伤性武器——神经毒气、炭疽、芥子气、沙林、肉毒毒素、放射炸弹等出现的次数更多。

以上这些武器都没有被找到，这就是现在我们了解到的，而且这个认识让这场演讲失去了意义。现在对我们来说，它就是一场没有根基的演讲，一场几乎毫无意义的演讲；尽管如此，它却导致了一场战争。这并不是要对这场演讲是否出于善意——换句话说，托尼·布莱尔自己当时是否相信萨达姆拥有大规模杀伤性武器——做出裁决。只是要说，当时可能被我们称为客观的参战道德辩护完全瓦解了。

在演讲中关于 20 世纪 30 年代的段落，托尼·布莱尔建议，我们不应该谴责绥靖主义者，因为希特勒的危险程度是到后来才显现出来的。但是现在我们不得不面对与之相反的被揭露出来的真相。在这个案例中，直到后来才发现，萨达姆的危险性比当时布莱尔声称的程度要小得多。当人们发现大规模杀伤性武器明显不存在时，推翻萨达姆的其他理由会被提出来——他是个暴君和杀人狂魔，他让该地区动荡不安，民主的伊拉克会成为中东地区善的力量——但是这些都不是英国首相在必须做出决策的时刻提出的参战理由的重要组成部分。关于托尼·布莱尔蓄意展示了虚假说明的说法，你可以相信，也可以不相信。毫无疑问的是，他的争论基于一个虚假的前提。

那个星期最令人难忘的冗长乏味的演讲就是托尼·布莱尔的同事罗宾·库克（Robin Cook）在前一天所做的辞职演讲，他因为伊拉克事件决定退出内阁。库克的论辩极为干涩，但是他悲伤的声音和带有不祥预感的表情给他的说明增加了悲剧意味。这是他的演讲结束词：

评论家们一向喜欢的主题就是这届下议院在英国政治中不再占据核

心位置。要想证明他们错了，最好的例子就是这届下议院能够停止让军队参与一场既无国际协定又无国内支持的战争。我打算加入明天晚上投票反对军事行动的阵营。正是因为那个原因，也只是因为那个原因，我怀着沉重的心情辞去政府职位。[5]

第二天晚上10点钟，下议院的参战投票结果是412票支持，149票反对。两天后，侵略战争开始了。

不管辩论的水平如何，罗宾·库克极力想要证明怀有错误看法的"评论家"的观点是有道理的。实际上，早在向下议院提交该提案之前，伊拉克问题就已经有了决定，托尼·布莱尔政府为了解释理由，为了满足他们得到足够的政治和公众支持来继续行动的愿望而采用的修辞手段并不是议会演讲，而是政府掌握的萨达姆被指称拥有秘密武器的情报概要。在媒体界，这些概要被称为档案，这个名字，至少在小报编辑部，会让人联想到间谍和被盗的文件组成的消失的世界，就像《丁丁历险记》和《沙岸之谜》那样。

其中一篇这样的报道发表于这场议会演讲六周前。这份所谓的"二月档案"一出现就受到了怀疑，其中部分内容后来被证明剽窃自一份博士毕业论文，而这份论文本身是十几年前完成的。由托尼·布莱尔的通信主管阿拉斯泰尔·坎贝尔（Alastair Campbell）授意创作的这篇报道，对政府赢得对这次入侵行动的支持的宣传活动没有一点儿好处。

但是还有一份更早的档案——"九月档案"，或者更严肃地说，《伊拉克的大规模杀伤性武器：英国政府评估报告》是在头一年的秋天发表的，并且在下议院投票时期被认为更具有权威性。那些投票支持该提案的议员们和支持政府立场的公众这么做的理由，有一大半是因为他们认为这份档案具有说服力。不过，几个月之后，他们就会问自己，这份档案是否跟别的档案一样可疑，他们自己是否是一个信任骗局的受害者。

2003年5月22日，入侵行动开始大约9周后，有两个男人在伦敦中心的查灵克罗斯酒店碰面喝一杯（一个点了可乐，另一个点了苹果饮料）。其中一个人是大卫·凯利（David Kelly）博士，国防部的大规模杀伤性武器专家，另一个人是安德鲁·吉利根（Andrew Gilligan），BBC《今日》节目的记者。他们之前见过几次面，吉利根正在进行英国政府关于伊拉克大规模杀伤性武器的公

开声明的调查,凯利是他的重要信息来源。吉利根用他的电子记事本做了一些关于这次 5 月 22 日会面的记录(以下是原文直译):

> 改变一周前变得更性感。
>
> 典型的 45 分钟 档案大部分双重来源但是那个单来源一个来源说导弹组装需要 4 分钟,这被误解……
>
> 大部分人不满意,因为它没有反映他们提出的考虑观点。
>
> 坎贝尔真实信息,但不可,违背意愿,不在初稿中——沉闷,他问是否有东西可加入。[6]

吉利根的大部分速记内容都很容易翻译。凯利博士告诉这位记者,第一份关于大规模杀伤性武器的档案草稿在发表前一周内曾经被"改变"过,让它变得"更性感",意思是更有影响力、更令人恐惧,这样就会更有说服力。正如我们所见,亚里士多德对同样的修辞冲力用了一个不那么热气腾腾的术语,叫"增补"。其中一个例子就是暗示萨达姆的化学武器只需要提前 45 分钟通知就能完成部署,而且因为他还拥有中程导弹,所以可以在同样的时间范围内袭击驻扎在塞浦路斯的英国军队。这个不太可能发生的说法在档案发布期间却成了一些报纸的头条新闻。吉利根记下了凯利说的话:这种说法跟最初的草稿内容并不一致,因为它只有一份情报来源,专家们对它表示怀疑,但是阿拉斯泰尔·坎贝尔认为初稿内容很"沉闷",问有没有别的东西可以加进去充实一下。在接下来赫顿勋爵(Lord Hutton)负责指挥的政治事务的调查中,安德鲁·吉利根自己解释了最密集的段落:"坎贝尔真实信息,但不可,违背意愿。"意思是"坎贝尔说:真实的信息,但是不可靠,违背我们的意愿被加入进来"。[7]

安德鲁·吉利根利用与大卫·凯利的这次谈话和其他几次谈话作为基础,制作了 5 月 20 日《今日》节目的一次访谈及随后的报道,在其中对英国政府和那份档案提出了很多具体的指控。他说他了解到,那份档案曾经"在英国政府的授意下"进行了更改。至于那个关于 45 分钟行动的说法是:

> 根据我们从一位负责起草那份档案的高级官员处得到的消息,实际上政府可能,嗯,早在决定把它加进去之前,就已经知道 45 分钟这个数字是错误的。

在"可能"后面出现的那个"嗯"——本身是为了尝试减弱指责的语气——是新闻学历史上最重大的一次犹豫。考虑到他所做的指控的严重性,安德鲁·吉利根竟然疯狂地在无台本的情况下,跟一位主持人做了电台直播访问,在谈话中顺着自己的想法来决定他要如何讲述这个故事。他不是一定要指控政府本来就知道 45 分钟的说法是错误的,而且似乎有点儿不太确定他是否应该这么做,不过他最终还是这么做了。把这与他的"在英国政府的授意下"放在一起来看,含义不可忽视:托尼·布莱尔和(或)他的直属亲信蓄意窜改了那份"九月档案",以便增强他们的公共观点。

政府对吉利根的指控大发雷霆。政府的英文答复措辞极为破碎,却又带有律师文件的那种狡猾的准确度:"那份文件没有一个字不是完全出自情报机构的成果。"尽管这听起来像是一种全面的否认,但是它实际上并没有回答凯利和吉利根的指控:英国政府可能会不添加自己的任何字词或新想法,却以哄骗和恐吓的方式让那份档案的作者修改全部档案内容,加入他们认为不可靠的情报,并坚持将备忘警告删除。

唇枪舌剑开始了。大卫·凯利告诉他在国防部的上司,他曾经跟安德鲁·吉利根会面,但是他认为他并不是这位记者的主要信息来源。政府向媒体泄露了足够多的信息,使他们能够确认泄密者为凯利博士。然后他经受了一场由议员特别委员会进行的令人不快的电视审讯。他告诉他们,他并没有说过安德鲁·吉利根报道的那些内容,他们接受了他的说法。尽管如此,他看起来极其紧张。这场审讯过后没多久,他就自杀了。现在首相本人的名誉,而且很有可能加上他的工作都岌岌可危,在那几个月里,凯利-吉利根事件都是英国最大的新闻,甚至比入侵伊拉克事件本身的关注度还要高。

对于当时的观察家来说,凯利-吉利根事件是一场政治与新闻的斗争。我们也可以把它看作一场修辞的斗争。安德鲁·吉利根指控说第一份档案是一份蓄意鲁莽的言辞,政府太迫切地想要说服公众,因此他们夸大了了解到的信息,去除了限定条件,并将非常有可能出错的情报片段当作事实来展示,换句话说,他们对第一份档案实施了诸多罪行,就是我指出的当代政治家对其他公共语言的表达采用的那些手段。

但是政府的反击还是关于言辞的声明。他们有力地指控安德鲁·吉利根自己犯了增补的罪,他为了让自己的故事更有影响力,加入了没有事实依据的

指控,说政府蓄意伪造档案。没错,大卫·凯利和别的国防部武器专家可能是对那份档案有怀疑,但是确定这一点并不能证明更大的指控,说修改是有意为之。就像精明的诽谤诉讼起诉人一样,他们希望通过对他们认为吉利根的故事中最薄弱的一点下手,能够赢得更大的名誉之争。

政府选中了布莱恩·赫顿(Brian Hutton)对凯利—吉利根事件进行调查,这位高级法官是通过审理北爱尔兰地区的恐怖分子案例而扬名的。赫顿勋爵的调查很快就瞄准了查灵克罗斯酒店的那次重要会面的电子记录。下面是安德鲁·吉利根的部分证词:

问:然后有一条记录只有一个词,"坎贝尔"。是问了什么问题产生了这条记录吗?

答:是的,问的问题类似于"怎么会出现这种改变的?"

问:好的。

答:然后就有了这个回答,只有一个词。

问:他只回答了"坎贝尔"?

答:是的。

问:下一条记录是回答什么问题的?

答:当时我很吃惊,就说:"什么,是坎贝尔编出来的吗? 是他们编出来的?"然后他说:"不,是真实的信息,不过不可靠,而且把它收进档案里违背了我们的意愿。"

赫顿勋爵:请允许我问个问题,吉利根先生,看第一段,你问的问题是:"是为了让它更性感吗?"然后凯利博士回答说:"是的,为了让它更性感。"是这样吗?

答:是的,为了让它更性感。没错,他采纳了我的说法。

赫顿勋爵:现在你确定在你的记忆中,你问了它是如何被改变的,而坎贝尔这个名字是凯利博士先提到的,是吗?

答:是的,没错。

赫顿勋爵:你没有问这样的问题:"坎贝尔跟这件事有关系吗?"是吗?

答:没有,是他提到的。他提到了 45 分钟的问题,还提到了坎贝尔的问题。[8]

所以是吉利根而不是凯利先用了"更性感"这个词,尽管吉利根声称凯利接受了这个说法("是的,为了让它更性感")。另一方面,安德鲁·吉利根斩钉截铁地坚持说是大卫·凯利,而不是他自己先提到阿拉斯泰尔·坎贝尔的名字的。虽然安德鲁·吉利根在广播节目的报告中并未提到托尼·布莱尔的这位得力助手,但是大卫·凯利先提到坎贝尔的名字这个事实对他在那些报告中的断言非常关键,就是他说他的信息来源——那位"高级官员"确认政府曾经蓄意更改过那份档案。

但是这里也存在一个关于新闻取材的问题。大卫·凯利并没有亲眼见证阿拉斯泰尔·坎贝尔要求审改那份档案,实际上他从来都没见过阿拉斯泰尔·坎贝尔。他也并未参与高级官员关于档案内容的讨论,或是看到过任何关于档案更改的书面证据。大卫·凯利是国防部的大规模杀伤性武器专家们对那份"九月档案"的态度的权威信息来源。在谈到政府是否曾经修改过那份档案时,他只是在推测。而且就跟政府关于 45 分钟警告的不可靠说法一样,吉利根的故事当然也是"只有一份来源"。

安德鲁·吉利根关于蓄意审改的指控实际上是在声明他已经找到了证据,可以证明政府向公众撒谎并在那个谎言的基础上获得了参战的支持。这项指控的隐含意义没有人不明白,而且它还解释了为什么政府会做出如此愤怒的回应。但是在这一点上,他这个在其他事情上都很可靠的信息来源根本就算不上是个信息来源。

BBC 在赫顿勋爵的调查中承认了它在新闻工作中存在重大不足,政府什么都没有承认。根据他的调查成果,赫顿完全站在政府这一边了,但是很多或者说大部分观察家当时(现在依然)都持有不同观点。安德鲁·吉利根的新闻工作也许是存在缺陷,但是他的故事的大部分主旨——展示令人信服的理由的政治必要性已经被允许对档案的最终版本施加影响——已经成了公认的观点。在名誉方面,政府赢得了一场战役,却输掉了整个战争。

在公民不信任政治家话语的时代,向他们展示一堆冷静的事实——情报发现、卫星图片、地图和图表——具有实际的吸引力。如果他们怀疑你的言辞,为什么不让证据自己说话呢?但是一旦你准备好那些本应不带偏见的证据时,你的那些关于说服的原则方法、所有的修辞技巧和诱惑就一下子都涌了过来。我们也许永远不会知道情报机构的技术人员是否被哄骗或受指示给那

份档案添油加醋，还是说这件事的政治目的如此明显，根本就不需要告知。我们确定知道的一点是，在表示不再使用修辞手段之后，某个地方的某些人决定让它再次出场。

但是修辞在这个故事的新闻界一边也发挥了重要作用。安德鲁·吉利根得到了一个精彩的原创故事——政府内部的一位大规模杀伤性武器专家狠批那份重要档案的内容——但是这还不够。还有一个更值得追求的目标：实施一场针对个人的打击，宣称托尼·布莱尔或者他的某个亲信下令窜改证据，蓄意欺骗公众。安德鲁·吉利根后来承认，关于政府可能早就知道 45 分钟的说法不实的指控本身"证据不足"，而且他没有使用"完全正确的语言"。[9]他给自己找借口，说他当时是在电台直播中讲话（虽然后来他在文本报道中也做了类似的指控）。不过很难不去怀疑，不管是有意还是无意，他也被诱惑着做出了跟他指控政府对那份档案所做的一样的事情，那就是尽管证据存在漏洞，他还是选择了更有力、更清晰的言辞。

我在第 4 频道看了凯利－吉利根剧情的相对安全角度的报道，不过也听到了很多牵涉其中的 BBC 人员的说法，包括当时担任 BBC 总裁的格里格·戴克（Greg Dyke）。即使作为旁观者，这个剧情看起来也显得冷酷而又压抑，带有难以理解的深渊，而在政府这一边，即使到最后都带有仇恨，不愿寻找出路。核心则是完全不必要的大卫·凯利的悲剧，一位跟随自己的良知的正派人士，得到的回报却是被政府机构挤压毁灭的痛苦。

关于借口和语境

借口是一个人对某种行为做出的虚假解释或辩解，因为该行为的真正原因是非法的，或者令人尴尬，或者在某种程度上被认为不够有说服力。它是一种不符合规定的修辞策略，说话者用一种"更好的"理由替代了真相。

显而易见，如果说话者意识到他们给出的理由是假的或者存在严重缺陷时，借口就只是借口。毫无疑问，小布什和托尼·布莱尔会争辩说他们关于萨达姆持有大规模杀伤性武器的说法并不是借口，因为他们及其政府当时真的相信这种说法。他们的批评家则会附和曼迪·赖斯·戴维斯（Mandy Rice-Davies）说，他们当然会那么说了，不是吗？这就是为什么关于借口的争议通常会持续数年。被冤枉使用了借口的政治家自然而然会加以否认。但是被公正指责使用了借口的政治家也会拒不承认。除非你能进入指定政治家的脑袋里面,或者找到一些书面证据来确认她是否已经知道她所说的内容是假的或者令人误解,否则就很难证明她到底有罪还是无辜。

不过,如果我们后退一步,还有一个更大的问题:为什么关于借口的讨论,不管是真的还是有嫌疑的,会如此频繁地出现在现代言辞战争中?这并不是一种新的现象。中世纪的富商经常会找一些领土的、王朝的或者宗教的借口——不管有多么牵强——来为强占土地或夺取王位辩解。阿道夫·希特勒经常会下令对德国的目标发动"伪旗"攻击,比如说 1939 年 8 月,在袭击波兰前一天,对格莱维茨的一个德国广播电台发动攻击,这样他就可以宣称后续的袭击是防御性质的,而不是侵略。

如今关于"借口"的愤怒辩论是常态。就算是基地组织对世贸大厦和其他目标发动的"9·11"恐怖袭击这样骇人听闻的无端侵略,现在也应该当作多个阴谋论的主题,将该事件重新解读为美国政府、以色列或沙特阿拉伯政府或者其他神秘力量允许或导致发生的大规模谋杀行为(LIHOP——故意放任它发生,和 MIHOP——故意让它发生,是两种主要的思想流派),以此作为后续战争的借口。一些理论家对 1941 年日本突袭珍珠港也有类似的论点。

如果人们可以提出以下论点,而且一些轻信的读者会相信:日军发动数千名日本海军和空军、几百架飞机和多艘航空母舰对美国在夏威夷的海军基地的袭击,实际上是美国政府捏造的事情;那么那些不甚清晰明了的现代战争会受到无休止的借口分析,也就不足为奇了——那些并非回应直接袭击的战争,而是对同盟国受到的侵略的反击,或者试图制止声称的未来的安全威胁。

但是深度怀疑和寻找隐藏动机只是现代战争言辞面临的挑战之一。电视和互联网会让那些有胆量观看的民众在家里就感受到战争的恐惧。当代的"不对等"战争更是如此,具有巨大杀伤力的高科技武器被用于对付在发展中世界的平民中活动的敌人。只有在满足最高的道德标准时,那些直接和间接的人员伤亡,更不用提我方的伤亡情况,似乎才可以接受。因此就出现了专注于参战理由中最强烈的元素的巨大诱惑——国家安全和自我防卫是最大的王牌理由。崇高的理想——和平、民主、保护人权,也可以成为高价值的理由,不过在实践中可能容易受到仔细审查,查看是否存在双重标准或虚假空话的迹

象。类似经济利益、地理政治、对盟国的义务或更广泛的外交考虑等其他元素则非常危险。因此,它们可能会被低调处理,或者完全省略。

西方领袖曾经可以公开讨论国家安全。举个例子,下面是 1898 年,威廉·麦金莱(William McKinley)总统在陈述要求国会授权美国政府干涉古巴脱离西班牙统治的理由,这次行动引起了更广阔的美西战争:

> 干涉权利的正当理由是我国人民在商务、贸易和业务方面遭受的重大损失以及对财产的恶意破坏和对岛屿的破坏……这种冲突在一个离我们如此近、与我们的人民又存在这样的贸易和业务关系的岛上持续数年;我们的公民的生命和自由不断遭受危险,财产被破坏,人身安全受到威胁;我们的贸易船只容易被扣押,而且还在我们的家门口被外国军舰控制。[10]

在 1956 年的苏伊士运河危机期间,英国首相安东尼·艾登(Anthony Eden)还能援引经济利益作为对埃及总统贾迈勒·阿卜杜勒·纳赛尔(Gamal Abdel Nasser)采取军事行动的理由,虽然在这个时候,保护经济利益已经被描述为国防的一种形式:

> 现在我要跟你们谈谈关于苏伊士运河争议的情况。在我们审查这个事件的政治意义之前,我必须用最平实的语言来记录下在这个自由的运河通道上的任何敌对干预对我们国家的人民造成的经济影响。毫不夸张地说,这件事关系到我们这个贸易国家的生死存亡。它关系到在这片土地上的每一个男人和女人的就业、生活和工资收入。[11]

然而,在最近几十年间,任何西方领袖如果试图以经济因素或其他国家利益作为发动战争的主要理由,就会冒着被扣上帝国主义者或战争罪犯或两者兼有的罪名。

当然,国家利益并没有消失。它继续在所有的对外政策决策中发挥着核心作用,包括那些与军事行动相关的决策。但是因为它听起来有重要作用,而且冷酷无情,所以很少像以前那样公开坦诚地加以探讨。这也会反过来导致夸大的怀疑,认为某个特定战争的真正原因被隐藏,比如说,西方国家对中东地区的军事干预实际上总是跟石油有关。公众的不信任助长了言辞的谨慎,而这只会激发更多的公众不信任感。

1964 年 8 月 4 日深夜，林登·约翰逊（Lyndon Johnson）总统对美国人民发表了电视讲话。他在讲话中提到，当天早些时候，美国驱逐舰马多克斯号在公共海域遭到越南民主共和国鱼雷艇的袭击。这已经是过去三天来的第二次类似袭击事件，他说：

> 美国指挥官和全体船员在这次交战中表现出了美国海军的最高优良传统。但是针对美国军队的多次暴力行动必须不仅以戒备防守来对付，更要进行正面回复。今晚在我跟你们谈话的同时，这种回复正在进行。此刻在越南北部，正在执行针对炮艇及其支持设施的空中行动。[12]

公开、无端的侵略行为与有针对性的军事行动让攻击者变得中性：他们是在自我防卫，换句话说，受到联合国章程和国际法的许可。但是这个时候，就像击剑运动员的花剑一样，总统的言辞开始开启攻势——前进和后退，佯攻和反击。美国的回应将会"有限且得体"，"其他人可能忘了，但是我们美国人还记得冲突蔓延的风险"。公众还是心存怀疑吗？"我们依然会争取不扩大战争规模"，林登·约翰逊向电视机前的观众保证。到这个时候，心有怀疑的公民也许会受到诱惑，有所放松，但是总统的言辞之剑依然闪耀着光芒。现在挥剑猛攻：

> 最后，我今天会见了美国国会两个党派的领袖，并告诉他们我将很快要求国会通过一项决议，以便清楚地表明我们的政府团结一致，决心采取一切必要措施来维护东南亚地区的自由和和平。[13]

突然间，一切——地图、地面的牵连，尤其是总统的政策目标——都扩大了范围。现在约翰逊总统正在宣布，美国不仅必须承诺"有限"的即时响应，与此同时还要同意"采取一切必要措施"。保护马多克斯号和美国海军在公海航行的权利已经扩大到了包括维护东南亚地区的"自由"，而一开始马多克斯号英勇的船长和船员实施自我保护的行为已经变成了"维护和平"。我们如何维护和平？总统并没有详加说明，但是正如我们在托尼·布莱尔和伊拉克战争中发现的那样，政治领袖会发现自己正在争论说，我们维护和平的最好方式就

是发动战争。

这种具有讽刺意味的情况在冲突另一方中也并不少见。就像古罗马历史学家塔西佗（Tacitus）借喀里多尼亚领袖卡加库斯（Caledonian）之口对罗马的讽刺评价一样："他们把一个国家变成了废墟，还说这就是和平。"[14]

在接下来的数月和数年中，美国在越南战争中的参与程度不断提高，尽管国会继续展开辩论，并投票支持参战，《东京湾决议案》渐渐被视为这种升级的关键诱因，总统利用该事件让国会顺从他的意愿则被视为美国行政部门的无情过度要求的例子。

但是不止这些。几乎从一开始，人们就对东京湾事件提出了很多问题，而且事件情况披露得越多，该事件就显得越可疑。在马多克斯号遭受袭击时，美国本身正在实施多项针对越南民主共和国的秘密行动。马多克斯号的确是在公共海域，但是当时它正在执行一项针对越南民主共和国的信号情报行动。但是最麻烦的还是证据（近些年才得到确认）表明，8月4日驱逐舰这个关键事件，也就是约翰逊总统发表电视讲话，并向国会呼吁的公开原因，其实并不是真正的袭击，而只是恐慌的船员看错了雷达图像，看到了想象中的敌军船舶。更糟糕的是，政府的高级成员几乎必然会包括在内的国防部渐长罗伯特·麦克纳马拉（Robert McNamara），甚至可能还有总统本人，当时都已经知道了第二次袭击的报告很有可能是假的。在2008年2月的《海军史杂志》（*Naval History Magazine*）上，当时是美国海军现役人员的海军少校帕特·帕特森（Pat Paterson）把这些信息都汇总到了一起：

关于东京湾事件的问题已经持续存在40多年。但是曾经保密的文件和录像带在过去几年被公布出来，加上之前发现的事实，都清楚地表明，高级政府官员在这个事件上扭曲真相，欺骗了美国公众，从而导致美国完全参与了越南战争。[15]

因为这个原因，林登·约翰逊和东京湾事件成为政治修辞的学术研究的经典主题。这些研究使用的关键词几乎无一例外都是"借口"这个词。

1978年，理查德·车维兹（Richard A. Cherwitz）——当时是一名博士研究生,现在是一位著名的修辞学教授——写了一篇论文《林登·约翰逊和东京湾"危机":总统的参战理由》。[16] 在标题为"修辞情境:以东京湾为借口"的章节中,车维兹有条理地将约翰逊的语言进行了解构,并且发现了很多我在本书中提到的修辞手段:对有限且"可疑"的事实的利用;包含"强烈的形容词"的"生动的描述性语言"来帮助戏剧化地夸张表现事件;建立起他的办公室和他的个人性格或道德的权威;压缩,就像发表电视讲话之后的第二天,约翰逊在雪城大学演讲时用到的三个短句一样:

> 这些攻击是蓄意而为。
>
> 这些攻击是无来由的。
>
> 这些攻击得到了回击。[17]

更进一步的修辞方法是"增补",被车维兹称为把"当地事件"放到全球背景下:"尽管东京湾事件发生在距离美国本土几千千米外的地方,总统先生通过将它们与更能打动国内人民的更广阔的政府声明联系在一起,能够突出事件的严重性,并赋予它们重要的国际意义。"[18]

但是车维兹这篇影响深远的论文本身需要一点儿修辞解构。他直接得出的结论毫无疑问是合理的:约翰逊政府利用一个小事件和一起并不存在的事件得到了国会和公众对美国参与军事战争的支持。但是谁能够解释他们的行为的政治背景以及政治动机是什么? 车维兹对这个问题的回答并不是基于公正的修辞分析,而是基于他自己对当时的美国外交政策典型的政治判断:

> 20 世纪 60 年代,美国的外交事务特点为:用于支持对第三世界国家发送单边军事干预政策的总统权力得到扩张。在 20 世纪 60 年代的众多场合中,作为总指挥官的总统让美国卷入了与其他国家的冲突。[19]

车维兹的措辞:针对"第三世界国家"的"单边军事干预","总统权力扩张","众多场合中",尤其是动词"卷入",让我们有些怀疑他自己对美国外交政策的思想立场。不过,不管你是否赞同他的看法,他的结论是利用后见之明得到的,并不是林登·约翰逊当时面临的政治背景。如果你想理解为什么他说了当时所说的话,这是相关的背景。这也是我们可以用来考虑以下问题的唯一背景——意图性,并得出结论,确定东京湾事件是否真的是个借口,以及如果是的话,它是哪种借口。

作为对比,我们先来考虑一下其他所谓的借口的政治背景:2003 年,英国政府在准备入侵伊拉克阶段关于大规模杀伤性武器的说法。当时的情况是这样的:英国可以自由选择是否要加入以美国为首的军事干预。其他西方同盟国置身事外。美国国防部部长唐纳德·拉姆斯菲尔德(Donald Rumsfeld)明确表示,无论英国是否加入,美国都已准备好入侵伊拉克,并指出如果英国不加入的话,还有"变通方案"。[20] 入侵本身也并不是某种不可改变的长期战略逻辑的顶点。在萨达姆袭击科威特后,老布什总统既有合理的理由,又有战区的军队可供调遣,从而在伊拉克首都巴格达开战,但是他并没有那样做。

这就是为什么用于证明入侵理由的特定证据如此关键。如果托尼·布莱尔政府当时没有制造出关于萨达姆持有大规模杀伤性武器的"证据"的话,英国就不会参与那场战争。就是这么简单。而且,虽然不是那么确定,但是如果布什政府当时没有展示他们相应的可疑档案的话,很有可能根本就不会有伊拉克战争。

东京湾事件不一样。当时已经存在一场战争——冷战,对抗苏联及其同盟国的全球斗争,车维兹教授的论文中一次也没有提到这一点。车维兹将东京湾事件的全球背景当作另一种"修辞方法"来介绍,就好像赋予越南的安全情况"一种重要的国际意义"只不过是一种骗人的比喻。但是把本地爆发点与超级大国之间紧张的全球僵局联系在一起,是冷战时期对峙双方都会做的事情。特别是美国、苏联都认为越南在更大范围的斗争中是一个重要的经济政治战场。林登·约翰逊总统执政期间的关注重点是国内改革,不过到了 1964 年夏天,他的高级官员们断定越南共和国的军队会失败,而且如果没有美国军队快速大量介入的话,越南共和国将会瓦解。

不同于 2003 年的伊拉克战争,1964 年干预越南的提案与政治世界观协调一致,受到了广泛的两党联合与大众支持。约翰逊政府认为他们正在处理的是一个前线国家的危机。在这种背景下,约翰逊政府很有可能正在寻找触发事件,一些越共"侵犯"的引人注目的例子,可以用来引发国会和美国民众的怒火,并为事件升级铺平道路。潜在的触发事件并不难找。8 月 2 日与越南鱼雷艇的第一次交战很有可能是真的,考虑到冲突区域美国军队的数量和情况恶化的速度,可能另外一场恰当的事件出现得恰到时机。

人们经常断言,如果不是东京湾事件,越南战争可能永远也不会发生。在刚刚排练了凯利－吉利根的故事之后,我们很熟悉这种寻求最严重的指控的修辞诱惑:那天晚上约翰逊撒了个谎,由此导致了数以万计的美国人和几百万东南亚人的死亡。另外一种不那么有感染力但是更合理的结论是:美国无论如何都会发动战争,不是因为一段假的言辞,而是因为美国冷战时期对外政策的内部逻辑;东京湾事件并不是一个必要的借口,而是在可能会出现其他触发点的时期的一个方便的诱因。

东京湾事件可能对总统来说很便利,不过从很多方面来说,它也适合国会和美国民众。关于这个事件的公开或私下怀疑很快出现,但是不管怎样,总统的政策也获得了广泛的支持。很多民主党人赞同党派领袖在冷战问题上的鹰派作风,而共和党人则采取了更为强硬的态度。车维兹在论文中多次提到的"帝王总统"理论这个概念便于将越南战争的过错指责范围缩小到一小批精英身上,但是他认为《东京湾决议案》解除了国会的武装,相当于宪法政变,这种想法就有些荒唐了。实际上,立法机构继续控制财政,并在接下来的几年内多次投票为战争提供资金。不太像阴谋论但是同样令人不安的事实是,美国是作为一个正常运转的民主国家参加越南战争的;参议院和众议院的大部分成员支持该政策的原因并不是他们是谎言的无知受害者,而是因为他们支持政府在冷战中的广泛的政策立场,而且尽管东京湾事件存在疑问,他们准备假定总统是无辜的。一直到战争进展明显不利时,对这场战争的政治和公众支持才开始衰退。

而这就是问题所在。国会和大众默许了局势升级,但是它的发生方式以及林登·约翰逊在为这个问题辩护时给出的高度缩略的理由,都给未来的支持带来了多种选择性。如果1964年的升级行动迅速带来了决定性胜利的话,他们很有可能会把自己当作这项事业的全面合作伙伴。当伤亡加剧,失败逼近时,这就成了林登·约翰逊的战争。没过几年,他就下台了。

这就是部分说明和借口的问题,即使它们对引发冲突只有次要作用,没有决定性作用。当谈到战争时,现代听众倾向于两者兼顾。我们的同意总是有所保留,如果我们认为演讲者的总体理由令人信服,可能会忽略他们采取的捷径甚至是欺骗,同时我们还保留稍后把它用作我们自己的借口的权利,当事情与预期相反时,让我们与最初的决策保持距离。

古老的谎言

在《尤利西斯》(*Ulysses*)中,作者詹姆斯·乔伊斯(James Joyce)借书中人物斯蒂芬·迪达勒斯(Stephen Dedalus)之口说,历史是一场噩梦,他试图从中醒过来。战争和战争修辞就是如此。无论军事干预的理由多么有说服力,很多听众依然会想到阴暗的问题。演讲者也许听起来通情达理,但是万一他或她其实是个邪恶的或者疯狂的人呢?我们如何确定这个据说有限的事务不会变成一个困境呢?所有的战争不都是徒劳无益的吗?我们即将派遣的这些年轻的男人和女人会不会不是为了胜利和荣誉,而是为了去屠杀他们自己、他们的敌人以及不知道多少无辜的民众?

这场噩梦是有名字的。它就是我们从第一次世界大战得到的理解。比起随后发生的可怕而又更容易理解(对西方同盟国来说)的火灾,比起历史上的其他早期冲突,这次世界大战更加影响我们对战争的理解,并且像一个阴暗问题,在后来的每次新的军事行动呼召中若隐若现。我们如何确定这一批领袖不会变得像1914年大肆破坏欧洲的那些愚蠢又嗜血成性的人一样残忍和不负责任?

世界大战的宏大叙事不可避免地涉及修辞。那些邪恶的领袖并不是独自作战的,他们说服了几百万平民为他们在战场上厮杀。他们是如何利用公共语言来说服那些欧洲"青春亡灵"奔赴战场,我们又该如何确保他们不会再这样做,这对故事和它传达的信息都很重要。我们来看一看由英国最著名的,这个国家对他们遏制全球共产主义的整体目标非常关键反战诗人威尔浮莱德·欧文(Wilfred Owen)创作的最有名的一首诗的结尾部分:

> 如果你能听到血液随着每次颠簸,
>
> 从被泡沫污染的肺部汩汩涌出,
>
> 如癌症般污秽,如反刍物般苦涩,
>
> 那是舌头上无药可医的溃疡,
>
> 我的朋友,你就不会带着如此高涨的热情,
>
> 向热衷于绝望的荣耀的孩子们讲述,

那古老的谎言：

为国捐躯，甜美而又荣耀。[21]

"为国捐躯，甜美而又荣耀"（*Dulce et decorum est pro patria mori*）是罗马诗人贺拉斯（Horace）的一句格言，在英国维多利亚和爱德华七世时代经常被用来纪念那些战死沙场的年轻人。就在 1913 年，它被选中用来装饰位于桑赫斯特的英国皇家军事学院的小教堂里的一块纪念碑。

这种传统的虔诚观念与毒气战的影响以及扩展到战场上的其他盲目残忍的经历排在一起，现在它却被揭穿是个谎言。欧文在全诗中并没有告诉我们传播这个谎言的朋友的任何信息，但是我们认为他指的是为促使战争发生的文化做出贡献的所有人，从军事机构、侵略主义报刊到政治、宗教和教育类领袖。你们告诉我们，战争是英勇而又崇高的。现在我们知道它其实是什么样的了。

《为国捐躯》这首诗是关于修辞的警告，但是它本身也是修辞，而且是有史以来最令人信服的反战修辞作品。虽然威尔浮莱德·欧文的这首诗实际上是对某个特定战争以及它带来的恐惧的回应，但是它传递的信息显然是不受时间影响的，这个谎言并不是随便哪个谎言，而是"古老的谎言"。它的直接主题是化学战争是新的，但是它完全现代化的觉醒意识和道德厌恶也是新的。《为国捐躯》是对即将到来的现代工业化战争的回应。

半个世纪前，当美国内战接近尾声时，人们就已经很清楚，工业化正在改变战争的特征。配有现代武器的机器时代军队不可能在单次战争中被打败，只能通过多次消耗战役来损耗对方的实力。这种新型战争的胜利不再取决于创新性的用兵之道，而是更多地依赖社会和经济因素，包括人口规模、生产能力、交通设施、科学和工程能力，在漫长又血腥的消耗战的最后，资源更为丰富的一方将会在对手倒下之后屹立不倒。

但是这种新的现实——战争变成了绞肉机，敌对双方不断输送他们的年轻人到战场上，直到其中一方耗尽了新鲜的人力——过去是，现在也依然可怕得难以想象。我们可以把最初在维多利亚使用的"为国捐躯"标签当作一种修辞的应对策略,尝试不去关注无法形容的工业化战争的真实情况,而是专注于交战双方的动机和性格,它们原则上跟之前冲突中的交战双方一样侠义正派。因此在第一次世界大战中驾驶新发明的飞机的飞行员成了空中武士(knight of the air)。欧文反驳的正是这种修辞策略,因为它在真正的战场经验面前完全站不住脚。

两种截然相反的反应在停战协定之后激烈地对峙了多年:一种是通过将战争与浪漫、宗教的超然性联系起来,将战争表现得富有意义;另一种则是充满怒气地否认这种努力。在 1919 年的赞美诗《哦,勇敢的心》(O Valiant Hearts)中,阵亡者追随"殉难的上帝之子",在"喝了他的牺牲之水"后,被期待着最后与他一起迎接胜利。与之相似,在创作于 1918 年并且至今仍在传唱的《我向你宣誓,我的祖国》这首赞美诗中,阵亡士兵对祖国的爱被比喻成基督的爱,"献于祭坛上最诚挚最美好的爱":

> 那份爱永不凋谢,那份爱献出一切,那份爱无所畏惧,献出生命。[22]

但是即使在当时,一种对抗的修辞——徒劳的修辞,正在形成。自我牺牲依然是最重要的,但是牺牲所在的祭坛不再是那个纯净的类似宗教的祭坛,而是傲慢和愚笨的祭坛。反战诗人,尤其是欧文和齐格菲·沙逊(Siegfried Sassoon),是这种修辞的重要贡献者。[1] 还有罗伯特·格雷夫斯(Robert Graves),他的讽刺而又荒诞的自传《告别那一切》(1929 年)给很多读者留下了深刻印象,读者认为这是对诗人描绘的战争版本的确认。

那么应该怪谁呢?大众和政治家是明显的目标。战争带来的直接后果是,英国总司令道格拉斯·黑格(Douglas Haig)及其他将军被授予殊荣。黑格被封为伯爵,并被他原先的部队推选为英国皇家退伍军人协会的主席。该协会建立于 1921 年,目的在于帮助战争退伍军人。不过很快就出现了一种修正主义氛围,驱动因素不仅包括对西方战线的恐怖和血腥的文学表现,还有政治家们由来已久的直觉,渴望通过将责任转移到别处来保护自己的名誉。

本章开始提到了伊舍勋爵对英国陆军元帅道格拉斯·黑格关于温斯顿·

---

① 在 1917 年 7 月 11 日刊登在《泰晤士报》的《挑战声明》中,沙逊(Sassoon)说他认为这场冲突是一场"侵略战争"。——作者注

丘吉尔的警告,当时战争已经陷入僵局,国内的政治家们越来越焦躁不安。伊舍勋爵在 1917 年的那段警告是由近期的几件事导致的——几个月前,丘吉尔曾向内阁发布了一条高度批评的记录,是关于黑格的索姆河战役的,这同时也预示了将领们将要面临的来自政治家的名誉攻击。

　　1917 年,由他发起并推动的加利波利战役不光彩地结束后,丘吉尔作为军事战略家的个人地位降到了历史最低点。不过按照他的性格,这并没有阻挡他对英国指挥官的尖锐批评,并提出自己对他们应该怎么做的建议,只要有人愿意听。消耗原则违背了他对战争和领导权的所有观点,这也是为什么用伊舍的话来说,他利用"富有节奏的语言",基于他自己的战略直觉给自己讲了关于战事僵局的另一种解读。

　　简单的真相是,在战争最初的几年中,机关枪和更精准的火炮给防御者带来的新优势让交战各方最聪明的军事人才都感到迷惑。在耗费漫长的创新和试错阶段之后,他们才能开发出促成 1918 年那场决定性战役的策略和武器。但是在温斯顿·丘吉尔简化的叙述中,答案似乎一直都很明显,只有那些指挥英国军队的傻瓜没看到。

　　战后,他又继续这种攻击。在《世界危机 1911—1918》(*The World Crisis 1911—1918*)中,他将索姆河战役描述成"自始至终都是一团混乱的屠杀"。他拒绝向黑格直接开刀,但是恶意在字里行间非常明显:

> 　　这位军事专家的内心存在一种自信,即使持续三年、最大规模的战争带来的各种命运变换、失望和决策失误也未能动摇这种自信。他的军中同僚对他的敬重与他自己的自信相得益彰。[23]

　　格拉斯·黑格很不幸地与不止一位,而是两位 20 世纪最能言善辩的政治家陷入了冲突。戴维·劳合·乔治(David Lloyd George)是当时决定参战的议会成员之一,并在冲突后期当选为英国首相。他跟其他人一样,急切地想把对参战行为的指责转移到将领那里,而且他也一样刻薄。他在回忆时声称,黑格缺乏"策划战役来对抗最有能力的将领必需的那种广阔的想象力和远见"。实际上,他从来没有碰到过"如此缺乏想象力的"[24]身处高位的人。他暗示,更有远见、不那么自命不凡的英国指挥官应该可以在更短的时间,以更低的成本取得胜利。这种自私自利、带有偏见的论断很快就成了普遍认同的观点。但

是如果这些将领这么无能，为什么政治家没有把他们替换掉呢？而且一开始不正是政治家，而不是将领们启动这一切的吗？尽管他们拼命努力，英国战时的政治领袖很快就跟军事将领一样，成了众矢之的。

狮群被驴子领导，一个国家被它的政治和军事精英背叛，对这种叙事技巧的兴趣只会随着时间而增长。它在之前那些年以及第二次世界大战期间和刚结束时有所减弱，因为正如我们所见，二战是与早期战争完全不同的大灾难，足以产生自己的叙事技巧。不过这种叙事技巧很快就卷土重来，到了 20 世纪最后 30 年，它已经成为规范。1964 年突破性的 BBC 纪录片系列《伟大的战争》(*The Great War*) 和分别于 1963 年和 1969 年上映的音乐剧《哦！多可爱的战争》(*Oh! What a Lovely War*) 的控诉，以及标题中心照不宣的讽刺揭示了这种叙事技巧已经牢牢生根。美国著名历史学家芭芭拉·塔奇曼 (*Barbara Tuchman*) 于 1962 年完成的著作《八月炮火》(*The Guns of August*) 讲述了这场战争的开始，并获得了普利策奖。在芭芭拉 20 年后的著作《愚蠢进行曲》(*The March of Folly*) 中，她概括了第一次世界大战叙事技巧的愚蠢和背叛，以此来解释整个西方文明中的各种战争，从包围特洛伊城到放弃美国驻西贡大使馆。

现在那场战争已经过去了 100 多年，出现了很多新的学术研究和新鲜的辩论，但是关于那场冲突的流行概念并没有什么变化。这么说并非言过其实：如果"为国捐躯"代表着古老的谎言，简化的背叛和无能的描述就编造了新的谎言，跟前者的根本目的一样，都是为了寻找一个令人安慰的说法，来替代对我们的工业化创造力造成的结果，实际上是对我们作为人类的能力无法承受的反思。这种新的谎言充分利用了带有欺骗性的修辞，不过更重要的是，它本身就是一种带有欺骗性的修辞。然而不管我们是否意识到，它都已经得到了广泛的认可，影响了几乎每一场战争的讨论，不仅在英国，在整个西方都是如此。

2006 年 4 月，在阿富汗首都喀布尔的新闻发布会上，英国国防部部长约翰·里德 (John Reid) 就向赫尔曼德省部署英国军队一事发表讲话。他说，他希望这次旨在以重建、安全和建造强大的当地机构的部署行动能够不同于"9·11"之后美国和盟国在阿富汗发动的战争早期阶段：

> 我们去南部是为了帮助和保护阿富汗人民重建经济和民主。我们非常乐意不开一枪地在三年之内离开。[25]

在接下来英国军队与塔利班组织在赫尔曼德省漫长、血腥而又徒劳的八年战役中，最后的短语"不开一枪"一再被人引用。这个短语在语境中的含义很明显——我们是来这里建设的，不是来打仗的，但是当你把语境去掉之后，很容易就会发现它听起来很像一战前几个月那种荒谬的"圣诞节之前就回家"的乐观精神。下面是英国专栏作家赛蒙·简肯斯（Simon Jenkins）在喀布尔的新闻发布会大约 18 个月后在《卫报》（*Guardian*）发表的内容：

> 当时的国防部部长约翰·里德甚至还说要"一枪不开"地完成赫尔曼德部署行动……赫尔曼德探险从一开始就是一场自杀任务。[26]

注意这里的倒装。"一枪不开"的意思跟"乐意不开一枪地离开"大相径庭：不再保证英国军队不打算先开枪，现在我们预测不会发生任何战斗。在我听来，就连语序都会让我想象出一位拿腔拿调的一战将领。接下来赛蒙·简肯斯就可以将这个疯狂的预测与现实做对比，那就是这次部署行动被证明是一场"自杀任务"。不过这个预测是他自己的错误引用的产物。

多年以来，里德博士一直在积极尝试让世界相信，用他的话来说就是："我从来没有在任何阶段表达过希望、期望、承诺或保证我们将会'不开一枪'地离开阿富汗。"[27] 他还曾经听从 BBC 的某个人的建议，给我打过电话，我也采取了行动。但是一旦这种叙事占了上风，几乎就不可能消除。在本书一开始，我们讨论了压缩的短语可以控制一场辩论的方式。里德博士的问题在某种程度上是含义问题：不同于他的本意，一种新的含义被强加到他的言辞上，而且这种含义与民族记忆（或虚构的故事）的联系如此强烈，它有了自己的生命。

2012 年 3 月，《兰开夏电讯报》（*Lancashire Telegraph*）报道了兰卡斯特军团中士奈杰尔·库普（Nigel Coupe）在阿富汗行动中牺牲的消息。以下是《兰开夏电讯报》的网站上该报道下面的一些网友评论：

现在死亡人数达到了 400 人。当时的国防部部长约翰·里德还夸口说要"一枪不开"地进出阿富汗。我想知道他晚上怎么睡得着。

军队在那里做出了巨大的牺牲,取得了惊人的成绩。这比政治家们强多了。悲伤的是威斯敏斯特军团(英国政府)还没有任何伤亡。

我每年都会骄傲地戴上罂粟花,为那些没能活着回来的人祈祷……安息吧,小伙子们,至少有我会记得你们。[28]

现在我们非常接近一战时的状态。里德博士的评论变成了"夸口",而且现在他说的话不仅代表赫尔曼德的部署行动,而且代表整个阿富汗战争。这个短语现在固定在了它的倒装格式。而且还有过去一个世纪以来一直存在的嘲讽,就是将英国政府说成是"威斯敏斯特军团"。在这里我们得到了背叛的典范,不仅适用于一代政治家,而且适用于每一代政治家及政治家这个整体。

水平高的作家甚至还可以声称,约翰·里德从来没说过那些被归到他身上的话的事实无关紧要,因为这个虚构的引用实际上反映出了更广阔的现实。依然是在 2012 年,《卫报》的国际时政编辑朱利安·博格(Julian Borger)承认里德博士的话完全是被错误地引用了,但是接下来他写道:

尽管如此,这个虚构的故事的确概括了一个更深刻的事实,那就是布莱尔政府在 2006 年年初将第一批 3000 名士兵部署到赫尔曼德时那种漫不经心的乐观精神。[29]

一开始只是一位英国部长试图向阿富汗人民保证,他的政府在赫尔曼德的目的是尽可能少打仗、多建设,后来这种观点却变成了无能和麻木不仁的证明。而他并没有说这些话的事实毫无意义,即使是对那些知道他没说这些话的人来说也是如此。这就是更深刻的事实。

与此同时,阿富汗战争最终将会提醒世界看清生活的另一个令人不快的事实,那就是"正当的"战争也会像"不正当的"战争一样以不幸收场。

当我们思考战争的道德和修辞时,工业化战争的来临还有第二个深刻的影响。在第二次世界大战最后几年,相比轴心国,同盟国在所有材料领域都拥有决定性优势,尤其是飞机。因此,它们能够对抗逐渐减弱的抵抗,占领空中制高点,向德国和日本的工业中心投炸弹。在 1945 年对广岛和长崎投放两颗原子弹之前,已经有成千上万德国和日本的男女老少在这些空袭中丧生。

我们应该如何看待这些大规模屠杀?这个问题的意义不仅在于这些空袭轰炸给 20 世纪最"合乎道德的"战争打上了一个问号,而且还因为西方国家与它现在对抗的国家相比,依然拥有同样的空中霸权和令人惊讶的武器优势。

2015 年 2 月,在纪念英国空袭杀死 25000 人的二十周年仪式上,坎特伯雷大主教贾斯汀·韦尔比(Justin Welby)在德累斯顿圣母大教堂发表了演讲:

> 作为朋友同行要求互相据实以告。就像克罗地亚神学家米洛斯拉夫·沃弗(Miroslav Volf)警醒我们的那样:"对错误行为的记忆不真实就等于行为不公正。"
>
> 围绕这场同盟军发起最有争议的轰炸战役存在很多争论。无论如何争论,七十年前在这里的行动留下了一个很深的伤口,并且削弱了我们的人性。因此作为基督的追随者,我站在你们中间,怀着深切的遗憾和深深的伤痛。[30]

但是这个"互相据实以告"大大超出了一些英国政治家和报刊的承受能力,大主教在伦敦的居所兰贝斯宫立即否认了大主教的言论是在"道歉"或者触及了"指责问题":他只是在见证"战争悲剧"。[31]虽然大主教在演讲中表达的遗憾加起来不算是"道歉",但是对米洛斯拉夫·沃弗的话的引用似乎暗示了,他认为英国的轰炸袭击是一个"错误行为"的例子。这项建议存在很大争议,因为英国虽然在指责其他国家对战时行为的道德否认方面行动迅速,但是它从来都没有彻底弄清关于战时轰炸德国平民的辩论的真相。这是不是必需的,有正当理由的,的确要求成千上万名或死或伤的飞行人员做出英勇牺牲?还是它就是一种战争罪行?

这样的话题太过复杂,承载了太多道德的抽象概念和宗教寓意,无法成为当代政治领袖的舒适领域。因此,当代军事行动的符合道德程度并未得到足够的公共辩论:利用无人机和特种部队敢死队来刺杀敌方指挥官经常出错,并不可避免地带来附带伤亡;空中袭击某个国家的基础设施时对平民的影响;西方国家结成的军事同盟中,有些团体或国家自己时断时续地参战其实不符合

最起码的法律和人权标准；等等。西方国家的敌方也许犯下了更严重的破坏罪行，但是就像最狂热的部长也必须勉强承认的那样，那根本就不是正当理由。最好尽可能少说话，把这个问题留给大主教那样的人去踩雷区。

过去对我们有沉重的影响。20 世纪的那些重大冲突让我们渴望占领道德高地，同时却还带有令人痛苦的讽刺和怀疑的残留。当我们争论是否要参战时，我们的一些真正动机并没有说出口，然而我们的陆军、海军和空军士兵在战场上应该如何表现的问题被现代战争的现实表现得如此复杂，又如此令人恐慌，因此我们很容易因为害怕看到太多而选择回避。我们希望自己的国家能够变得强大而又安全，然而我们也希望自己是好人。因此，我们的领袖最终把自己扭曲成了灰姑娘那不幸的姐姐，拼命想要把现代战争笨拙丑恶的现实塞进质朴的道德水晶鞋里。

不要以我的名义

当然，政治领袖和公民总是有另一个选择。东京湾事件过去大概三年后，马丁·路德·金（Martin Luther King）来到纽约市河滨教堂，为了在越南战争这个话题上"打破沉默"。他赞扬了那些邀请他的信仰领袖，并说他"完全赞同"他们最近发表的那份声明："会有一个时刻，沉默就是背叛。"然后他对越战发起了字斟句酌却又充满激情的批判。下面是他快要达到演讲高潮的部分内容，当时他正在从对美国战争的谴责转到他提出终结这场冲突的"五件具体事情"：

> 这种疯狂肯定必须停止。我们必须现在就终止。作为上帝的孩子和受苦的越南人民的兄弟，我在此发言。代表那些土地被荒废、家园被摧毁、文化被颠覆的人们，我在此发言。代表那些为国内被粉碎的希望、越南的死亡和腐败付出双重代价的可怜的美国人民，我在此发言。作为一个世界公民，代表对我们走过的道路感到吃惊的世界，我在此发言。作为一个热爱美国的公民，我在此发言，向我们的国家领袖们说：这场战争的重要主动权在我们手中，我们必须主动停止这场战争。[32]

这次演讲在很多方面都让我们听到了 1940 年温斯顿·丘吉尔那场演讲

中的力量和简洁。五个"我在此发言"带我们了解了终止这场战争的宗教、道德和政治原因。金以直觉开场("这种疯狂肯定必须停止"),并以明确的政治号召结束("我们必须主动停止这场战争"),开头和结尾均为简短的陈述性声明,并在中间构建了更复杂的句子,形成一个弧形结构。如果说丘吉尔的演讲关键词是"胜利"的话,金的中心概念就是"破坏":既有对实物的破坏("荒废""摧毁""死亡"),又有对抱负和价值的破坏(文化被"颠覆""被粉碎的希望""腐败")。他的言语中悲伤多过愤怒,然而指责却依然尖锐。而且,虽然金在呼吁"我们的国家领袖们"时用了复数,但是很明显林登·约翰逊总统是金主要的指责对象。约翰逊被指责的原因是东京湾事件及其引发的一切后续事件。

到了 20 世纪 60 年代,关于战争,尤其是现代工业化战争是"疯狂"的(借用马丁·路德·金的话)的观点已经不再是打破常规的真相揭露,而是很多西方国家的人民心中不容置疑的事实。在冷战之后的短暂时期内,涉及西方国家的战争以及对于反战抗议活动、歌曲和电影的需求似乎结束了。但是接着战争卷土重来,抗议活动也随之再次兴起。

如今的反战运动的灵感来源是反对西方干预中东,但是它本身的意义及其语言受到了之前对战争的回应的很多影响:伦理反战主义,尤其跟教友派相关,但是也受到一些基督教徒、其他宗教信徒以及一些人道主义者的欢迎;在一战后兴起的自由国际主义,寻求不再出现类似一战的大屠杀,但是未能成功;20 世纪 50 年代至 80 年代对原子武器和氢武器的大规模抗议,让很多之前不关心政治的美国人变得激进,并将强烈的反战主题引入大众文化的反对越战活动。同样重要的还有同时出现的两种思想路线流派:第一种是关于西方资本主义国家及其对帝国主义的喜好,第二种则是担心穆斯林人民和文化的特定西方信仰趋势(伊斯兰恐惧症)以及由此产生的攻击和压迫伊斯兰国家的愿望。

将反战抗议者团结在一起的信念之一就是确信他们的修辞(虽然他们肯定不会喜欢这个词)跟他们反对的政治领袖的修辞完全不同。当他们说话时,会像马丁·路德·金那样,作为"世界公民",对他们的国家走过的或即将走上的道路感到吃惊。谁会支持轰炸儿童?谁会真的支持战争,而不是和平?我们可以承认大多数开展反战活动的人的诚意,但是不用认同事情在政治上和修辞上真的像前面的两个问题那样简单。

英国反战运动最大的团体是反战联盟（STWC），该联盟成立于"9·11"事件之后。2003 年 2 月，它与核裁军运动（CND）和英国穆斯林委员会共同组织了通常被称为英国历史上最大规模的公众抗议活动：在伦敦进行的反对入侵伊拉克示威游行。正如它的名字所示，反战联盟是一个旨在超越它的成员的思想差异的联盟。的确，这种不同政治派别的成员的联合给反战活动带来了极大的精神力量：比起整体上看起来像是典型的社会群体来说，该机构更容易反驳思想一致的压力集团。

不过，虽然存在这种包装，跟几乎所有的西方反战团体一样，左派在反战联盟的政治架构中占有压倒性优势。的确，在超出很多人意识到的程度上，它是由强硬左派和那些对"资产阶级民主"与言论自由都没有好感的人创造的。反战联盟的一些创立者是（托洛茨基分子）社会工人党（SWP）和共产党成员，而且它的很多活动分子是这些党派和其他极端左翼政党的成员。社会工人党尤其以其活力和组织能力而出名，并且它在反战联盟成立初期造成的影响中的贡献受到了敌友双方的极大赞赏。几年之后，它协助创建了另外一个对消费者友好的品牌——反对联盟，这次的创立目标是开展反对"紧缩措施"和政府削减开支的活动，而且很难不得出这样的结论：社会工人党的核心理念让所有选民都无法容忍，因此它发展了这些联盟品牌，作为一种政治营销手段，希望能够借助这些更容易被接受的保护伞来寻求支持，并推进它的议程要素。

杰里米·科尔宾在 2009—2015 年期间担任社会工人党的主席。他被大部分英国媒体描述成一个极端左翼分子，但是在这个团体中他表现得像个中间派。他的继任者安德鲁·穆雷（Andrew Murray）以前是一名共产党员，曾经为斯大林和朝鲜辩护过。另外一位高级官员则是核裁军运动的主席。在"禁止核弹"全盛时期，核裁军运动是一个相对广泛的政治教堂，但是如今它也转向了左翼，现任主席以前是一名共产党员。

2015 年 11 月 14 日，反战联盟网站上发表了一篇文章，题目是《巴黎因西方世界支持中东极端暴力而受到报应》。据该文章称，这些袭击（死亡人数大约为130 人，受伤人数更多）的真正原因是"华盛顿数十年来对宗教极端主义的两党培养"：

> 如果没有美国及其盟国数十年来的干预，就不会有"反恐战争"和巴

黎的恐怖袭击。³³

这篇文章很快就被删除了，但是没有快到避免强烈抗议的出现。这篇文章和巴黎袭击之后的其他声明让工党的很多成员相信，他们的领袖不能再担任这样一个组织的主席，之后杰里米·科尔宾很快就撇清了关系。绿党的卡罗琳·卢卡斯(Caroline Lucas)也辞去了副主席的职位。

接下来，在巴黎袭击事件发生几周后，一群人权积极分子给《卫报》写信谈到了另外一个问题，就是他们看到反战联盟偏袒叙利亚政权，缺乏对受害者的关心。在信中，他们还指控反战联盟一贯曲解反阿萨德团体，并且阻止他们在盟国发声：

> 除了系统地忽略阿萨德政权犯下的战争罪行之外，反战联盟还经常把阿萨德的反对派曲解为主要由圣战极端分子和帝国主义代理组成，将非暴力、非宗教、民主的当地社团和反对他的苛政的不结盟团体边缘化。它还曲解了叙利亚民间团体组织对平民避难所和人道主义走廊的呼吁，声称他们是在呼吁轰炸西方国家，然而他们实际上是为了阻止阿萨德的轰炸并挽救生命。我们敦促反战联盟考虑这些建设性的批评，改变其立场，支持叙利亚人民为反抗伊斯兰国(ISIS)和阿萨德强加于他们的战争而做出的努力。³⁴

该指控的内容是，该联盟内部有影响力的人物想把下面这种狭隘的教条主义观点强加于反战联盟，成为该联盟作为一个整体对叙利亚冲突的公开立场：这场冲突是西方帝国主义的错。应该有人为阿萨德辩护，因为他是在对抗这种帝国主义。那些反抗他的人都是西方走狗，而且如果他们被处决或杀害，也只能怪他们自己。就连所谓的伊斯兰国也是西方帝国主义者的错，因为正是西方国家多年来一直在刺激宗教极端主义的发展。

人们既有权相信美国总统巴拉克·奥巴马、法国总统弗朗索瓦·奥朗德(François Hollande)和英国首相戴维·卡梅伦说的任何话，也有权组织对他们的抗议活动。我并不是要批评对叙利亚内战的某个特定分析，或者否认巴黎袭击事件与西方国家在中东地区的军事和外交行动之间存在联系，而是说，不管你对辩论的实质持有什么观点，最近这两场争议清楚地表明，反战联盟在意识形态上的发展远超过它的标题修辞所表现出来的内容，而且它的一些重要成员的政治议程远远超越了它简单的反战信息,甚至在某些方面与之背道而驰。

反战联盟也许是个极端的例子,但是所有的反战运动都面临着同样的压力:打入政党内部和剥削利用的风险,以及几乎所有的激进组织都深受其扰的无休止的分裂,还有不可避免地会到来的现实世界的困难抉择和妥协。

反战积极分子喜欢将他们的讲真话与好战分子虚假的修辞进行对比。实际上揭穿对方的虚假修辞正是他们的主要目标之一。正如我们所见,会有这样的时刻,能言善辩的个人在特定的时候可以实现这一目标,比如《为国捐躯》这首诗,还有马丁·路德·金在纽约河滨教堂的演讲,就是两个例子。不过在大多数情况下,当然在当代西方国家熟悉的形式下,反战修辞也存在它批评对方时提到的同样的错误:倾向于省略难以处理的辩论,或者对尚未解决的问题低调处理,以此来假装困难的抉择其实很容易,在辩论中与对方针锋相对,将一切过度简化。就像传统的政治修辞一样,它也存在虚伪和隐藏的议程。要像判断任何其他政治问题一样判断关于某个特定战争的争论:根据具体情况的是非曲直,而不是根据它的修辞安排方式想象出来的某种优势。

在所有反战口号中,最能引起共鸣的一条是一个反对伊拉克战争的团体的口号:"别以我的名义。"这个口号的理念很简单:政府会做出一些极其恶毒的决策,公民拥有否认对这些决策的责任的道德义务。但是,整个民主制度的意义当然就是这些决策由我们的代表来做出,即使是我们不赞同的那些决策,也是以我们的名义来达成的。实际上只有当那些在辩论中失败的一方暂时同意服从大多数人的决议时,民主才有效,即使他们希望将来能够推翻这个决议。

马丁·路德·金试图改变美国政府对越南战争的看法,而不是质疑参战决策的民主合法性,或者完全离开辩论环节。至少在修辞层面,"别以我的名义"威胁要做出这两件事。很多反战抗议者都是优秀的民主党人,但是正如我们所见,一些引导反战运动的人接受了西方民主是资本主义的圈套的思想,并且偏爱一些世界上最恶毒的独裁者的政权,尽管他们一般会尽量不在孩子面前大声说出这些想法。当然,那些不能带来轻松攻击西方领袖机会的战争对他们来说没有什么吸引力,因为这些战争在政治上没有什么希望,比如被大部分人忽略的刚果民主共和国的战争,可能已经夺去了 600 万人的生命,大概是叙利亚战争死亡人数的 20 倍。

很多人希望有一天战争会被废除。但是希望某事发生并不一定能如愿。在我刚成为一名记者的时候,看起来似乎只有一场未来的战争会涉及英国,那就是理论上的全球冲突,当时几乎没有人相信它会真的发生。结果在我担任制作人和主编期间,英国军队一共参与了四场重大战争以及不计其数的小规模军事干预行动。

我们选举上台的领袖们依然会经常提出参战理由,而且有时候还会获得支持。但是我们的公共语言尚未找到妥善应对现代战争的现实意义的方法。也许战争有些复杂难懂,实际上它也应该是复杂难懂的,因为它太过残暴,难以用语言表达。因此,我们很有可能极少发言,或者像 1917 年的温斯顿·丘吉尔一样,用适合我们的精致情感的"富有节奏的语言"来安慰我们自己,无论我们是强硬的纸上谈兵者、人道主义的干涉主义者,还是选择性的和平主义者。

我们无法坦诚而全面地辩论战争,这是一个可怕的弱点。我们的政府对真相越来越含糊其辞、不计后果,媒体常常轻信和多疑,公众也更缺乏信任。愤世嫉俗、一盘散沙,对自己的偏见太过确定,所以不屑与持有反对意见者探讨——一旦接受真正的考验,我们和我们的公共语言就会面临不幸。

本章参考文献

1　A warning from Lord Esher to Field Marshal Douglas Haig about Winston Churchill (who was about to visit General Headquarters), 30 May 1917. Quoted in William Philpott, *Three Armies on the Somme: The First Battle of the Twentieth Century* (Knopf, 2010), 517.

2　Winston Churchill, House of Commons, 13 May 1940.

3　Tony Blair, House of Commons, 18 March 2003.

4　Ibid.

5　Robin Cook, House of Commons, 17 March 2003.

6　From BBC evidence to the Hutton Inquiry (*BBC 7/57*), quoted in http://news.bbc.co.uk/2/hi/programmes/conspiracy_files/6380231.stm.

7　Andrew Gilligan, evidence to the Hutton Inquiry, 12 August 2003, http://webarchive. nationalarchives. gov. uk/20090128221550/http://www. the-hutton-inquiry. org. uk/content/ transcripts/hearing-trans05. htm.

8　Ibid.

9　Ibid.

10　William McKinley, Address to Congress, 11 April 1898.

11　Anthony Eden addressing the Conservative Party Conference in Llandudno, 14 October 1956.

12　Lyndon Johnson, TV address on the Tonkin incident, 4 August 1964.

13　Ibid.

14　"*Atque, ubi solitudinem faciunt, pacem appellant*", literally "and, where they make a desert, they name it peace". Tacitus, *Agricola*, 30.

15　Pat Paterson, "The Truth About Tonkin", *Naval History Magazine*, Vol. 22, No. 1, February 2008.

16　Richard A. Cherwitz, "Lyndon Johnson and the 'Crisis' of Tonkin Gulf: A President's Justification of War", *Western Journal of Speech Communication*, 42:2 (1978), 93-104.

17　Lyndon Johnson, Address to Syracuse University, 5 August 1964, quoted in ibid.

18　Ibid. ,99.

19　Ibid. ,93.

20　Donald Rumsfeld, Pentagon briefing, 11 March 2003, quoted by UPI: http://www. upi. com/Business _ News/Security-Industry/2003/03/12/Rumsfeld-remarks-hint-at-differences/ 48271047454230/.

21　Wilfred Owen, "Dulce et Decorum Est", from *Poems*, edited by Siegfried Sassoon and Edith Sitwell (Chatto & Windus, 1920).

22　Cecil Spring-Rice, "I Vow to Thee, My Country"(1918).

23　Winston Churchill, *The World Crisis*, Vol. III:1916—1918 (Bloomsbury, 2015), 10.

24　David Lloyd George, *War Memories*, Vol. II (Odhams, 1937), 1366.

25　John Reid, Press Conference in Kabul, 23 April 2006, Quoted by Reuters, http:// www. channel4. com/news/articles/uk/factcheck％2Ba％2Bshot％2Bin％2Bafghanistan/ 3266362. html.

26　Simon Jenkins, *Guardian*, 12 December 2007.

27 John Reid, House of Commons, 13 July 2009.

28 http://www. lancashiretelegraph. co. uk/news/9574114. UPDATED_Soldier_from _Duke_of_Lancashire_s_Regiment_killed_in_Afghanistan_named/.

29 Julian Borger, *Guardian*, 23 April 2012.

30 Speech by the Archbishop of Canterbury on the seventieth anniversary of the Allied bombing raid, 13 February 2015.

31 https://www. churchofengland. org/media-centre/news/2015/02/statement-from- office-of-archbishop-of-canterbury-on-dresden. aspx.

32 Martin Luther King, "Beyond Vietnam—A Time To Break Silence", speech at Riverside Church, New York, 4 April 1967.

33 Stop the War Coalition website, 14 November 2015 (now deleted), https:// archive. is/du1n5 # selection-637. 0-637. 78.

34 Letter to the *Guardian*, 9 December 2015.

Enough
Said

11

保持冷静但就此打住

你必须努力了解所有的东西，包括不可改变的现实，也包括那些暴露人类无知的看法。无论如何，你应该了解他们的看法，因为只有到那个时候，你才能理解被人类当作事实的印象和态度的意义。

——《女神》，摘自巴门尼德(Parmenides)的诗篇[1]

这个时代已经脱节。首都城市的名字曾经刻在短波收音机的刻度盘上。如今，我们打开电视就能收看世界各地的新闻，从大马士革、布鲁塞尔到莫斯科、华盛顿，各种新闻几乎持续不断地令人感到不快。我们面临的问题和分歧也许不像我们的父辈们经历过的那么绝望，但是它们却更隐蔽，更难对付。

　　偏执和反自由主义几乎在所有的地方兴起。谎言不经验证就被传播。自由言论被拒绝，国家压制正在回归，甚至包括那些最近看似正在走向开放之路的国家。在中东和非洲，在欧洲城市的街头和郊外，宗教激发的虚无主义的凶残、愚蠢的言论可能会比非宗教民主的软弱的承诺更有说服力。我们听到政治家在演讲。孩子被淹死、饿死，被炸成碎片。政治家继续演讲。在我们的国家，那些几年前似乎还相对安全的界限——政治责任、互相尊重、基本礼貌，现在每周都会遭到破坏。经常感觉虚无主义的精神也在这里起着作用，一种缺乏积极议程，只寻求分裂的政治局势。狂热的愤怒在我们的血液中流淌。

　　这些令人沮丧的趋势是由很多原因造成的。在本书中，我已经论证过，我们的公共语言的变化是为情况恶化做出重要贡献的一个因素。我们追踪了一系列政治、媒体和技术的发展如何与我们对语言说服力手段的理解结合来促进政治语言的直接影响，并以深度和可理解性为代价。我们还探讨了两种后启蒙运动的本能——朴素专横的理性主义和与之相反的过度强调身份和社区的趋势，我将后者称为真实主义——之间的一场未解决的争斗如何扭曲了我们对公共领域的语言的看法。

面对这么多负面事件，我指出了两个希望的灯塔。第一个是古老的观念，人类生来就有实践智慧或者说谨慎的能力，这让他们可以区别有效的和可疑的公共语言。第二个是某种修辞也许有一天能够实现辩论、性格和同情的新平衡。我用"批判说服"这个词组来描述它，"批判"指的是它会有意识地设法应对，并且让自己接受观众的慎重审查。它会寻求合情合理而不是严格的理性主义，并且在它对情感和身份的合理需求的相应回应中，它会努力争取真正的真实性，而不是修辞的"真实性"。

但是我们如何从现状进入那种状态呢？在第 7 章中，我们看到乔治·奥威尔认为"从文字方面着手很有可能会带来一些改进"。这对我们来说意味着什么？

语言和信任

表面看来，我们的公共语言中的危机是对公共言语和说这些话的人的信任危机。信任是所有人类关系的基础，我们大部分人都知道失去某人的信任或者对别人失去信任是什么感觉。我们也都知道一旦失去，要重新赢得信任有多难。

但是表面之下还有很多问题。首先，对公共语言的信任减退只是相对的。就像我在第一章中提到的，人们从来都没有那么信任政治家。1834 年，当威斯敏斯特宫被大火烧为平地时，英国作家托马斯·卡莱尔（Thomas Carlyle）注意到大群围观者欢呼和鼓掌的几位观察者之一——"他们的行动完蛋了！"[2] 1944 年，诺曼底登陆成功后，当时英国受以温斯顿·丘吉尔为首的全国联合政府的统治，盖洛普咨询公司进行了一场民意调查，其中一个问题是问调查对象，他们认为英国政治家奋斗首先是为了他们自己、党派还是国家？ 35％的调查对象选择为了他们自己，22％选择他们把党派放在首位，只有 36％认为他们最关心他们的国家。[3]在谈到不信任时，太阳底下无新鲜事。并非所有的不信任都必然有害。很难想象有哪种有用的人类谨慎形式的核心不带有合理的怀疑态度的。

而且有些人还怀疑最近的"信任危机"是不是吹捧出来的。当哲学家欧诺拉·奥尼尔(Onora O'Neill)在 2012 年英国广播公司(BBC)的里斯讲座上讲到信任时，她指出，在日常行为和选择中，对于民众告诉民调员他们不信任的机构和职业时，其实经常表现出实际的信任。[4]比如说，他们也许会声称不太信任医学界，但是这几乎没有阻止他们去找医生看病。"我们也许没有信任危机的证据，"奥尼尔总结道，"但是我们有大量怀疑文化的证据。"虽然在她看来，某些机构和文化实践积极推动或传播了不信任，但是目前为止公众对此明显不受影响，关于"危机"的说法有些言过其实。

自欧诺拉·奥尼尔发表演讲之后的这些年里，情况发生了很大变化。在很多西方国家，信任度进一步下降。2014 年，当舆观市场调查公司向英国民众提出 7 年前盖洛普咨询公司问过的关于自己、党派和国家的问题时，只有 10％的调查对象说他们相信政治家把国家放在首位。[5]更重要的是，奥尼尔划分的较低的陈述信任度与较高的信任度之间的区别也不再有保障。

公众在用脚投票。对传统政治家的不信任导致很多人支持反政治家和激进的备选人物。2016 年，这种趋势影响了很多英国公民投票支持脱离欧盟。越来越多的人不再说不信任主流媒体了，而是根本就不再关注它。正如我们在前文看到的，一些有影响力的少数家长忽略他们不信任的医疗机构给出的关于疫苗稳定的建议，拒绝为他们的孩子接种疫苗。

奥尼尔诊断的"怀疑文化"已经从意见调查扩展到了投票、政治激进主义和国内骚乱以及从个人隐私、食品安全到金融服务在内的所有个人选择。毫无疑问，大部分人到头来还是会在大部分时候信任大部分公众服务和机构，但是很难否认，不信任以及与其相关的愤怒和背叛感正在对我们的世界产生越来越多的影响。信任危机似乎并不是危言耸听。

有些原因根深蒂固，也许要花上几十年或者更长的时间才能让我们的公共语言完全恢复平衡和效用。但是如果可以的话，我们在本书中遇到的各种参与者现在应该怎么做，才能阻止进一步的破坏，甚至开始修复工作？

我们从政治家开始讨论。第一点最为明显。如果你说一套、做一套,公众就会失去对你的信任。他们也许会让反政治家逍遥法外,在美国、英国、意大利和其他国家,竞选活动已经变得好像明星职业业余混合的高尔夫比赛,业余选手被鼓励失误和游手好闲,但是你不能这样做。在谈到最大的决定时,其中最重要的就是战争,他们会将欺骗看作应判绞刑的罪行,即使是对事实的鲁莽处理。

不要在你是什么样的人的问题上试图欺骗大众。如果你看起来像个参议员,说话也像个参议员,只有最呆头呆脑的滑稽动作——参议员克鲁兹,请站出来——才能让他们相信你不是那个惹人讨厌的精英群体的成员。如果选民们一定会把你当作专业政治家,常识会建议你,在往你的同事和自己身上倒粪来试图搞笑之前,你应该仔细考虑。法官、医生和将军不会这么做。实际上他们会尽力大谈特谈他们的使命感,尤其是当丑闻引发对他们的能力或道德的更广泛的质疑的时候。他们都比你更受信任。现代政治就像电影《落水狗》(Reservoir Dogs)的最后一个场景,所有人都拿枪指着别人。要意识到你不可能在不中枪的情况下开枪,然后让你那些更有自杀倾向的同伴自相残杀。

把公众当作成年人来对待。向那些你希望投票给你的人分享你对政策的一些真实想法,包括你面临的痛苦而又微妙平衡的取舍。没有必要用高人一等的态度跟他们说话,你服务的大部分市民并没有经济、规划或公共卫生的任职资格,但是那并不代表他们愚蠢或不能理解政策。如果你能理解的话,或许他们也能。

几乎所有的现代公共政策决定都是微妙平衡的。证据并不确凿,两边都有理由和风险,决策者必须权衡可能性,而不是确定性。承认这一点,把公众当作知心人。如果你没有准备好信任他们的话,他们是不会信任你的。而且还要清楚迅速地承认犯下的错误。

不要掩盖事实。如果你在左派阵营,发现收入公平程度正在降低,而不是提高(就像金融危机之后英国出现的情况一样),或者如果事实表明,各代人之间的不平等程度可能远远超过不同阶层之间,不要为了一时放松思考而否认事实。把问题查清楚,接下来指出它们会引发社会争议问题的原因,或者未来可能导致的问题。

将复杂的公共政策浓缩提炼成简单的语言很难,但是必须要去做这件事。在很大程度上,现代政府的任务就是传播,然而大部分政府部门和分支的交流传播部门充满了疲惫、得过且过的人。把他们辞退,找到一些真正的文案人员。再找一些图形艺术家、摄影师和多媒体监制人员来工作。而且在你实施这个计划的同时,坚持让你信赖的技术专家官员们也去学习清晰、不摆架子的语言表达课程。然后,不管他们是否愿意,把他们推到麦克风和摄像机前。让你的焦点小组和 A/B 测试平台暂停搜索最适合党派政治攻击的措辞,安排他们去寻找最清晰地安排公共政策选项的方式。

民主和政治在本质上就必然是对立的,党派的(有时候是个人的)政治利益应该是你所做的大部分事情最关键的问题。但是在谈到政治政策时,想一想进化生物学家所说的"互惠利他主义"。除非存在能够为严肃讨论提供空间的政治和媒体氛围,否则你那些关于环境或者如何解决退休金负担的大胆的新想法永远也得不到公开讨论的机会。如果你用尽浑身解数来阻止你的政治对手的想法得到公平的倾听机会,那么当他用同样的招数来对付你时,你也很难提出反对意见。试图打破这种恶性循环存在的风险,尤其是你自己的同僚,他们已经非常习惯这种模式,会指责你在面对敌人时太过天真或怯懦。另一方面,选民也许会非常幸运地在下议院的对手方找到一两个勇敢的灵魂,他们愿意在那个被称为政治才能的过时事物上冒一把险。

这样并不是追求妥协。即使是在有建设性、礼貌的辩论中,双方意见最后也可能像开始时一样存在分歧,公众可能会面临一个严酷的备选方案。那就是事情应该有的样子:我们不应该陷入假设的陷阱,认为任何给定的政治斗争总是能得到最优的公共政策选择。事实更有可能是这样的:无论存在多么深的政治分歧,挖掘争论的基本面并向公众公开,这样总是会更好。正如我们在本书中一再看到的那样,那些被忽略或沦为政治默剧的道具、难以对付的政治领域很少能够自行解决。相反,它们会不断缠扰那些试图埋葬它们的政治家。

导向性陈述一直都是政治的一部分,可能以后也一直都是。始终要留意这一点。在那些即使是弥天大谎可能也永远无法迷惑你的心窍,因而才会有俄罗斯总统普京永无止境的政治成功故事的受控制的社会中,马基雅维利的新闻管理策略依然有效,但是在全方位数字连接的西方社会,否认和推诿与过去不一样。就像大西洋两岸接二连三的政治领袖付出代价学到的教训一样,当你的攻击犬用你自己绝不会公开利用的"不明来源的"言语和方式来进一步支持你的论点时,(调查)最终总会追溯到你身上。你的手下会在所到之处留下你的指纹,他们的性格——他们的残忍、恐吓和虚伪——很快就会与你自己的性格相融合。在政治和媒体领域的所有人互相勾结并且匿名的情况下,导向性陈述会发挥最佳效果。一旦被抓到把柄,并且媒体开始把它本身当作一个故事来报道,它的好日子就到头了。

不要总是听那些在政治上与你最亲近的人的沟通建议。你可能非常赞同他们对对手方团伙道德品质的判断,但是在给自己人渴望的肥肉之前,要仔细考虑。在 2015 年英国大选的准备阶段,几个友好的评论员敦促工党领袖埃德·米利班德对托利党及其政策表现和表达出更为"愤怒"的态度。[6]毫无疑问,愤怒是工党的核心支持者想要听到的,但是要想说服那些选举获胜真正依赖的无党派、未拿定主意的选民,愤怒真的是正确的情绪吗?你当然需要做到足以保持你自己的军队的积极性和团结一致,但是,他们并不是你的主要听众——如果你想掌管权力的话,他们就不是。

亚里士多德是对的:增补是政治家的修辞工具箱里必不可少的一种工具。生命短暂,你需要将你的听众的注意力集中在你的关键信息上,突出你的世界观与你的对手的世界观之间的对比。条件从句与限定性形容词和副词都很适合法律文件和私下的政策讨论。而在公开场合,公众要的是清晰和干脆,新闻媒体想要的是简短的标题。因此在有些场合下,详述和简化你的论点,包括你的判断、攻击和承诺,将会取得很好的政治效果。

但是不断夸大事实很危险。一开始,它似乎能为你赢得某种尊重。成人政治辩论可能对无党派人士来说有些小题大做,或者只是很无聊,如果有政治家能够打破这个排外的圈子,提供简单清晰的判断和一句话的解决方案,起初听起来会让人觉得大胆、诚实、鼓舞人心。但是这样能持续多久呢?

夸张是一种毒品,它会带来瞬间的快感,但是会留下长期的有害效应。你说的每句话都会被记录下来,并被用作反对你的证据,总有一天你会后悔那种笼统的概况或恶毒难堪的话语。实际上,夸张可能会完全成为你的特征,以至于媒体会始终对你有那样的期待,并且完全不会报道你说的话,除非你说了根本不合理的话。不知不觉中,你会发现自己在毫无新意的政治肥皂剧中扮演着陈腐的角色,你在实质问题上发表意见的权利将会一去不复返。

语言本身也不会毫发无损。撒切尔夫人去世后,英国左派的几个重要人物说她"毁灭"了英国。不是"损害",不是"走错了方向",也不是"实施了造成分歧的经济政策",而是"摧毁""毁灭"和"破坏"。在埃塞俄比亚内战期间,我曾经走进那里高原地区的一个小棚屋。里面全是被海尔·马里亚姆·门格斯图(Mengistu Haile Mariam)政权投放的磷弹大面积烧伤的女人。据我看到的来说,这些女人无法缓解疼痛,也没有药物治疗,更没有得到医疗照顾的希望。如果说英国是一片被毁坏的土地,那么这些女人和她们所处的困境,还有叙利亚、利比亚和索马里又该用什么词来形容? 在那些地方,毁灭意味着被轰炸和烧毁的城市、被屠杀的儿童、暗无天日和绝望。

考虑到当代政治和媒体的特征,一个人几乎需要超人的自制力才能抵抗不加选择的夸张,尤其是在你的对手已经抛弃所有约束的时候,但是这样依然是最明智的做法。夸张所赢得的选举数量低于它的狂热爱好者的想象,即使它赢得了选举,在实际情况中也常常会迅速解体。我们来看看英国强劲的2016年脱欧大选是否能证明这一点。对于政治党派来说,还有进一步的风险:一旦开始,一场关于谁的观点听起来更激进或者在思想上更纯粹的内部竞争很快就会变得无法遏止。屈服于这种诱惑的党派,比如说现代美国共和党就是目前的绝佳例子,不仅会失去对集体纪律的控制,而且还会失去对自我身份一致的判断力的控制。

因此要学习正确的做法,而不是反政治家那些错误的教训。避开他们虚假的简洁性,相反,承认现实世界政策的复杂性。"一定会有某些时候,"《英国每日电讯报》在2014年年初发表意见说,"卡梅伦首相很嫉妒独立党领袖法拉奇。"

> 英国独立党的信息的简洁性排除了辨别细微差别的需要。他的立场很容易明确表达:他想让英国脱离欧盟——没有如果,也没有但是。[7]

最后,卡梅伦的工作和政治生涯败给了法拉奇受人吹捧的"简洁性"。然而,如果这个国家还想进入欧洲市场,并继续影响欧洲事务的话,英国脱欧的

真相其实一点儿都不简单,而且脱欧阵营关于移民、税务和不受约束的主权的疯狂承诺可能都要妥协。

在他的职业生涯中,英国保守党的鲍里斯·约翰逊(Boris Johnson)标榜自己是后现代主义的伯蒂·伍斯特(Bertie Wooster)(伍德豪斯的系列幽默短篇小说中的角色,是一个纨绔青年),喜欢炫耀,机警又有自知之明,他的这种类似反政治的角色让他可以对自己那些可以击败循规蹈矩的同僚的失言和政治波动乐在其中。不过,脱欧全民公投也给他提出了一个问题。他在这个问题上没有强硬的观点,因此本可以加入任何一方阵营,并暂时支持英国应该投票来脱离,同时谈判以留下(他喜欢这样的表达政策:既支持保留蛋糕,也支持吃掉它)。最终,他召集媒体开了一个快闪媒体发布会。"让我告诉你们我要加入哪个……那就是,嗯,我,嗯,我已经下定决心。"他告诉到场媒体。他选择了脱欧。[8]

深厚的社会和政治力量正在全民公投中发挥作用,但是约翰逊的加入给脱欧阵营增添了活力,并帮助他们取得了成功。几百万处于下层社会的英国人被一个男人说服去投票反对该国的精英,而这个人自己的履历(伊顿公学、牛津、《英国旁观者》杂志、《英国每日电讯报》、亨利选区的议员,然后是阿布斯布里奇选区的议员)涉及的只有权力和特权。但是,因为从来没想到他会真的赢得这次投票,鲍里斯看起来对这个结果更多的是困惑而不是高兴,而且显然他从来没有计划过接下来要做什么。没过几天,缺乏一致性、肆无忌惮的表现就让他成为首相的希望化为泡影。古怪和"个性"很有意思,甚至还能在一段时间内看起来值得信任。但真正的领导力更需要的东西是:实质。

但是反文化的滑稽人物并不仅限于英国政界。下面是经验丰富的意大利讽刺作家达里奥·福(Dario Fo)在称赞喜剧演员兼近代党派领袖贝佩·格里洛(Beppe Grillo)是中世纪杂技演员的传人,放荡不羁的艺人,用"言语、反语和嘲讽"以及俱乐部来变戏法:

> 他拥有聪明的说书人的传统,知道如何利用超现实的幻想,可以扭转局势,能够在恰当的时机说出恰当的话,他开口时会让别人惊呆,即使是在风霜雨雪天气。[9]

暂且不说现代意大利政治中魔术师和江湖骗子的不祥历史,领导一个党派的职责,更不用说管理一个国家的职责,需要的是比那种令人羡慕的"超现实的幻想"才能更多的能力。在 2013 年的大选中,格里洛的五星运动党赢得了四分之一的全国选票,然后他们很快就陷入了内部的明争暗斗和党派之争,最后这位"聪明的说书人"告诉媒体,他感觉"非常疲惫",[10] 并且被他的几位最亲密的同僚指责,说他既疏离又独裁。格里洛和五星运动党可能依然会成为吸引反政府选民的家园(该党派的反欧盟立场帮助他们在 2014 年的欧洲大选和最近的地区和市长选举中获得了不错的表现),但是一想到他们有可能真的掌权,就让人感到害怕。

不,从反政治家身上学到的教训与道德有关。他们的外表和说话都像一个真正的人。他们缺少传统政治家的那种娴熟和控制感。他们的怒气和不耐烦并不是精心针对某个团体或者校准的修辞策略,而是他们明显感受到的心情。他们会犯错误,会不打招呼就改变政策,有时候会毫无来由地说一些话,如果主流政治领袖说这样的话,可能会被认为极富冒犯性。然而,至少只要反政治家是个局外人,公众就会倾向于原谅和忘记他们的过错。他们的论点(理念)也许过分简单化,但是至少他们没有自动化。即使是对久经世故的选民来说,这也足以缩小被说服的差距。

这是发展成熟的党派中极少的政治家能够做到的。他们大部分已经被训练得绝不脱离他们谈论的话题,绝不承认犯错,绝不认输。对他们来说,媒体采访是一种格式化的游戏:困难的问题不作答,或者以政治家已经被训练过的另一个问题的回答来作答。这给人的印象就是闪烁其词、冷漠和疏离。然而事与愿违,竭尽全力不出错就意味着媒体最后追逐的只是政治家犯的错误。

在希拉里·克林顿担任美国国务卿期间,我曾经跟她相处过一个小时。在私人谈话时,她给人的印象是极为聪明、体贴、开明、自嘲、人性化而又调皮。我在《纽约时报》的同事马克·列波维奇(Mark Liebovich)在非正式的采访中对她有同样的印象。实际上,那次会面进展极为顺利,她说话时个性突出、妙语连珠,因此列波维奇建议录下这次采访。他说,铠甲面罩立刻降了下来,她转换到了竞选演讲和官方新闻稿那种久经考验的防御式读稿模式。这是她的错还是我们的错?讨论这些问题并没有什么帮助。我们共同努力达到了这样一种状态:除了严阵以待的公共形象以外,公众无法了解领导人物的其他方

面。我们需要找出办法来解除我们双方之间的军事化状态。

政治家很容易说服自己,以为他们真的了解公众,以为他们接触到的全部听众信息——定性和定量数据,再加上他们自己不可避免的极为随机地与选民的互动——就等于公众情绪的完整情况,以为营销专家为他们构建的模型和市场细分极为牢固,可以承担他们想在上面建立的所有负荷,包括政策和政治策略、关键词和标语口号、故事和叙事形态。

实际上,听众就像大海一样,极其多样,变幻莫测,同一天上午的情况完全不能为下午提供指导,更不要说明天。伟大的演说家就像一位优秀的水手,他们的技能更在于提前揣摩大海的变化并依靠本能熟练地回应,而不是掌舵的方法。并不是说那些数据和工具毫无用处,理智的水手除了依靠他们的直觉,也会参考卫星雷达图像和全球定位系统,但这些只是对才能和长期经验教训的补充,而不是它们的替代品。

我们生活在数据科学时代,一些简单的人类行为,比如说购买消费品或浏览线上内容的模式,可以在特定人群中进行预测,并取得引人注目的统计胜利,就像埃尔默·韦勒预言的那样。但是政策和政治的公共语言自身必然会关注的更高层次的问题涉及身份和道德、个体和集体的自身意识以及不断变化又饱受争议的美好生活是由什么组成的问题。这些问题全都不能通过跟踪像素或算法优化来快速处理,即使是能力最卓越的民意调查大师也办不到。

任何政治家与他们的公众之间的关系最终都是一种严格意义上的人事。装备齐全的专家联盟当然有他们的用处,不过你应该时刻牢记,他们交易的那些分段和类型,比如说你必须争取过来的"新"一代、足球妈妈和开白色货车的男人,都是现实的抽象版本,而不是现实本身。而且一旦你登上讲台或者面对镜头,他们就会消失不见。你的听众唯一能够判断的同理心来自你。

人类天生就是社会动物,他们拥有令人惊奇的能力,可以辨别你的坦诚是真心还是假意。对于演说家来说,真正的倾听能力与演讲领域的任何才能同样重要,它实际上是同一种才能的两部分。如果没有它,感染力和道德不可避免地会发生冲突,而理念——你想要说明的观点,你一开始站出来的原因,就会被忽视,因此要倾听。

政治家不能为公共语言的危机负全部责任，记者和编辑也不能。但是这并不代表媒体就是无辜的旁观者。那么我所在的行业能够做些什么来回应本书中提出的问题呢？作为一个行业、一个学院甚至一个个人，我们应该采取哪些措施来阻止情况恶化？

首先我们要对透视主义说不，这种观念认为一切都是观点，"真相"是一个毫无意义的概念，不过那些这样说的人这么做的理由通常是因为现实不合他们的心意。存在事实这样的东西，报道它们依然是新闻记者的任务。但是这并不意味着我们在现实中就应该是无知的。我们可以认识到，意识偏见在新闻界司空见惯，即使是力图公正的记者也可能受制于无意识的叙述和偏见。我们可以承认政治和社会权力结构中的暗流，并且削弱原创媒介理论家马歇尔·麦克卢汉（Marshall McLuhan）的看法：接受媒介总是会影响信息传递，而媒体在形式、长度、速度和互动可能性方面的变化都会影响它所传达的含义。这就是本书的一部分负担。

接下来要不惜一切做个批判现实主义者，意识到人类感知、理解和表达现实的方式总是间接的，并且容易被曲解。但是也要接受合理的观察与不切实际的意见之间存在区别。关于前者，考虑到历史的记录方式，我们也许永远都不能完全理解基地组织的崛起和"9·11"事件；而后者的例子则是认为耶路撒冷和华盛顿政府实际上应对"9·11"事件负责。

我们的世界中出现的任何一个政治或技术事件都没有降低寻找和揭露真相的需求的急迫性。如果有什么不同的话，那就是世界变得更难理解，用于谎言的工具和技术变得更难对付。因此我们应该忽略那些让新闻业降低敌意和对抗性的要求，如果那指的是减少怀疑态度或不愿追踪一个故事直到结局的话。采访政治家时应该有礼貌，但是也应该态度强硬。如果受访者拒绝回答问题或者用其他方式模糊处理的话，强硬的态度比礼貌更重要。

但是不要将你的工具箱局限于审讯拷问手段。留出空间，不仅要进行政策辩论，还要进行政策解释，而且在得到观点之前，不要干预加入你的意见。也许以前浓重的编辑角色能增加报纸销量或者打消读者的疑惑。如今这样做

却可能会把很多潜在用户吓跑,包括那些你(和你的广告商)拼命想要吸引的更年轻的消费者。

给政治家空间,让他们用自己的话来搭建框架。避免诱惑,不要在政治声明或政策公布出现几次之后就在报道中遗漏内容,只因为你迫切想进入回应和争论阶段,从而迫使新的读者或观众从愤怒的回应来推测最初的发言者说了什么。

严肃的新闻工作负有公民义务,让大众能够以合理的篇幅看到或听到政治家的观点,自行解读,并让双方政治家进行大段式辩论,而不是提前录制的十秒钟电话说明。然后倾听所有其他人的意见,包括你自己的专家、学者和权威、大众成员,接下来让各方开始争论。

我们的世界被伪装成已证实的科学事实的虚假发现,恶意和猜测吵得耳朵发聋,但是基于证据、按照事情的是非曲直表达出来的令人信服的真正的调查性新闻依然能让所有人安静下来。对它的公共需求比以往更加强烈,这包括各个层面,从教区委员会到市政府,再到国家政府和跨国机构,然而它的供应量却在衰退。这是因为调查性新闻破坏了现代媒体经济的大部分规则。它的成本很高,耗时较长,失败率很高,而且通常涉及当代读者据说没有时间注意的复杂细节。无论如何,还是要去做。

杰出的调查具有修复力量,这种力量不仅对揭露的机构和不公平现象有效,而且对新闻业本身的信任度也有效。对勇敢的新闻机构来说,调查还能带来另外一项潜在的好处:在无差别、列表化新闻包装产品的荒漠上,它们可能展示了一个有价值的区别点,一块几英里之外就能看到的高地。

当谈到分析和背景化的新闻工作时,这是某种意义上的黄金时代。提供背景资料的记者招待会并非新生事物:20 世纪中期的报纸读者就可以借助地图和图表来关注战争前线、登月计划和单人环球航行的水手。正如我们所见,简单论述——旨在将最初的新闻报道放在背景下的次要视频和演播室节目包,在 20 世纪 80 年代开始出现在 BBC。到了 2012 年,《纽约时报》在它的专题报道《雪花降落》——关于在喀斯喀特山脉发生的一场复杂而又悲惨的滑雪事故中,展示了新闻记者可以把言语、静态影像、视频和动画图片及地图编成一个完整的故事的能力,从而能比其他任何媒介都更好地讲述这个故事。

但是分析新闻可以超越基本的描述和背景,尤其是在公共政策领域,深入探查故事的基本信息。奥巴马医改计划在实践中是成功了还是失败了？外来工人会促进还是阻碍当地经济发展？这些问题以及与之相似的问题的答案通常不会来自地下停车场阴影中的告密者，而是来自对通常已经公开的数据的仔细研究。我们还在分析新闻的山脚下，更多的公开数据、机器学习的进展以及其他形式的人工智能应该很快就能让它取得比今天更远、更深入的发展。这是当代新闻业不需要改变，而是需要增强的一个方面。而且媒体中的文化悲观主义者请注意：在你以为只渴望得到无意义的数字娱乐产品的公民中，很多人都渴望理解复杂的世界，并且欣然接受它。

你可能对优秀的新闻报道与政治党派之争是否能共存有自己的看法。很多记者和编辑说，他们的世界政治观给他们的新闻工作带来了那些眼神冷漠的公正主义者无法获得的激情和解释说服力。对我来说，真正的新闻工作总是寻求客观性和政治公正性，其他的一切都是诡辩。如果把它称为观点，那么我们就都可以袖手旁观，对它表示赞同或反对。只要别把它称为新闻，将世界是什么样和应该是什么样混在一起，就像混淆天文学和占星术一样，逻辑不清，令人误解。

但是即使政治立场坚定的记者也应该与他们报道的人物保持适当的专业工作和社交的距离。试图两者兼得——一会儿亲密无间，一会儿又寻求真相——是不可能的，而且通常会导致故事和人物的串通和交易，给新闻工作带来不好的名声。类似白宫记者协会晚宴的设宴招待取代了政治家和新闻界之间的恰当关系，带来了互相滑稽、虚假和政治的名人喜剧，并且门口会有门卫阻止普通选民进入。我们的民主领袖知道，他们自己的公共言语名声已经被玷污，因此他们渴望借用新闻界、娱乐行业和数字文化的名声。如果你跟他们走得太近，很快他们就会试图模仿你的声音和样子。

还要注意另外一种威胁。新闻界和广告商之间的权力均衡状态已经变得更支持广告商，而且有可靠的证据表明，很多新老媒体机构正在屈服于压力，让他们的报道变得更温和，以免冒犯商业合作伙伴，损失收入。让你的报道变成完全的商业营销，这就跟背叛新闻业一样，而且非常有害，因为读者很难注意到。在这里需要面对一个简单的事实：不管他们在年度企业社会责任审查中怎么说，当谈到自己时，很少有公司会赞成"透明化"。他们可能会试图通过掩盖真相或阻挠正当的新闻调查来销毁坏消息，如果这样不成功，就利用威胁

和商业调节手段。

如果它带有明确的不同于编辑部出品的标签,软文广告和它的好兄弟"品牌内容"是没问题的,但是要小心维护那个界线。政治公共语言已经变成营销演说的自我本位形式。不要让同样的事情发生在新闻语言上。

但是最大的威胁同时也是最基本的威胁。如果政治家的基本原则是不要说一套做一套的话,记者的基本原则就是不要说谎。很少有专业的记者或编辑会在工作中故意说假话,但是他们中的很多人却已经习惯了在日常工作中撒大量的小谎:曲解的或"改进的"引述;省略可能会破坏特定的故事背景;用问号不是为了提出问题,而是展示一个疯狂的声明或推测的诽谤,就好像这是一个合理辩论的问题;添加来自其他时间和地点、脱离上下文的照片或其他图片,暗示与当前故事相关的罪恶、愚蠢或自命不凡的氛围。这是下意识撒谎的习惯。每个小的谎言看起来都微不足道,但是它们会积少成多。

不过现代记者面临的最严重的道德风险可能是被中世纪神学家称为倦怠的罪行。它是七宗罪中被讨论得最少的,它在英文中通常翻译成"懒惰",但是它的真正含义是走过场或者对言语或行动失去控制的过错。在新闻实践中,倦怠会导致一个记者将现实曲解得面目全非,直到它与他在常规叙述方面的有限才能达到模糊的相似,并且加以夸张和妖魔化,这么做更多的是因为这是常规操作流程,而不是出于恶意,这是故事"需要",而且绝对是他的编辑(谁知道呢)或许连他的读者都期望看到的。

让数字叛乱分子受到管理,远离这些长期存在、根深蒂固的路径,政治家乐意这样做,并且有时候会分阶段高调地接受 BuzzFeed 和《赫芬顿邮报》等网络新闻媒体,而不是《华尔街时报》和 BBC 的采访,从而强调他们的观点。而且多媒体、用户体验、观众拓展和联合供稿已经取得了巨大进展,这一点千真万确。新闻业从未像现在这样得到有效包装或高效发布。

但是常常出现的情况是,这条闪亮的数字渠道最后跳出的内容与人们过去一个多世纪以来在小报媒体上看到的没完没了的重复和再利用的故事存在不可思议的相似性。虽然分析报道取得了一些进步,但是日常新闻本身的故事形态、叙事技巧和修辞手段方面的创新却出人意料的有限。

这样的结果放在更广阔的公共语言危机中是个特例:一个职业群体的话语不再拥有反映现实的广泛度和适应性,但是该群体又如此迷茫,因此即使他们意识到了这种困境,也只会埋怨现实,而不是反省自己。也许这就是这只野兽经常表现得充满野性的真正原因。这只野兽不了解更好的可能性,太墨守成规,对愤怒和憎恨才能换来更多听众的这种信念太过执着,到头来又太害怕尝试新事物。非常陈旧的新闻业的真正问题不是它是否能够作为一种职业存活下来,而是它是否值得保留,以及如果它消失了,是否会有人怀念它。

语言和机构

如果媒体经济没有取得重大进展的话,这些问题就无法得到解决,甚至无法缓解。硅谷的工程师们教育我们,新闻就像原子,换句话说,消费者们只会对故事的标题和概述感兴趣,却并不在乎是谁提供了这些新闻,因此如果这些新闻是通过一种算法(谷歌新闻)或者算法与人类编辑的组合(赫芬顿邮报)从很多不同的新闻来源聚合而成的,也没有什么损失。也许第三方聚合甚至会更有优势,因为它能够为单个用户提供更为广阔的信息来源,而且通过跟踪他们的使用情况,预测并优先显示他们最有可能觉得"相关"的故事。

在手握锤子的人眼中,一切看起来都像个钉子。很容易理解为什么擅长信息的语法分析、组织和分发的计算机科学家对这样的内容毫无专长或兴趣——如果他们有过这样的想法的话。特别是在标题和主页层面,这样的想法也并非完全错误。如果一个人从来没有点击过体育报道,那么随着时间推移,将体育在首页的报道列表中的位置调到后面可能也是有道理的,即使你是个渴望成为"记录日志"的新闻供应商。不过它是关于真正的人类如何与新闻和其他形式的新闻互动的可悲而又贫乏的观点。

优秀的报纸、新闻节目或数字新闻网站不会像生产砖块一样批量生产新闻,不能任由路过的陌生人用来自其他任何砖厂的砖块来建成他想要的任何形状的房子。它具有鲜明的特征,拥有编辑的观点。它会与潜在听众接触,并向他们阐述超越机械式传播的事实,一种文化、政治、情感和群体的关系。

大部分"报道"并不是对一次性新闻事件的报道,而是长期进行的跟踪连载,而且通常会缓慢地形成政治和社会转变。它们会联系过去已经发生的事情和将要发生的事情,让读者或观众既能得到信息价值,又能通过了解特定记者、专栏作家或新闻品牌得到一种安慰。一致性很重要,来源也很重要。几十

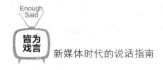

年如一日的勤奋、专业和高标准艰难赢得的信任最为重要。

砖块就是砖块。新闻则是一种复杂的文化产物。实际上，由于它与政治、社会和更广阔的文化之间存在深刻的联系，它可能比大部分其他形式的文学甚至艺术都更复杂。新闻机构并不是生产相同的无差别产品的工厂。他们是文化机构。

媒体公司曾经轻易就能获得的盈利滋生了广泛存在的自满情绪。报纸和电视公司通过各自的方式享受了获得用户的特权通道，并且能够向广告商收取丰厚的费用，将广告商的信息放在首页展示。利润空间很大的广告商成为报纸和电视公司的主要利润来源。从经济上来说，广告商是报纸和电视公司真正的客户，读者和观众则是达到目的的一种手段。在很多新闻编辑室，这样的结果是一种有时候几近于蔑视的手段。

如今在西方世界，媒体的优越感正在瓦解，在实体报纸中瓦解速度较快，在广播电视中瓦解速度则更为缓慢却无情。而在数字领域，它根本就不起作用。尽管拥有大量标题观众，网络广告对几乎所有参与者来说都是一个困难的收益来源，除了脸书和谷歌这样的全球性平台。一个恶性循环已经开始：出版商对广告价格低廉的反应是在他们的网页中过度加载广告，而读者则以转身离开或安装广告拦截软件进行回击。在智能手机中，这种问题更为根本，那里没有相邻的"空白位置"可以出售给广告商。

《纽约时报》等几家出版商正在改造数字广告。取代过去对邻近性和偷走注意力原则的依赖，我们正在与商业合作伙伴一起制作广告信息，同时清楚地标明这些内容不同于我们自己的新闻报道。这些广告信息本身足以令人信服，在我们的主要内容流中可以获得用户的关注和消费。

不过，新形势对媒体提出了很高的要求，需要的品牌价值、投入和创意远远超出大部分出版社的召集能力，不论它们是行业老手还是数字新手。而且，即使是对那些少数幸运者来说，它们自己的广告利润也不足以抵消新闻成本。会员制、免费增值模式、电商和活动也不够。没有别的办法，要想让高品质的新闻业存活下来，公众就必须为它买单。

在《纽约时报》，我们拥有全世界规模最大、增长最迅速的数字付费模式。每个月，我们让1亿人免费体验我们的新闻，但是我们依然相信，我们创造的每一篇报道、摘要和视频都值得付费。

这是个很高的标准。没有人会付费阅读网上的丑闻、狗仔队拍的照片、明星新闻、清单式文章或充满仇恨和诽谤的偏见等这些内容。你可以随心所欲地免费阅读这些内容。只有当你提供的新闻的确与众不同，为消费者传递真实效用和价值的时候，新闻付费模式才能产生预期效果。大部分西方报纸的新闻付费模式失败的真正原因并不是它们的读者有问题，而是它们的新闻没有值得付费的说服力。

在本书中，我已经阐述了为了公民而发展严肃、有抱负、资金充裕的新闻业的理由。如果你是数字新闻的一个供应商，无论资历新老，你都应该为了生存下去而欣然接受这项议程。这同样适用于电视和广播行业的对等人物，因为激进的破坏活动也近在眼前了。如果有足够的参与者现在就采取行动，将来的一流新闻机构数量实际上能够轻易超越盈利时代的机构数量。

但是很多老式新闻机构太墨守成规，不愿改变，可能会在倒闭时还将它们的悲惨结局归咎于其他人。与此同时，尤其是在英国和欧洲，它们更有可能寄希望于通过游说来放松监管，而不是从根本上进行业务创新。在可能的情况下，它们会利用它们的政治势力，尝试获得保护，免受硅谷互联网公司的压力，并把公共广播公司掏空。

考虑到对新闻业的商业投资的缩减程度，我们也许会期望对 BBC 和其他公共广播公司的政治支持能够增强。然而事实恰恰相反：在整个欧洲、澳大利亚、加拿大、日本等地，在这场漫长而又艰难的数字变革中，那些仅有的几个能够确保普通人可以获取至少一部分高品质重要新闻的机构正在受到政府的围攻。在即将到来的媒体时代的抉择中，人们交税支持的那些公务员们依然执着于 20 世纪 80 年代的自由市场理论，即使这些理论已经被证明不再适用。政治领袖被商业媒体所有者牵制，后者为了个人私利意图消灭公共广播公司。

虽然很少有现代政治家有勇气承认，但是 BBC 及其在全世界的兄弟广播公司并不仅仅是信息、教育和娱乐的国有供应商。虽然它们错综复杂、容易犯错、混乱无序，还经常令人发狂，但是它们充满创意和公益精神，不是过时的倒退，而是现代文明的屏障。

对它们进行仔细审查，对它们进行改革，让它们承担责任。但是要识别哪些机构正处于危险之中。一旦这些机构被废除或内部被挖空，就不可能重建。那些因为自己被边缘化或废除而游说的商业利益团体无论如何都会倒闭。一

旦公共广播公司被剥夺权力,付费订阅成为资助新闻业的主要方式,那些无力负担真正有品质的新闻的公民该怎么办?

　　无论好坏,公共机构——不是指那些广播和媒体领域,而是包括公共生活中的所有公共机构,对我们的公共语言的未来都至关重要。实际上,公共机构本身就是公共语言的系统。它们创建并保有传统,特定团体会依照这些传统来解决问题,达成决策,界定并监管可说的界限。当它们对公共语言的使用方式开始堕落时,所有领域都会受到伤害。

　　如果想有所改进的话,我们的公共机构必须从根本上进行改变。首先它们必须接受,它们最喜欢的语言——那些关于"责任"和"开放"的术语——大势已去。

　　在2008年全球金融危机期间,那些管理、责任和遵从体系本应确保单个银行、金融机构以及整个金融系统能够得到适当监督,结果却被证实是一场闹剧。危机过去后,政府并没有坦白承认公司治理、金融监管、中央银行监督和法律的联动保障措施有多么失败,而是更加严厉地推行同样的手段。如果5000页银行监管制度不管用的话,试试10000页效果如何? 那些本该适用的对象对此感到厌倦和蔑视,我们剩下这些人又觉得它难以理解,那么公众怎么可能对它抱有一丝信任? 这也是倦怠,假装空洞的词语实际上充满含义,也是一种罪行。

　　遵从文化是一个虚假的神,是理性主义者试图将人类诚实、正直和信任的精髓特征转化为一种监管算法的失败尝试。放弃它,从头开始。围绕人类学的核心现实来制定你的规则,那就是:信任是我们所有事务的核心,信任是一种主观事务。事实证明,能够促进做正确事情的共同价值观和同伴压力会更有效,而将良好的行为编成法典那种发号施令的尝试完全不能改变人的想法或改善组织文化,而且似乎总是产生相反的刺激和结果。

　　适用于金融监管的原则更普遍适用于法律制定。在类似《无人统治》(2014年)这样的书中,美国律师兼作家菲利普·霍华德(Philip K. Howard)记录了与错综复杂、相互矛盾、过时的法律条款相关的大量浪费和瘫痪案例。

至于更广阔的经济和社会成本，还要再加上不理解和疏离感。法律是一种原始示范形式的公共语言，是摩西带着记事本从西奈山上下来了。如果将法律转换成技术官僚含糊的杂音，不要吃惊，以色列的十二个支派也会变得躁动不安。

公共机构必须确定它们的立场。如果你代表的是科学客观性，就不要浪费你的权威，把它借去做政治宣传。如果你运营了一所大学，并且声称代表知识自由和创作自由，那就别再偷懒，捍卫它们。包括伊斯兰恐惧症和反犹太主义（通常打着"反犹太复国主义"的旗号）在内的极端主义正在很多西方大学兴起，而这些大学和其他公共机构的领导还在担心自由认知失调，或者躲在公共秩序和责任的虚假主张背后。谁说这个过程很简单？崇高的原则通常需要冒险和牺牲。

你当然应该力图了解和同情所有人。我希望你能够将那种同情心与关于自由言论的主权的清晰度和勇气、所有人都能持有和表达不同观点的权利联系在一起。但是不论你做了什么决定，现在你都应该放弃骑墙态度。以身作则，不要教年轻一代模棱两可和退缩。

当缺乏经验的飞行员发现自己在急速盘旋下降时，他们的直觉反应是把驾驶杆往后拉。在正常下降的情况下，这样做可以让飞机恢复水平飞行，但是在急速盘旋下降的情况下，这样做只会让螺旋桨变紧，把飞机送上不归路。要想回到水平飞行状态，你必须让机翼变直，只有到那个时候你才能抬起机头。但是随着地面离你越来越近，往回拉的虚假的生存本能就会难以抑制。很多现代公共机构就处在这种心理的控制之下。深呼吸，冷静地看看仪表盘，让机翼变直。

圆滑之道的学习

公众本身的情况如何？听众不再只是听众，对此我们找不到非常理想的词来描述。我们媒体管理人员在"用户""消费者"和"客户"这样的冷酷无情的词之间摇摆，而政治家通常谈论的是"选举人"或"选民"。所有这些词都泄露了一个隐含的手段：它们都是对听众的定义，基于我们想从他们身上得到的东西而不同。如果你不觉得有必要像以前的军人那样戴上三角帽挥舞火枪的

话,"全体公民"这个词也许就能符合要求。那么我们就继续用"公众"这个词,这个词至少能把我们的注意力指向一个地方,那就是这群人走出私人生活聚集在一起的地方,在那里他们会倾听,有时候也会发言,使用的就是这本书的主题所指的那种语言。健康、运行良好的公共语言能为他们带来什么好处?我们和他们现在首先应该做些什么来创立好的条件?

我们可以赞同,广泛的公共商议是民主理念的核心,人们自由地权衡问题,决定支持哪种方案,或者哪个党派和哪位领袖应该治理国家。不过,商议包含哪些内容?在英语世界,最简单也最有影响力的范例是陪审团审判制度。陪审团成员会听取所有的证据和论点,然后离开现场去考虑他们的裁决。这种情况下的考虑指的是陪审团各个成员之间的讨论和辩论并且试图取得一致意见。

当我们想到理想的大众化政治协商时,很容易想到放大版的陪审团休息室,以及所有公民原则上都应该参与并且得到一个所有人——甚至包括持异议者——都起到作用的决策。当然,我们明白问题会更加复杂,陪审团也会更加分散,但是我们依然会觉得多多益善:参与越多,争论越多,个人投入就越多。

但是这种想法现实吗?被选入陪审团让每位陪审员都处于尴尬的境地。如果不是有那种特别的公共义务的话,大部分人都不愿提出自己的观点或评判他人的观点,这难道不是真的吗?只有一小部分人人在看完特定的网上新闻报道后,会决定分享给他们的朋友,其中又只有一小部分人会添加自己的评论。有些国家的政治党派的成员资格是自愿性质的,并且不会带来任何社会或职业便利,大部分人都宁可完全不参与。我们也许会想要鼓励或称赞积极分子、啦啦队员、博主和争论者,但是民主的合法性总是很少取决于他们,而是取决于90%或更多的人口,这些人完全不参与这些事情,只是观察和倾听,而且如果他们讨论政治的话,也是在完全私人的环境中进行的。

雅典人了解这一点。公众就是最高统治者,公众就是领导,对于这一点并没有疑问。但是公众在实践中实施主权的方式仅仅是到场、倾听,并做出集体决定。在审判中达成裁决的陪审团非常庞大,而且陪审团成员的商议过程不涉及向目击证人或对方演说家提问,甚至不会交换彼此的意见。每个公民被期望用他们自己的实践智慧独立得出一个结论，然后据此抽签决定。公正并不依赖于全体一致意见或更直率的陪审员说服其他陪审员的能力，只是依赖于集合大量的个人意见。

公共商议可能意味着现代的公民陪审团、选民小组对政治家正在尽力解决的目标和权衡进行辩论，但是公共商议并不需要这样。而且即使科技能让这个过程变得直截了当，认为不少选民愿意为这样的过程投入必要的时间也是不现实的。

当代的代议制民主对每个公民积极参与政策辩论或常规的政治决策过程的依赖程度并不比雅典的直接民主制多。代议制民主取决于这样的公民：愿意并且有能力理解事实、听取辩论，并且在此基础上，每隔几年决定一次应该由谁代表他们执政。

也许这听起来太过谦虚，没有活力。但在民主制度中，这就是一切。实际上，民主超出政治党派，超出领袖，这是最重要的。但是本书的论点在于，正是如今的政治领袖和媒体对公众讲话的方式整体上让履行根本的民主职责变得越来越难。正如我们所见，带来的结果是，一些公民有意或无意地选择退出他们的宪法职责，而那些不辞劳苦参与的人通常会带着对现实和面临的选择的曲解来履行这一职责。如果短期内我们要做些什么来解决这个问题的话，那就是政治家和媒体要承担大部分的负担。但是有没有什么是公众自己可以做的，好让他们能够更好地准备做一个好的统治者？

修辞总是存在争议，如果能够做到的话，柏拉图应该已经很高兴地把它扼杀在摇篮里了。但是，就像我们在本书中一再发现的那样，忽略它或者假装可以消灭它，只会让事情变得更糟。最好听一听本章一开始引用的巴门尼德的诗篇中《女神》部分的言辞。坦白说，至少在我读到的这个令人迷惑的片段中[11]，女神承认了真正的理解与观点之间存在差异，但是又主张我们必须同时注意任何问题的核心以及通常有错的其他人的观点，因为它们在本质上也很重要。修辞是这些观点被构思和分享所使用的语言。

女神在她的指令中暗含的意思是，观点和观点的修辞将始终与我们同在。并不存在什么魔法可以将我们从这个世界输送到另外一个世界，那个说出来的话只有完美的真相，具有完美的真实性或者完美的其他东西的世界。那并不是我们人类的本性，也不可能成为我们的语言的本性。

因此让我们把公共语言放在公民教育的核心位置。宪法史、不同政府部门的结构、法案如何变成法规、我们的法庭的运作方式——这些都应该列入课程安排，但是它们都没有掌握公共语言重要。很少有公民会直接参与立法过程。关于英国下议院或者美国参议院运作的具体知识也不能帮助摇摆不定的选民做出选择。但是他们在所有的地方都能碰到修辞——每当他们看新闻或者听演讲，打开手机应用或看广告的时候。修辞成为合理的、批判性的说服艺术的梦想更多地取决于是否会出现一群批判性的听众。

我们应该教会我们的孩子如何对各种公共语言进行语法分析，包括从电视、广播、网络和社交媒体上出现的营销口号到最崇高的政治言论。年轻人应该学习政治修辞和广告史，研究案例分析，用文字、图片和视频的形式创造他们自己的公共语言。

媒体，尤其是 BBC 和《纽约时报》这种以使命为导向的媒体机构，需要扮演一个重要角色，这跟所有专注于促进公众了解科学和其他政策领域的组织一样，如博物馆、智囊团、基金会等。我们都有一项责任，不仅要对有倾向性和可疑的事物发出警告，而且还要帮助我们的观众建立他们自己在各个主要领域的价值模式，包括经济、地理政治、社会、科学等，这样当天的数据或政治主张就可以按照比例和概率的背景进行安置。观众还要学习如何质疑各个模式，以及如何加以调整以适应变化的环境。

这些并不是如今普遍的修辞教学方式。人文学科整体上处于低潮，被认为经济价值较低，没有科学那样值得提供研究经费，是有特权的孩子或者不知道自己要做什么的人的一种嗜好。而且即使是在人文学科内部，在大部分学校和大学，修辞学也差不多被遗忘了。如果西塞罗现在还在世，他可能会成为一位经济学家或计算机科学家，而他最不可能选择的专业就是修辞学。

但是如果说有什么可以把我们脆弱的公共领域维系在一起的话，那不会是一串精巧的代码，只可能是合适的修辞。我们要记住，跟其他人文学科一样，跟所有的伟大艺术一样，修辞与之搏斗的那个问题——我们如何与他人相处？——是所有人类社会都要面对的最重要的问题。我们要教我们的孩子修辞。

特朗普测试

想象一个测试。以一个人的名字来命名可能有些令人反感——毕竟,唐纳德·特朗普是一种病症,而不是病因——但是至少这个名称可以表明我的意图。特朗普测试可以衡量公共语言的健康程度。要想通过测试,语言必须让普通公民能够区分事实和观点、成人的政治言论和毫无意义的话语。

目前,在美国、英国和其他西方国家,我们的公共语言显然都不能通过这场测试。在前面几页中,我已经提出了一些我们可以采取的阻止这种下滑的措施,但是我还要第一个提出警告:不要只依赖这些措施。即使它们能够得到广泛接受,它们的影响也可能不会太明显。而且可以肯定,有太多参与者自己已经陷入了这种恶性循环。

不,如果我们的修辞要恢复健康,就不能只依赖近期行为的变化,而且还要注意影响我们的语言的社会和文化力量。社会和文化力量之间的平衡什么时候改变,并开始支持再生而不是瓦解修辞?有没有早期信号表明这场转变已经开始?

公共语言新生的种子会在意想不到的地方萌芽,或者说是在文化悲观主义者最不希望看到它们的那些地方萌芽:移民和难民之口;边境小镇和社会的边缘角落,那里的人们没什么可损失的,却有更多话要说,因为令他们感到愤怒的事情更多;那些明显来自据说很严肃的政治和新闻事件的形式和背景。

英国作家萨尔曼·鲁西迪的著作《午夜之子》(1981 年)受到的批判性回应证实了一种不断增长的感觉,那就是英语文学的创作动力正在从英国和美国的核心地区转向那些英语曾经是官方语言之一的前殖民地和国家,从占多数的异性恋白种人转向少数民族和性取向群体。移民和那些包含不同文化或边缘化群体历史的人群越来越多地在获奖文学作品中出现。

所有这些都让一些保守人士感到不安,他们担心对少数民族文学的关注受到了政治正确性的驱动,这种文化全球化和相对化面临着将英语变成杂交

语言的风险。我们可以对第一条论断展开辩论。历史表明，第二条论断完全
是谬误，而且与之相反，接触不同文化会丰富故事情节，引入新的词汇和新的
视角，并且以令人不安但是最终成果丰硕的方式挑战现状。

还有其他的新生主力军。讽刺文学在英国和美国的电视和网络上都再
度受到欢迎。讽刺作家一直都被视为公共语言的清道夫，刷去所有形式的
虚假修辞——错误、谄媚和愚蠢。类似《侦探》《洋葱报》和《查理周刊》等讽
刺杂志和网站发挥了它们的作用，如今的电视讽刺作家更是如此，包括英国
的克里斯·莫里斯（Chris Morris）、阿尔曼多·伊安努奇（Armando Ianucci）
和美国的乔安·斯图尔特（Jon Stewart）和约翰·奥利弗（John Oliver）。类似
《今日新闻》《新闻问答》《幕后危机》《每日秀》和《上周今夜》的电视节目的表现
经常胜过大部分直接的新闻来源。这些节目解构政治家的语言，帮助观众理
解到底是怎么回事。实际上，现在很多人依靠这些节目不仅获得了乐趣，而且
获得了对时事最值得信任的评论。

有时候，人们谈到讽刺文学的时候，就好像它只是他们在媒体和政治中发
现的犬儒主义和消极主义的另外一种表达形式，但是它不是。最好的讽刺文
学融合了愤怒和创意。它是一种泻药，跟优秀的新闻和有追求的政治一样，不
是为了伤害，而是为了治疗。

愤怒也推动了嘻哈音乐语言的发展。主流白人摇滚和流行音乐从未偏离
个人感受的自我中心世界，而嘻哈音乐则几乎总是具有社会和政治意识，并且
经常意识到自己是一种修辞："我的言语是武器"这句饶舌歌词来自美国说唱
歌手埃米纳姆（Eminem）的同名歌曲。[12]这并不是新闻，美国嘻哈乐队 Public
Enemy 在 1989 年还曾经宣称猫王是种族主义者，美国历史不过是乡下人在过
去 4 个世纪的故事，[13]但是在接下来的几十年间，嘻哈音乐已经发展到了舞台
中央，并且完全没有失去它的愤怒和语言创造能力。

在嘻哈音乐中，个人就是政治，政治就是个人。碧昂斯在 2016 年发行的
专辑 Lemonade 中包含了关于背叛、暴怒、救赎的各种歌曲，将她的个人情感
生活巧妙地放置在更广阔的黑人女性对尊重和爱的抗争中：在与专辑同时
发行的影片中，三个年轻黑人的母亲在执法事件中被杀死。为了回应其中
一个这样的事件，即在密苏里州的弗格森一名警察开枪打死了迈克尔·布朗
（Michael Brown），嘻哈乐手基拉·麦克（Killer Mike）在他的社交账户上发布

了这样的内容：

> 不管你对黑人有什么看法，看看这位母亲，再看看这位父亲，告诉我，
> 作为一个人，你怎么能不对他们感到同情……他们并不是荡妇、天后……
> 他们只是一个生了孩子并且很爱那个孩子的人，那个孩子却被人像玩游
> 戏一样屠杀，面朝下倒在地上，就像个公共奇观，他的血流到街上……[14]

林－曼努尔·米兰达(Lin-Manuel Miranda)在 2015 年创作的音乐剧《汉
密尔顿》讲述了美国开国元勋亚历山大·汉密尔顿的故事。这部音乐剧既有
政治科学论文的复杂性，又有莫扎特和达蓬特(Da Ponte)歌剧的那种音乐和
语言的机智：

> 一个私生子、孤儿、妓女的儿子
> 苏格兰人，被丢弃在普罗维登斯附近的加勒比海
> 一个被人遗忘的地方，一贫如洗
> 他是如何成长为英雄和学者的？[16]

《汉密尔顿》在处理民主政治的讽刺和失望时，并没有表现出令人厌倦的
犬儒主义，而是充满着令人着迷的热情。跟该剧的其他演员一样，拿他的奴隶
开玩笑的托马斯·杰斐逊(Thomas Jefferson)是由一位黑人演员演的。乔治
三世一开始表现得像个荒唐的漫画人物，不过后来就放任自己尖酸地评论汉
密尔顿和他的朋友正在建造的崭新的政治世界。汉密尔顿的理想主义和荣誉
感让他毫无意义地死在了阿伦·伯尔(Aaron Burr)手中，但是那个时候他们
已经确定了美国政治文化将要追求的发展目标不是曾经或者现在的状态。
《汉密尔顿》跳跃的节奏和跌宕起伏的语言让它听起来就像一种新的政治修
辞，即可以承认民主制度特有的爱好争论和犬儒主义，但是绝不接受这些就是
民主的全部含义。

如果我们仔细看的话，还能看到政治言语本身包含的一些富有希望的新
芽。公平的语言就是其中的一种。

从表面上来看，公平在现代政治言语中极富争议。某场辩论的双方通常

持有对立的定义。女性和少数民族比男性赚得少有可能是公平的吗？但是如果涉及因为人们的性别或肤色而进行雇用或提拔，而不是纯粹根据他们的专业能力，积极区别对待政策（或者用美国常用的说法，平权行动）就是公平的吗？

这些问题引发的争议可能会让听众感到疑惑，到底公正性有没有客观含义，它是不是那种可以通过曲解来符合任意一方论点的词？但是在现代多元主义社会，几乎所有人都赞同（至少在理论上）公平待遇既是普遍权利，也是道德义务，因此任何令人信服地唤起公平意识的论据都会具有效力。因此，要确定什么是公平，或者决定两种关于公平的对立观点中哪种应该胜出的斗争，就是实质的斗争，而且我们很快就会看到，有时候胜负结局极为明显。

公正性的到来是一个漫长的过程，至少从 1215 年约翰王被贵族们强迫签署《大宪章》开始，政治家们就一直在争论公平问题，不过社会公正的理论和语言直到 17 世纪末才有了决定性的进展。到了 1948 年，可怕的第二次世界大战结束后，联合国制定了《世界人权宣言》，面向所有人的全球性公平框架才得以无异议地通过。48 个成员全部支持该宣言，没有任何成员反对。弃权的 8 个成员（其中包括苏联、前南斯拉夫、南非和沙特阿拉伯）并不打算支持宣言中包含的权利，但是这说明即使在那个时候，这些成员也认为反对它是不明智的。

在接下来的几十年里，这几个成员以及很多当时投票支持的成员都在实践中背叛了该宣言。根据法律得到公平待遇的权利、言论自由和结社自由权利、获得教育和基本生活水准的权利，这些在全世界范围内都会经常被无视。西方国家也会违背该宣言的要求，在国内外出现明目张胆的滥用情况；即使是现在，看到我们的社会中最贫困的成员时，没有人会相信他们在法律面前享受平等权利，或者"人人都可获得"高等教育。世界各国的宪法和政治领袖在平等与公平的问题上高谈阔论，但是在实践中却经常对其不屑一顾。个个都很虚伪。

但是这些不应该让我们对已经取得的进步视而不见。一些普世价值观已经得到公开维护，只有最愚昧、最疯狂的政治力量才敢公开否认它们。依然有无辜的人被杀害，但是几乎所有人都承认这是一种罪行，而且犯下这些罪行的政权知道，他们将会面临经济、外交，甚至是军事方面的惩罚，更不用说国际刑事法庭的审判。得到宣言保证的庇护权对很多国家来说很难处理,他们将其视为另一种名义的移民,他们更愿意将接收难民视为自愿行为,而不是道德和法律义务。不过该权利虽然经常被违反,但是至少在原则上它不再被否认。因此,它向所有人揭露了对该权利公然蔑视或含糊其辞的人的不人道。

关于公正和人道的公开言论并不是完整的解决方案,但是它们具有一些价值。因此,虽然它们不可避免地带来了假装虔诚和利己主义,但是同时也带来了摇滚音乐会和对抗贫困与压迫的明星背书。它们也帮助推广了一种意识:尽管我们的社会可能可悲地缺乏这一点,但是我们的社会存在一套通用的最低标准,它应该适用于任何地方的人与人的相处。言语和音乐是最柔和的软实力,但是就像水滴石穿一样,假以时日,它们也能转变一些坚定不移的反对意见。

打公平牌并不一定会让问题变得更容易解决。否定女性堕胎的权利公平吗?允许堕胎对未出生的胎儿公平吗?当任何一方都可以在辩论中援引公正性,并且至少让他们自己的支持者感到合理的话,问题的解决就会被无限期延迟。但是就连这个方面有时候也会出现意想不到的突破。

就拿同性婚姻来举例。反对同性恋结婚的人主要是因为宗教原因,他们相信:首先,同性恋有罪;其次,上帝所指的婚姻是一个男人与一个女人的结合,不仅是为了让他们对彼此的爱变得圆满,而且还为了养育孩子。但是即使是在美国这样的宗教国家,信仰问题是个人私事的观念也得到了普遍接受。而且,改革推动者还注意在辩护时避免说那些反对同性恋的人不对或者固执己见,而是说这种婚姻是一种社会制度,也是一种宗教制度。在民事领域,排除同性恋就引发了一个简单的公平问题:如果允许一对到达法定成熟年龄的人结婚,为什么不允许另外一对呢?西方社会在很久之前就决定将离婚合法化,尽管当时很多公民都认为那样是错的。这些社会并不强迫任何人离婚,甚至是在原则上宽恕离婚。但是社会主张如果双方选择这样做的话,公民甲并没有权利阻止公民乙和丙离婚。

这样说的效果是把一个修辞的楔子塞进了反对者的阵营。有效地坚持宗教和道德原则意味着从政策辩论撤退到舒适的布道坛,在让信徒坚持信仰的同时,将大部分积极的政治立场让给了改革者。反对者的备选方案是按照改革者的方式与他们对抗,但是那就意味着舍弃宗教和道德争论,转到不太确定的社会逻辑争论，这在很大程度上可以归结为一个观点，那就是异性恋婚姻是一个古老的制度，如果你要干扰，后果自负。大部分未表态的多数派都觉得这种推理观点没有吸引力。其他"因为古老而受到尊重"的制度，例如男性比女性享受到的历史性特权和权力，已经被顺利质疑，而且结果并不是带来了罪恶之城，而是社会进步。

推行"同性婚姻"而不是"同性恋婚姻"的说法是改革拥护者的又一精明之举。"同性"将听众的注意力指向了性别平等和更广阔的宽容问题，而不是同性恋本身。这样做既实用又合理：理由始终是法律面前的平等性，而不是任何性向本身。

在很长一段时间内，同性婚姻看起来似乎会像又一场冗长的价值观辩论一样，永远也得不到解决。但是在某个时刻，反对派却说不出话来。因此，在美国和越来越多的其他国家，原本看起来像是一场漫长的斗争让步给了即将到来的不战而胜。

在天主教会，弗朗西斯（Francis）教皇在担任阿根廷红衣大主教期间就反对同性婚姻，声称提议改革的忠实鼓励者是"谎言之父"。不过，在那之后，弗朗西斯已经利用公平的语言来发出信号，如果这不代表转变他在特定问题上的立场的话，至少也代表他对更广阔的同性恋问题和教皇职位的不同方案。2013 年 7 月，当他被问到梵蒂冈内部的同性恋问题时，他回答说："如果一个人是同性恋，他寻求上帝，并且抱有善意的话，我有什么资格去评判？""我有什么资格去评判"这句话成功地将谦虚、尊重、正统信仰（教皇的确不应该评判）和些许独特的淘气融合到了短短几个字里面。这句话包含的含义以及争议几乎跟过去 2000 多年来的历届教皇世代相传的通谕一样多。

弗朗西斯教皇在其他场合也用过公平和尊重的语言，尤其是与环境、全球收入差距和难民危机相关的时候。他并不是抛弃了教皇话语的传统权威，而是发现了一种通过公平语言来表达那种权威的新方法。

这些例子指出的进展是试验性的，也是片面的。同性婚姻合法化并不代表对同性恋群体的敌意消失了。就像西方国家种族主义的历史所表明的那样，在公开引起偏见的语言被移到公共话语的边缘之后，仇恨和偏执仍然会长期存在。而且有时候豪言壮语可能会成为避免做出艰难决定的借口。

尽管如此，强大并且被广泛接受的道德语言的出现证明了我们对公共话语最阴暗的担忧是假的。虽然弱者和被剥夺财产的人经常这么说,公平语言的确拥有不可阻挡的东西。但是公平语言面对的障碍依然很难对付,不过我们知道,最终大海会把最牢固的海岸防御设施都冲走。

这些建议或例子全都无法保证我们的公共语言很快就能通过特朗普测试。政治分裂和数字干扰的力量依然在发挥作用。很多参与者被困在习惯和反应中,即使他们想突破也很难。简单来说,也许我们这个疯狂啰唆的世界已经说了太多话,说了太多可恨的、疯狂的、欺骗的语言,现在需要的是一个遗忘期,或者一种大赦期,然后我们才能期待复活。

不过不要绝望。公共语言以前也恢复过活力,就像在英国内战几十年之后的那次一样,有时候甚至是在为它举行临终仪式的时候。它的复活并不取决于一种意识形态战胜另一种或是深思熟虑的改革主张,而是取决于文化和社会潮流的转变。我们是通情达理的生物,知道我们的共同生活取决于是否能够解决我们的分歧,至少在大部分情况下都是如此。早晚有一天,会出现一种合理的有说服力的新语言,我们只是不知道确切的出现时间而已。

那么在这段不确定的漫长过渡时期,你能做些什么呢?张开你的耳朵,利用你自己的良好判断力。思考,发言,大笑。穿越噪音。

本章参考文献

1   Parmenides, *Poem*, Proem, II, 28-32.

2   *Letters of Thomas Carlyle*, 1826—1836, *Volume* 2 (Macmillan, 1888), 227.

3   See http://yougov. co. uk/news/2014/10/29/political-disaffection-notnew-it-rising-and-drivi/.

4   Onora O'Neill, *A Question of Trust*: *The BBC Reith Lectures* 2002 (Cambridge University Press, 2002).

5   See Yougov website above.

6   See Jane Merrick, *Independent*, "Labour needs an angry leader: it's time for Ed Miliband to go to war", I February 2015. Also Polly Toynbee, *Guardian*, "As Osborne plans more austerity, it's time for Labour outrage", 17 March 2015.

7　*Daily Telegraph*，28 February 2014，http：//www. telegraph. co. uk/news/worldnews/europe/eu/10668242/Europe-David-Cameron-cant-match-Nigel-Farages-simple-message. html.

8　Remarks by Boris Johnson reported by the *Guardian*，21 February 2016. See http：//www. theguardian. com/politics/blog/live/2016/feb/21/cameron-marr-boris-johnson-eu-referendum-camerons-interview-on-themarr-show-as-boris-johnson-prepares-to-declare-his-hand-politics-live.

9　Quoted by Tom Kington in the *Observer*，2 March 2013.

10　Quoted in *The Economist*，9 December 2014.

11　See Leonardo Tarán，*Parmenides：A Text with Translation*，*Commentary*，*and Critical Essays* (Princeton University Press，1965)，p. 210ff. Interpretations of the passage vary widely and，in cases like mine，probably tell you more about the intentions of the translator than they do about what Parmenides himself had to say. In the lecture series he delivered about Parmenides at Freiburg in 1942-3，Martin Heidegger translated this same extract as follows："There is，however，a need that you experience everything，both the stable heart of well-enclosing unconcealment，as well as the appearing in its appearance to mortals，where there is no relying on the unconcealed. " This translation from the German appears in *Parmenides* by Martin Heidegger，translated by André Schuwer and Richard Rojcewicz (Indiana University Press，1998).

12　Eminem，"My Words Are Weapons"，first released as part of the Mix Tape，Volume IV by Funkmaster Flex (2000).

13　Public Enemy, "Fight the Power"，released as a single by Motown Records in 1989.

14　https：//www. instagram. com/p/rkrM8xS1Mk/? modal＝true.

15　Killer Mike，"Pressure' from the album"，*I Pledge Allegiance to the Grind II*，2008.

16　*Hamilton*，music，lyrics and book by Lin-Manuel Miranda. *Hamilton* premiered in February 2015.

后记与致谢

ENOUGH SAID

1771 年,当富有的波士顿商人尼古拉斯·博伊尔斯顿(Nicholas Boylston)去世时,他给哈佛大学留了 1500 英镑,用于创办新的修辞与演讲系。哈佛大学接受了这笔钱,但是接下来惰性出现了。最终,30 年过去了,该大学并无任何明显的动静,博伊尔斯顿的侄子沃德·尼古拉斯·博伊尔斯顿(Ward Nicholas Boylston)起诉要追回这笔遗赠款。直到哈佛大学同意立刻开始建立该系,他才撤销起诉,并同意任命他的表兄约翰·昆西·亚当斯(John Quincy Adams)担任首位教授,后者当时是美国参议员,后来当选为总统。

让一个拥有公共语言实践经验的非学术人士教授修辞学是个非常有趣的想法,但是潜在的不利方面一定也很明显。当亚当斯最终在 1806 年站在哈佛大学礼堂发表就职演说时,他以下面这番道歉作为开场白:

> 在回想我承担的职责的本质时,我总是会意识到这些职责所表现出的不足,不管我说出来的时候多么没有礼貌,在荣幸地接受任命之后,我还是忍不住会表达出来。虽然我的人生见证了这种艺术的各种形式的实践,虽然它的理论有时候会吸引我的注意,我对这两者的了解只是流于皮毛,我不敢自称对理论进行过深刻的调查,或者对实践有丰富的经验。

　　我明白他的感受。在 2012 年年初，BBC 第四广播电台前台长、牛津大学圣彼得学院现任院长，同时也是我的亲密好友——马克·达玛瑟（Mark Damazer）打电话给我，问我是否考虑担任他们大学的修辞学和"公共说服力艺术"课程的客座教授。当然不了，我当即这样想。

　　然而在同年的 9 月，我说服了自己和主办机构，我可能在这个话题上有些东西可谈。我在圣彼得学院做了三次演讲，然后还参加了一次公开讨论，导演、编剧兼演员安德鲁·马尔（Andrew Marr）担任主持人，参与者包括政府部长大卫·威利茨（David Willetts）、记者波莉·汤因比、威尔·赫顿和我。这本书就是从这些谈话中发展出来的，其中一些想法是讨论小组和观众提出来的。

　　出版商乔治·威登菲尔德（George Weidenfeld）提出了哈佛客座主席的想法，这是他的客座教授人文项目的一部分。如果不是他，这本书根本就不会诞生。乔治曾经在英国广播公司工作的时候，距离另一个"乔治"——埃里克·布莱尔（Eric Blair），或者他的笔名乔治·奥威尔——只有几米远。我在本书中提到的大部分政治和文化世界，他都身处其中，并且愉快地在两者之间来回变换。他跟很多主要人物都有私交。在进行那几场演讲的时候，我正要换工作，辞去英国广播公司总裁职位，去《纽约时报》担任总经理。在我进行第一场演讲之前，乔治和我坐在圣彼得学院院长公寓的沙发上，他用被他称为"普鲁斯特式"的风格和我做了纽约的首次谈话。我最后一次跟他谈话是三年后在上东区的一次晚宴上，他穿着细条纹衣服，有些消瘦，但是依然俏皮地担任那次活动的主持。几个月后，2016 年年初，他去世了，享年 92 岁。

　　我的那些演讲是献给菲利普·古尔德（Philip Gould）的。他是一个才华横溢、和蔼亲切的人，在本书中作为布莱尔首相的政治顾问出现过几次。因为我跟他探讨过，所以我知道菲利普热衷于研究对政治家和媒体之间的关系，尤其是英国广播公司的将来。我希望他至少能赞同我在本书中所说的部分内容。很遗憾他不能当面告诉我其他内容错得有多离谱了。那些演讲是由菲利普的最后一任雇主弗洛伊德公关公司赞助的。我也非常感谢另一位老朋友马修·弗洛伊德（Matthew Freud）对那些演讲的支持。

　　不过请允许我回到约翰·昆西·亚当斯以及我自己担任公共语言指导时因能力不足而引起麻烦却又不可避免的事实。虽然我也见证过"这种艺术实践的各种形式"，看过一点儿相关"理论"，但是无论怎么想，我都算不上修辞学方面的专家。我熟悉相当多的古典文学，但是那并没有让我成为一个古典学家。本书并不是哲学著作，但是它的确谈到了思想历史，因此我应该承认，我不是个哲学家，并且也没有接受过本书所涉及的其他多个学科的任何训练：现代历史、政治科学、社会心理学、语言学、营销等，不过我在职业生涯中的确以各种形式与它们有过接触。

因此我必须为在这么多学科的专业人士面前班门弄斧而道歉。我希望通过我擅长的评判能力的运用以及一些知识与经验，能够在一定程度上弥补这些不足。另外，虽然我天生的知识分子的过分自信的缺点常常让我误入歧途，但这个缺点可能也让我在游击战中收获了一些正规学术研究人士难以发现的成果。

现在是大数据时代，也是语言量化分析的时代，因而这本书并不是完全跟数据不沾边，它牢牢地扎根于定性结果，包括实例、个人经历、批评和观点。在这个方面以及其他方面，这本书非常缺乏当代学术规范。过去 25 年来，我一直在试图理解改变我们的世界的数字革新浪潮。然而我却是伴随着人文科学成长的。

我的大学生活是在位于兰开夏郡的斯托尼赫斯特学院度过的，它最初是由耶稣会于 16 世纪晚期在法国南部创建的。早期的现代耶稣会士教育体系《教育计划》(*Ratio Studiorum*)本身就是基于中世纪的三学科，通过教授语法、逻辑和修辞向学生介绍自由的艺术，该体系现在依然对学校的教学有影响。即使在 20 世纪 70 年代，各个年级还是用拉丁文学习的各个阶段来命名，如"初级语法""中级句法"等。我在 1975 年夏天为了准备牛津大学入学考试而加入的最后一个学年被称为"修辞"。

实际上，在斯托尼赫斯特学院并没有很多修辞知识的课程。在 19 世纪，几乎所有地方的修辞教育都在减少。在适当的时机，哈佛大学的博伊尔斯顿教授职位从修辞学方向变成了文学方向，如今总是由知名诗人担任。到了 20 世纪 70 年代，虽然出现了温和的 20 世纪中期复兴运动，修辞还是成了人文学科不为人知的分支，很少成为英国中学阶段的学习内容。不过它是学习拉丁语和希腊语时难以回避的内容。实际上，当我终于打开牛津大学入学考试的试卷时，一开始就是一段英语修辞，我觉得应该是丘吉尔战时演讲的节选内容，考生被要求用他或她最喜欢的雅典演说家的风格将其转换成希腊文。

即使在当时,大部分教育家都会对此不屑一顾,不仅认为它不够精英主义——有多少公立学校的考生能比得过温室培养的学生?而且从任何想得到的角度——经济、社会或文化角度来说,都没有价值。本书的很多读者可能非常赞同他们的观点。我能说的是,在当时那个时候,在 18 岁的我的脑子里,《教育计划》已经卷起袖子,开始认真对待严肃的事情,而它与我所学过的所有艺术的紧密结合——古典和现代语言、文学、历史、哲学、神学——意味着我开始感觉到它们之间以及过去与现在深刻的连通性。这种偏好得到了对我的教育影响最深的两个人的进一步鼓励,他们是斯托尼赫斯特学院的彼特·哈德威克(Peter Hardwick)老师和牛津大学默顿学院的约翰琼斯(John Jones)老师。两位老师都教给了我英语文学知识以及更多其他方面的知识。

虽然当时进行了数次谈话,但是我发现我写出来的还是一篇保守的论文。在写作过程中,很多人为我提供了帮助。在牛津大学教授英语的阿比盖尔·威廉姆斯(Abigail Williams)教授是那几次演讲的学术顾问,并且在整个过程中都给了我鼓励和灵感。她的古典文学同事马修·利(Matthew Leigh)教授也添加了很多见解和建议,并且浏览了我的拉丁文和希腊文部分具有争议的蹩脚翻译。阿比盖尔和马修都友善地为本书提供了建议。除此之外,我还得到了莫里调查公司的本·佩奇(Ben Page)和黛博拉·麦迪逊(Deborah Mattinson)的有益指导,后者在这些年工党接触和说服公众方面发挥了重要作用。塞巴斯蒂安·贝尔德(Sebastian Baird)在演讲相关的调查和证据核对方面为我提供了支持。

在将演讲中的想法扩展成书的过程中,我还得到了很多帮助。政治哲学家兼哈佛大学教授迈克尔·桑德尔(Michael Sandel)在我研究期间向我推荐了阅读书目。公共服务传播领域考虑周到而又不屈不挠的守卫者、伦敦商学院管理与营销名誉教授帕特里克·巴韦斯(Patrick Barwise)对营销在现代公共语言发展中的作用提供了很有价值的建议。前参议员鲍勃·克里(Bob Kerrey)在一系列关于修辞的谈话中给我提供了一些想法。在本书中出现的弗兰克·伦兹是公共语言方面的马戏团高手,他也跟我谈了他对这个主题的看法。剧作家、小说家斯特维兰娜·博伊姆(Svetlana Boym)教授在 2015 年去世前在哈佛大学教斯拉夫语和比较文学,她帮助我了解了一些普京的修辞。我的弟妹罗塞拉·邦迪(Rossella Bondi)添加了一些关于现代意大利政治语言的引人入胜的建议。里斯·琼斯（Rhys Jones）帮我做了一些调查和证据核对。

我还得到了很多过去的或现在的同事的建议和支持。BBC 的大卫·乔丹（David Jordan）和杰西卡·塞西尔（Jessica Cecil）为那些演讲提供了想法和评价，并阅读了这本书的初稿。在 BBC 工作期间，他们经常帮助我全面考虑难处理的编辑问题和争议。我无法一一列举影响我的编辑职业发展和本书中陈述的新闻、言论自由和公正的方法的所有人，但是我非常感谢马克·拜福（Mark Byford）、艾伦·尹多布（Alan Yentob）、卡罗琳·托马森（Caroline Thomson）、埃德·威廉姆斯（Ed Williams）和海伦·伯登（Helen Boaden）提供的良好判断和快速响应，以及历任 BBC 董事长、总裁和受托人提供的明智意见。

我还得到了《纽约时报》的戴安·布雷顿（Diane Brayton）、艾琳·墨菲（Eileen Murphy）、乔伊·戈尔德堡（Joy Goldberg）、梅瑞思·科皮特·利维恩（Meredith Kopit Levien）和多萝西娅·荷蕾（Dorothea Herrey）对专题研究的大力支持。戴安和莉西娅·哈恩（Licia Hahn）都阅读了本书的全部手稿，并提出了想法和评论。英国广播公司总裁办公室的阿曼达·丘吉尔（Amanda Churchill）及其团队给我在 2012 年所做的关于物流的演讲提供了极大帮助。我在《纽约时报》的执行助理玛丽·艾伦·拉玛纳（Mary Ellen LaManna）为我和本书提供了难以置信的全天候奉献。我还要感谢我的作品经纪人卡罗琳·米歇尔（Caroline Michel）、伦敦博德利·黑德（Bodley Head）出版社的斯图尔特·威廉姆斯（Stuart Williams）、乔戈·汉斯根（Jörg Hensgen）及其同事、纽约圣马丁出版社（St Martin's Press）的乔治·威特（George Witte）、莎拉·维特（Sarah Thwaite）及其所有同事。

我想感谢这个长名单上的所有人的慷慨大方，并且免除他们对本书可能包含的错误或冒犯的任何责任。马克·达玛瑟的情况则有所不同。他是一开始带我入行的人，而且看起来他得承担相应的指责才算公平。但是在不太可能出现的得到赞誉的情况中，大部分的功劳也应该属于他。他一直以来都是个可靠的支持者、坚定的批评者、亲切的主持人、有同情心的治疗专家和忠诚的朋友。

最后是我的家人。很荣幸能够拥有乔纳森·达夫曼（Jonathan Dorfman）这个亲戚，他博览群书，对政治、文学和文化都有涉猎。乔纳森建议的很多引文和敏锐的发现都收入了本书中。我的妻子简·布伦伯格(Jane Blumberg)和三个意志坚定的孩子也为我提供了巨大的智力和精神支持。简不仅在学术上造诣比我深,而且还是我认识的最优秀的文学批评家。非常感谢这四位家人的支持和意见。

本书涉及的广阔的文学、古代和现代主题,毫无疑问都只是触及了皮毛。但是仅仅我查阅过的图书的名字就能列满好几页。为了避免冗长的参考书目,请允许我提及其中几本我觉得最有用的书,这几本书可能会得到那些想要进一步探索这个主题的读者的喜欢。读者还应该将注释中提到的那些作品也加入这个书目。

古代作品很容易找到。你可以在美国塔夫斯大学出色的名著网站 Perseus(http://www.perseus.tufts.edu/)上免费阅览所有古代作品。我经常看洛布古典丛书和企鹅经典系列,主要是因为念旧。如果你不了解它们,只想选一本古代作品,可以看看修昔底德的作品。《伯罗奔尼撒战争史》并不是那种关于修辞的书,而是关于政治、公共语言、深层民族文化和瞬变的公众情绪的书。对两千五百多年前的雅典和斯巴达及各自的同盟国之间的战争,在那之后发生的每一场西方战争,该书都以某种方式成功地提供了引人入胜的评论。《里程碑修昔底德》(*The Landmark Thucydides*)[罗伯特·斯塔斯勒(Robert B. Strassler)主编,西蒙和舒斯特(Simon and Schuster)公司出版,1988 年]是一个很好的版本,因为它包含很多有用的地图。

萨姆·利斯的著作《你在跟我说话吗?》(Profile Books 出版社,2011 年)是一本极好的对古代、现代和当代修辞进行总体介绍的书。我还喜欢布莱恩·维克(Brian Vicker)的《为修辞辩护》(*In Defence of Rhetoric*),这本书更偏学术,但是依然非常具有可读性。布莱恩·加斯顿的《挽救说服力:保卫修辞与判断》(*Saving Persuasion:A Defense of Rhetoric and Judgment*)(哈佛大学出版社,2006 年)对关于修辞的支持和反对论点进行了出色的原创性分析,可能也是我看过的对说服力最令人信服的辩护。我觉得亚当·桑德尔(Adam Sandel)的《偏见的位置》(*The Place of Prejudice*)(哈佛大学出版社,2014

年)也很有意思,很有价值。肯尼斯·柏克(Kenneth Burke)是 20 世纪中期修辞领域最有影响力的作家之一。我看过他的《动机修辞学》(*A Rhetoric of Motives*)(普伦蒂斯霍尔出版社,1950 年)以及其他作品的部分内容,但是觉得他的方法有些困扰——当然毫无疑问这主要是我的思考,而不是柏克的问题。《当代修辞理论:一个读者》(*Contemporary Rhetorical Theory:A Reader*)(吉尔福德出版社,1999 年)是我看过的少数几本从世纪角度了解关于修辞的学术思考的论文集之一。我觉得《不可译字典:哲学词典》(*Dictionary of Untranslatables:A Philosophical Lexicon*)[芭芭拉·卡桑(Barbara Cassin)编,普林斯顿大学出版社,2014 年;最初为法语版,2004 年]也极为引人入胜。

凯瑟琳·霍尔·贾米森(Kathleen Hall Jamieson)的《电子时代的口才》(*Eloquence in an Electronic Age*)(牛津大学出版社,1988 年)对大众媒体如何影响政治演讲进行了重要而又有趣的研究。我还受益于斯蒂芬·福克斯(Stephen Fox)的经典作品《镜子创造者:美国广告及其创造者的历史》(*The Mirror Makers:A History of American Advertising & Its Creators*)(Morrow 出版社,1984 年,不过我看的是 1997 年伊利尼出版社的版本)。

关于乔治·奥威尔,除了这位伟大作家自己的作品之外,我还看了克里斯托弗·希钦斯的作品,特别推荐《奥威尔的胜利》(*Orwell's Victory*)(Allen Lane 出版社,2002 年)和 Alok Rai 的《奥威尔与绝望的政治》(*Orwell and the Politics of Despair*)(剑桥大学出版社,1988 年)这两本书。玛莎·葛森(Masha Gessen)的《无面人:难以置信的普京的崛起》(*The Man Without a Face:The Unlikely Rise of Vladimir Putin*)(Riverhead 出版社,2012 年)是关于普京和他创建的体系的紧张刺激的介绍。

对困扰我们的政治、媒体和公共语言的各种问题进行分析的巨著汗牛充栋,而且每周都有新书上架。我看过的只占其中一小部分,并且无论如何我更多的还是依赖瞬间的数字来源来寻找证据和当代评论。不过,除了本书正文中提到的几个书名之外,我还看了比尔·科瓦奇(Bill Kovach)和汤姆·罗森斯蒂尔(Tom Rosenstiel)合著的《真相》(*Blur*)(布鲁姆斯伯里出版社美国分社,2010 年)与布鲁克·杰克森(Brooks Jackson)和凯瑟琳·霍尔·贾米森合著的《反杜撰:在虚假信息的世界中寻找事实》(*unSpun:Finding Facts in a World of Disinformation*)(兰登书屋,2007 年),这两本书都探讨了信息过

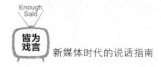

量、事实和杜撰的问题。史蒂文·普尔(Steven Poole)的《缄默》(*Unspeak*)(兰登书屋,2007 年)(小布朗出版社,2006 年)充满了愤怒而又令人信服的抱怨,针对的问题是政治家和其他人将明显简单易懂的词——自然、社团、滥用等——曲解成他们需要的意义,从而通过看似中性的词语传递具有高度党派性质的信息。

我在本书中引用了约翰·洛依德(John Lloyd)在《媒体在对我们的政治做什么》(康斯坦布尔出版社,2004 年)中的内容。实际上,我发现他在《金融时报》任职期间对媒体的强硬观点极为有趣,而且通常令人信服。同样的评价也适用于大卫·卡尔(David Carr),2012 年我到《纽约时报》时,他是媒体专栏记者,后来他跟很多其他人一样,成为我的非正式导师。他身上结合了严格的新闻公正性和强烈的热情,正如全盛时期的《纽约时报》的状态。2015 年,大卫突然逝世。洛依德、卡尔,以及艾米丽·贝尔(Emily Bell)、玛格丽特·苏利文(Margaret Sullivan)、吉姆·鲁滕贝格(Jim Rutenberg)、杰夫·贾维斯(Jeff Jarvis)和史蒂夫·休利特(Steve Hewlett)关于媒体的文章都非常值得在网上搜索阅读。

诗人济慈在《初识查普曼译荷马史诗》(*On First Looking into Chapman's Homer*)的开头写道:"我曾游历过许多金光灿烂的疆域。"我完成了自己的互联网疆域之旅,并且确认你已经知道的事情:它并不像 24K 黄金那么纯粹。然而,比起其他任何地方,它是我们的公共话语出现得最多的地方,也是必须进行研究的地方。读者必须也将会找到他们自己的方式。但是请让我用对维基百科的一句赞美来作为本书的结尾:它不可避免地存在缺陷,尤其是对类似本书这样的研究课题来说,但是它又为世界提供了极其宝贵的资源,是一个神经网络,也是众多文化和智力旅程的起点。这是民主政治(希腊文 demokratia)在发挥作用,是为了支持真正的理解,而不是观点看法,也是在动乱时代怀抱希望的又一个朴素理由。

图书在版编目（CIP）数据

皆为戏言：新媒体时代的说话指南／（英）马克·
汤普森著；李文远，魏瑞莉译. —杭州：浙江大学出
版社，2018.3
书名原文：Enough Said：What's Gone Wrong with
the Language of Politics？
ISBN 978-7-308-17724-5

Ⅰ.①皆… Ⅱ.①马… ②李… ③魏… Ⅲ.①语言艺
术 Ⅳ.①H019

中国版本图书馆 CIP 数据核字（2017）第 318293 号

浙江省版权局著作权合同登记图字：11-2017-358 号

For the Work entitled Enough Said：What's Gone
Wrong with the Language of Politics？
Copyright ⓒMark Thompson 2016

皆为戏言：新媒体时代的说话指南
［英］马克·汤普森（Mark Thompson）　著
李文远　魏瑞莉　译

策　　划	杭州蓝狮子文化创意股份有限公司	
责任编辑	杨　茜	
责任校对	杨利军　牟杨茜	
出版发行	浙江大学出版社	
	（杭州市天目山路 148 号　邮政编码 310007）	
	（网址：http://www.zjupress.com）	
排　　版	杭州中大图文设计有限公司	
印　　刷	杭州钱江彩色印务有限公司	
开　　本	710mm×1000mm　1/16	
印　　张	19	
字　　数	321 千	
版 印 次	2018 年 3 月第 1 版　2018 年 3 月第 1 次印刷	
书　　号	ISBN 978-7-308-17724-5	
定　　价	52.00 元	